DINOSAURIOS

SEGUNDA EDICIÓN

Edición sénior Ann Baggaley
Edición Jessica Cawthra
Diseño de cubierta Surabhi Wadhwa, Tanya Mehrotra
Edición de cubierta Emma Dawson
Maquetación Rakesh Kumar
Coordinación editorial de cubierta Priyanka Sharma
Edición ejecutiva de cubierta Saloni Singh
Dirección de desarrollo de diseño de cubierta Sophia MTT
Dirección de preproducción Gillian Reid
Producción sénior Jude Crozier
Edición ejecutiva Francesca Baines
Edición ejecutiva de arte Philip Letsu
Dirección editorial Andrew Macintyre
Subdirección editorial Liz Wheeler
Dirección de arte Karen Self
Dirección de publicaciones Jonathan Metcalf

PRIMERA EDICIÓN

DK Reino Unido

Edición de arte sénior Stefan Podhorodecki
Edición sénior Francesca Baines y Jenny Sich
Edición del proyecto Steven Carton
Dirección de arte Paul Drislane
Coordinación de arte Michael Duffy
Coordinación editorial Linda Esposito
Coordinación de publicaciones Andrew Macintyre
Diseño de cubierta sénior Sophia MTT
Diseño de cubierta Laura Brim
Edición de cubierta Maud Whatley
Dirección de preproducción Luca Frassinetti
Producción Gemma Sharpe
Archivo de imágenes DK Romaine Werblow
Dirección de arte Phil Ormerod
Subdirección de publicaciones Liz Wheeler
Dirección de publicaciones Jonathan Metcalf

DK India

Edición de arte sénior Anis Sayyed
Equipo editorial Priyanka Kharbanda, Deeksha Saikia y Rupa Rao
Edición de arte del proyecto Mahipal Singh
Dirección de arte Vikas Chauhan y Vidit Vashisht
Diseño de cubierta Suhita Dharamjit
Maquetación Vishal Bhatia
Iconografía Surya Sarangi
Coordinación editorial Kingshuk Ghoshal
Coordinación de arte Govind Mittal
Coordinación del diseño de cubierta Saloni Singh
Dirección de preproducción Balwant Singh
Coordinación de producción Pankaj Sharma

Segunda edición, publicado originalmente en Gran Bretaña en 2019
por Dorling Kindersley Ltd., 80 Strand, London WC2R 0RL
Parte de Penguin Random House

Título original: *Dinosaur! Knowledge Encyclopedia*

Segunda edición: 2019

Copyright © 2014, 2019 Dorling Kindersley Ltd.
© Traducción al español: 2014, 2019 Dorling Kindersley Ltd.

Servicios editoriales: Tinta Simpàtica

Traducción: José Luis López Angón

ISBN: 978-1-4654-8879-4

Impreso y encuadernado en China

UN MUNDO DE IDEAS
www.dkespañol.com

DK

DINOSAURIOS

Escrito por John Woodward
Asesor Darren Naish

Ilustraciones Peter Minister, Arran Lewis,
Andrew Kerr, Peter Bull y Vlad Konstantinov

CONTENIDO

LOS DINOSAURIOS

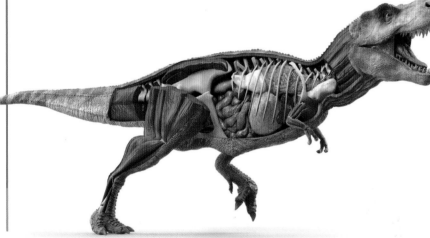

VIDA TRIÁSICA

VIDA JURÁSICA

VIDA CRETÁCICA

UNA NUEVA ERA

Escalas y tamaños
Los cuadros de datos de cada animal incluyen un dibujo a escala como los mostrados aquí, que indican su tamaño (normalmente el máximo) en relación con la altura de un hombre adulto o el tamaño de una mano.

 1,8 m   18 cm

LOS DINOSAURIOS

Si bien el mundo vivo se ha desarrollado en una diversidad asombrosa, pocos animales pueden competir con los extintos dinosaurios en variedad, tamaño y magnificencia. Dominaron la Tierra en el Mesozoico durante más de 150 millones de años, y sus descendientes aún viven entre nosotros.

PRECÁMBRICO

4.600 M.A.–541 M.A. Este inmenso espacio de tiempo se extiende desde la formación de la Tierra, hace 4.600 m.a., hasta la aparición de los primeros animales.

Vida en la Tierra

Los dinosaurios del Mesozoico fueron los animales más espectaculares que han existido. Fueron producto de una evolución que empezó hace 3.800 millones de años, si bien durante más de 3.000 millones de años solo hubo células simples microscópicas. Las formas de vida pluricelulares más antiguas surgieron en los océanos hace unos 600 millones de años y fueron el origen de todos los seres vivos que han existido desde entonces. Pero, a medida que evolucionaban nuevas formas de vida, otras se extinguían, a veces en terribles extinciones masivas que remodelaban el mundo viviente.

DEVÓNICO

419–358 M.A.
Aparecen muchos tipos nuevos de peces. Algunos se arrastran fuera del agua para convertirse en los primeros anfibios.

Drepanaspis
Este increíble pez acorazado medía 35 cm de longitud y tenía una cabeza plana y ancha.

Tiktaalik
La anatomía de este animal muestra similitudes con la de los peces y los primeros anfibios.

Archaenthus
Antecesora enana del tulipero, fue una de las primeras plantas con flor. Tenía unas flores similares a las magnolias y vivió hace unos 100 m.a., hacia la mitad del periodo cretácico.

145–66 M.A.
Durante el Cretácico aparecen las plantas con flor y muchos tipos de dinosaurios. Terminó con una extinción masiva que eliminó a todos los grandes dinosaurios y pterosaurios, poniendo fin a la era mesozoica.

CRETÁCICO

201–145 M.A.
Durante el segundo periodo del Mesozoico, dominan la Tierra los dinosaurios, entre ellos herbívoros gigantes que son cazados por poderosos depredadores.

Cryolophosaurus
Este dinosaurio crestado pertenecía al grupo de los terópodos, que incluía a todos los grandes carnívoros.

CLAVE

- TIERRA TEMPRANA
- ERA PALEOZOICA
- ERA MESOZOICA
- ERA CENOZOICA

TIEMPO GEOLÓGICO

La historia de la vida está grabada en fósiles conservados en rocas que una vez fueron sedimentos blandos, como barro. Estas rocas sedimentarias se formaron en capas, las más antiguas debajo de las más recientes. Cada capa representa un espacio de tiempo geológico, datado en millones de años (m.a.). Aquí se muestra la cronología de la Tierra dividida en «periodos», que a su vez forman divisiones mayores llamadas «eras».

Velociraptor
Durante el Cretácico, los dinosaurios se diversificaron enormemente. Este pequeño y ágil cazador con plumas perteneció al grupo que dio origen a las aves.

PALEÓGENO

66–23 M.A.
La extinción masiva con que acabó el Mesozoico mató a todos los dinosaurios excepto a las aves. Durante la nueva era, los mamíferos evolucionan en formas mayores que sustituyen a los gigantes desaparecidos.

CÁMBRICO

541–485 M.A.

En este periodo inicial de la era paleozoica, los fósiles de criaturas marinas con concha son comunes.

MARRELLA, ANIMAL MARINO CON CONCHA

SILÚRICO

443–419 M.A.

En este periodo ya crecen en tierra las primeras plantas verdes, muy simples.

SACABAMBASPIS, PEZ ACORAZADO

ORDOVÍCICO

485–443 M.A.

Se desarrollan muchos tipos de peces e invertebrados como los trilobites.

CARBONÍFERO

358–298 M.A.

Florece la vida sobre la tierra, con densos bosques de árboles primitivos, helechos, musgos y equisetos. Surgen los insectos y arácnidos, que son cazados por grandes anfibios.

MEGANEURA, ESPECIE DE LIBÉLULA

Lepidodendron
Este árbol primitivo pudo medir más de 30 m de altura.

PÉRMICO

298–252 M.A.

En el Pérmico evolucionan los primeros reptiles, así como los antecesores de los mamíferos modernos. Pero el periodo acaba con una catastrófica extinción masiva que destruye el 96 % de las especies y pone fin a la era paleozoica.

JURÁSICO

Eudimorphodon
Los primeros pterosaurios, como *Eudimorphodon*, eran del tamaño de cuervos, pero con una larga cola y dientes afilados.

252–201 M.A.

La vida tardó millones de años en recuperarse de la extinción pérmica. Pero al final del periodo triásico habían surgido los primeros dinosaurios, junto con los pterosaurios y mamíferos más primitivos.

TRIÁSICO

Dimetrodon
Este extraño animal con una vela dorsal parece un reptil, aunque de hecho estaba emparentado con los ancestros pérmicos de los mamíferos.

23–2 M.A.

En la transición del Paleógeno al Neógeno aparecieron muchos tipos de mamíferos y de aves modernos. Hace 4 m.a., ancestros de los humanos que caminaban erguidos habitaban en el este de África.

NEÓGENO

CUATERNARIO

2 M.A.-PRESENTE

Empieza una larga glaciación con fases más cálidas como la actual. Hace unos 350.000 años aparecen en África los primeros humanos modernos, que se extienden por todo el mundo.

Homo neanderthalensis
Esta robusta especie humana estaba adaptada a la vida en climas gélidos. Al parecer se extinguió hace unos 30.000 años.

Uintatherium
Este «megaherbívoro» del tamaño de un rinoceronte vivió al principio de la era cenozoica.

EVOLUCIÓN DE LOS VERTEBRADOS

Todos los vertebrados descienden de peces. Un grupo de peces óseos desarrolló unas aletas carnosas que podían usar como patas, y algunos de ellos se convirtieron en los primeros cuadrúpedos, o tetrápodos. Los cuadrúpedos más antiguos son los anfibios, a los que siguieron mamíferos y reptiles. Un grupo de reptiles, los arcosaurios, incluía a crocodilianos, pterosaurios y dinosaurios, así como a las aves.

Tipos de vertebrados

Al hablar de vertebrados, solemos pensar en peces, anfibios, reptiles, mamíferos y aves. Pero las aves también pueden considerarse como arcosaurios, un grupo de reptiles que incluye a sus parientes más cercanos: los extintos dinosaurios.

NEMEGTBAATAR

Mamíferos
Son animales de sangre caliente, con pelo y que alimentan con leche a sus crías. Este pequeño insectívoro vivió hace unos 125 m.a.

ROLFOSTEUS

Peces
Este grupo incluye a tres tipos de animales muy distintos: los agnatos (peces sin mandíbula), los tiburones y rayas, y los peces óseos típicos.

SPINOAEQUALIS

Reptiles
Los primeros reptiles, como este *Spinoaequalis*, ya existían hace unos 300 m.a. A diferencia de los anfibios, su piel es escamosa e impermeable.

ICHTHYOSTEGA

Anfibios
Ichthyostega fue uno de los primeros anfibios: animales que, como las ranas, respiran aire pero suelen reproducirse en agua dulce.

CARCHARODONTOSAURUS

Arcosaurios
En el pasado, este grupo de reptiles incluía a cocodrilos, pterosaurios y dinosaurios, así como a las aves.

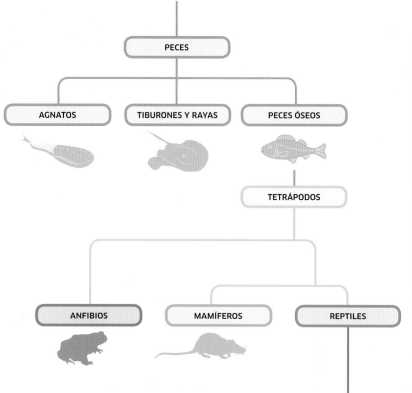

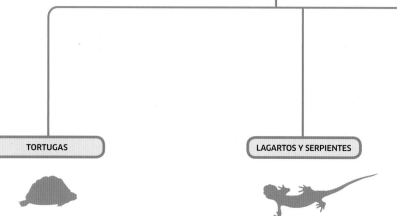

Animales vertebrados

Hasta hace unos 530 millones de años, todos los animales de la Tierra eran invertebrados: criaturas como gusanos, caracoles y cangrejos sin esqueleto interno óseo. Pero entonces surgió en los océanos un nuevo tipo de animal con un cuerpo reforzado por un duro cordón dorsal llamado notocordio, que evolucionaría en la espina dorsal, formada por una cadena de huesos llamados vértebras. Los primeros vertebrados, o animales con espina dorsal, fueron peces; algunos de ellos serían los antecesores de todos los demás vertebrados, incluidos anfibios, reptiles, aves y mamíferos.

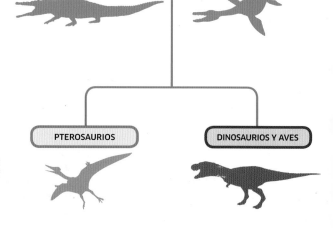

LOS VERTEBRADOS CONSTITUYEN
SOLO EL 3 % DE LAS
ESPECIES ANIMALES VIVAS.

TETRÁPODOS

Ciertos peces, como los modernos peces pulmonados, tienen cuatro fuertes y carnosas aletas similares a patas. Hace unos 380 m.a., algunos de estos peces de aletas lobuladas (o sarcopterigios) que vivían en pantanos se arrastraron fuera del agua en busca de comida: fueron los primeros tetrápodos, que volvían al agua para poner sus huevos, como muchos anfibios actuales. Estos animales fueron los antecesores de todos los vertebrados terrestres.

Eusthenopteron
Sarcopterigio con aletas musculosas, similares a extremidades.

Tiktaalik
Sus fuertes aletas permitieron a *Tiktaalik* salir del agua.

Acanthostega
Este fue, probablemente, el primer animal vertebrado con pies y dedos.

AGUA

HACIA LA TIERRA

TIERRA

ALETA LOBULADA

ALETAS SIMILARES A PATAS

EXTREMIDAD CON MANO

ESQUELETOS FUERTES

La función principal del esqueleto de un vertebrado acuático como un reptil marino, sostenido por el agua, es anclar los músculos. Pero ese mismo tipo de esqueleto, con unos huesos más fuertes y unidos por articulaciones que resisten la carga, puede soportar el peso de un animal terrestre. Semejante adaptación permitió la evolución de vertebrados terrestres como los dinosaurios gigantes.

Elasmosaurus
Este reptil marino tenía una poderosa columna vertebral, pero sus miembros no soportaban su peso.

Vértebras fuertes

Las aletas no soportan peso alguno

El omoplato une las patas a la columna vertebral

Diplodocus
Este dinosaurio soportaba su peso gracias a los enormes huesos de las patas, unidos a la espina dorsal.

Los fuertes huesos de las patas soportan el peso

La espina dorsal es una larga cadena de vértebras

ANIMALES GIGANTES

Los mayores animales terrestres han sido vertebrados. Ello se debe a que un animal terrestre pesado necesita un esqueleto interno sólido que soporte su peso. Pero existe un límite, y es probable que el dinosaurio gigante *Argentinosaurus* alcanzara el mayor peso posible para un animal terrestre. El único vertebrado más pesado que él es la ballena azul.

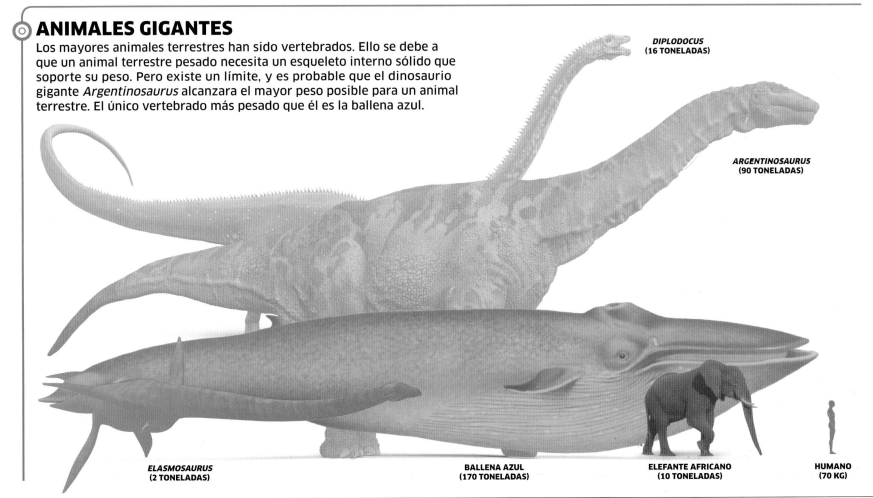

DIPLODOCUS (16 TONELADAS)

ARGENTINOSAURUS (90 TONELADAS)

ELASMOSAURUS (2 TONELADAS)

BALLENA AZUL (170 TONELADAS)

ELEFANTE AFRICANO (10 TONELADAS)

HUMANO (70 KG)

¿Qué es un dinosaurio?

Los primeros dinosaurios aparecieron hace unos 235 millones de años, en el Triásico medio. Sus antecesores eran pequeños y esbeltos reptiles arcosaurios que se sostenían y caminaban erguidos, como los mamíferos. Esta postura la heredaron los dinosaurios, y fue uno de los factores que les permitió crecer tanto. Muchos dinosaurios, incluidos todos los carnívoros, se sostenían sobre dos patas, equilibrados por el peso de su larga cola. Todos ellos tenían los rasgos anatómicos que podemos observar en los animales vertebrados actuales.

DENTRO DE UN DINOSAURIO

Como vivieron hace tanto tiempo, mucha gente considera a los dinosaurios como animales primitivos. Pero esta idea es del todo errónea. Prosperaron durante 170 m.a. y, a lo largo de ese tiempo de evolución, su anatomía se perfeccionó en grado sumo. Sus huesos, músculos y órganos internos eran tan eficientes como los de cualquier animal moderno, lo que permitió a dinosaurios como este *Tyrannosaurus rex* convertirse en los animales terrestres más espectaculares que han existido nunca.

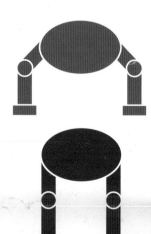

Cadera
La inmensa pelvis de *Tyrannosaurus* era extraordinariamente fuerte.

Piel
La piel de los dinosaurios podía ser escamosa o estar cubierta de plumas.

Cola
Casi todos los dinosaurios del Mesozoico tenían una larga y musculosa cola.

Músculos del muslo
Estos músculos resultaban tan eficientes como los de cualquier depredador actual.

Patas
Sus esbeltas patas convertían a *Tyrannosaurus* en un animal veloz pese a su gran tamaño.

CAMINAR ERGUIDOS

Los fósiles de todos los dinosaurios presentan ciertas características que indican que caminaban erguidos con las patas rectas en el plano vertical. Tenían articulaciones de bisagra en los tobillos, y la cabeza del fémur se inclinaba hacia dentro para encajar en el hueco de la cadera. Otros rasgos óseos apuntan a una poderosa musculatura.

Postura de lagarto

Por lo general, las patas de los lagartos se hallan en ángulo recto con el cuerpo y no soportan bien su propio peso, por lo que su vientre suele tocar el suelo.

Postura de cocodrilo

Los cocodrilos tienen una postura más erguida que los lagartos, y pueden usar un paso más eficiente cuando quieren moverse deprisa.

Postura de dinosaurio

Todos los dinosaurios se sostenían sobre las patas rectas, que soportaban su peso por completo. Esta es una de las razones de que pudieran llegar a pesar tanto.

ALGUNOS DINOSAURIOS, COMO *TYRANNOSAURUS* Y LOS SAURÓPODOS, HERBÍVOROS DE CUELLO LARGO, **ERAN GIGANTESCOS; PERO OTROS NO ERAN MÁS GRANDES QUE UN POLLO.**

Ojos
Tyrannosaurus tenía una vista tan aguda como la de un águila.

Cerebro
Estaba adaptado para percepción aguda, más que para la inteligencia.

Intestino
Los carnívoros tenían un intestino más corto que los herbívoros.

Pulmones
Similares a los de las aves modernas, eran muy eficientes.

Dientes
Eran lo bastante fuertes como para triturar hueso.

Mandíbulas
Sus poderosísimas mandíbulas eran vitales para este gran cazador.

Estómago
Un estómago muscular reducía la comida a papilla para facilitar la digestión.

Brazos
Tyrannosaurus tenía unos brazos diminutos, pero los de otros dinosaurios eran largos y fuertes.

Pies
Los dinosaurios caminaban sobre los dedos de los pies. Algunos tenían amplias almohadillas plantares que ayudaban a soportar el peso.

Garras
Los dedos estaban provistos de potentes garras del mismo material que las uñas humanas.

¿QUÉ NO ES UN DINOSAURIO?

Los dinosaurios del Mesozoico convivieron con otros tipos de reptiles prehistóricos, entre ellos, diversos reptiles marinos, los cocodrilos y sus parientes, y los pterosaurios voladores, con sus grandes alas de piel.

Reptiles marinos
Vagamente relacionados con los dinosaurios, estos reptiles del Mesozoico incluían a los ictiosaurios, que recordaban a los delfines; a los feroces mosasaurios, parecidos a cocodrilos; y a los carnívoros y gigantescos plesiosaurios, como este *Liopleurodon* de inmensas fauces.

LIOPLEURODON

Pterosaurios
Estos reptiles alados formaban parte del mismo grupo de arcosaurios que los dinosaurios. Los primeros eran bastante pequeños, pero algunos de los últimos eran colosales. Muchos tenían un largo «pico» dentado, como este *Rhamphorhynchus*, que vivió entre el Jurásico medio y el superior.

RHAMPHORHYNCHUS

Diversidad de dinosaurios

Poco después de la aparición de los primeros dinosaurios en el Triásico medio, estos se dividieron en dos tipos principales: saurisquios y ornitisquios. Entre los saurisquios estaban los sauropodomorfos, herbívoros de cuello largo, y los terópodos, principalmente carnívoros. Los ornitisquios incluían a tres grupos principales que se dividieron en cinco tipos: los espectaculares estegosaurios; los acorazados anquilosaurios; los picudos ornitópodos; los cornudos y adornados ceratopsios; y los paquicefalosaurios, de cráneo grueso.

Saurisquios

El nombre significa «cadera de lagarto»: se refiere al hecho de que muchos de estos dinosaurios tenían los huesos pélvicos como los de los lagartos; pero no todos, así que no es una regla fiable. Tenían el cuello más largo que los ornitisquios.

EORAPTOR

Los primeros dinosaurios

Los fósiles de dinosaurios más antiguos hallados tienen 235 m.a. Solo nos han llegado fragmentos de esqueletos, pero son suficientes para saber que los primeros dinosaurios eran pequeños y ágiles. Pudieron ser similares a *Asilisaurus*, un pariente cercano; pero a diferencia de este, probablemente eran bípedos.

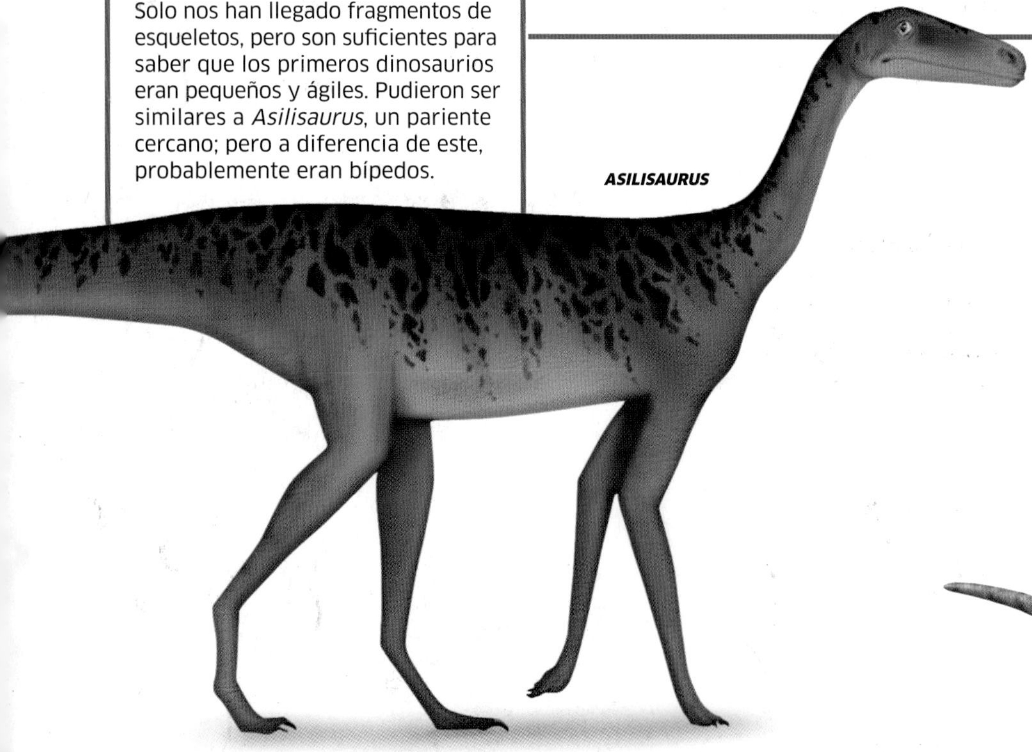

ASILISAURUS

Ornitisquios

El nombre significa «cadera de ave»: sus huesos pélvicos eran como los de las aves. Sin embargo, curiosamente, las propias aves son pequeños saurisquios. Los ornitisquios tenían el hocico acabado en una especie de pico.

LOS CIENTÍFICOS HAN ENCONTRADO **FÓSILES DE MÁS DE 800 ESPECIES DISTINTAS DE DINOSAURIO, PERO ESTÁN SEGUROS DE QUE SE TRATA** SOLO DE UNA PEQUEÑA PARTE DE LOS QUE EXISTIERON.

HYPSILOPHODON

Terópodos

Este grupo incluía a casi todos los cazadores, si bien algunos de ellos tenían una dieta más amplia. Caminaban sobre las patas traseras, y algunos evolucionaron hasta convertirse en aves. El grupo abarcaba desde pequeños animales con plumas hasta temibles gigantes como *Tyrannosaurus*.

TYRANNOSAURUS

Sauropodomorfos

Diplodocus era un saurópodo típico, cuadrúpedo y con un cuello y una cola largos. Los prosaurópodos anteriores eran similares, pero se sostenían sobre dos patas. Ambos tipos se consideran sauropodomorfos, nombre que significa «con forma de saurópodo». Todos ellos eran herbívoros.

DIPLODOCUS

Paquicefalosaurios

Estos raros dinosaurios «de cabeza huesuda» están entre los ornitisquios más misteriosos. Se caracterizan por su macizo cráneo, que parece haber evolucionado para proteger su cerebro del daño por impacto.

PACHYCEPHALOSAURUS

Marginocéfalos

Ceratopsios

Eran sobre todo cuadrúpedos, y abarcan desde pesos ligeros como *Protoceratops* hasta gigantes como *Triceratops*. Solían tener cuernos y unos grandes adornos óseos que sobresalían de la parte posterior del cráneo (gorgueras).

PROTOCERATOPS

Ornitópodos

Los ornitópodos se cuentan entre los ornitisquios de mayor éxito. El grupo incluye especies altamente adaptadas, como *Corythosaurus*, que tenía cientos de dientes para triturar plantas.

CORYTHOSAURUS

Estegosaurios

Fácilmente reconocibles por las hileras de placas y pinchos de su lomo, surgieron a principios del Jurásico y en el Cretácico casi habían desaparecido. Usaban los largos pinchos de la cola para defenderse.

HUAYANGOSAURUS

Tireóforos

Anquilosaurios

Dinosaurios de porte bajo, blindados con placas y pinchos óseos para defenderse de los depredadores. Algunos tenían la cola acabada en una pesada maza que usaban también como arma defensiva.

GASTONIA

Vida en el Mesozoico

Los primeros dinosaurios aparecieron hacia la mitad del Triásico, el primero de los tres periodos que constituyen la era mesozoica. Al principio representaban una pequeña parte de la vida animal, dominada por reptiles mayores y más poderosos, como *Postosuchus* (pp. 28-29). Pero una extinción masiva a finales del Triásico eliminó a los principales competidores de los dinosaurios, y estos evolucionaron rápidamente para convertirse en los animales terrestres más grandes y poderosos del Jurásico y el Cretácico. Pero no estaban solos: otros muchos animales sobrevivieron a la extinción, junto con la vida vegetal que los sustentaba. Todas estas criaturas formaban un ecosistema muy distinto del mundo vivo que conocemos hoy.

CLIMA CAMBIANTE

El clima global medio en el Mesozoico fue mucho más cálido que el actual. Pero cambiaba a medida que los continentes se movían hacia el norte o hacia el sur, o se dividían, y cuando la atmósfera se veía alterada por sucesos como erupciones volcánicas masivas.

Ocaso volcánico
El polvo arrojado a la atmósfera por los volcanes puede enfriar el clima al bloquear parte de la radiación solar. Pero el polvo en el aire también puede producir ocasos espectaculares.

CONTINENTES EN MOVIMIENTO

El calor generado en el interior del planeta mantiene en movimiento constante la roca caliente por debajo de la corteza terrestre. Esa roca caliente remueve la quebradiza corteza y la rompe en grandes placas, que en unos sitios se separan muy lentamente y en otros se unen. Este proceso provoca terremotos y erupciones volcánicas y remodela continuamente el mapa global, e incluso crea nuevas tierras a partir de roca volcánica.

Paisaje volcánico
La isla de Java, en Indonesia, se formó a partir de la roca expulsada por incontables volcanes a lo largo de millones de años. Esta vista de parte de la isla muestra solo unos pocos volcanes, entre ellos el monte Bromo, en erupción, al fondo.

CRONOLOGÍA

Los dinosaurios aparecieron mediado el Triásico y prosperaron durante 165 m.a., hasta el final del Mesozoico. El Cenozoico -nuestra propia era- comenzó hace tan solo 66 m.a., lo que da una idea del éxito de los dinosaurios.

CONVIVIR CON DINOSAURIOS

Los dinosaurios formaban parte de la rica diversidad de vida animal que prosperó en el Mesozoico. Sobre la tierra había pequeños invertebrados como arácnidos e insectos, reptiles como lagartos y cocodrilos, anfibios como las ranas, pequeños mamíferos y pterosaurios voladores. Los océanos hervían de invertebrados, peces de todo tipo y muchos reptiles marinos espectaculares.

Invertebrados terrestres
Insectos y otros invertebrados pululaban por los bosques, donde eran cazados por animales como los lagartos. Esta libélula fósil pertenece al periodo jurásico.

LIBELLULIUM

Reptiles terrestres
Junto a los dinosaurios vivieron muchos crocodilianos y otros reptiles, sobre todo en el Triásico. Este fitosaurio comedor de peces alcanzaba los 2 m de longitud.

PARASUCHUS

Criaturas marinas
Los mares estaban llenos de peces como esta quimera, pariente de los tiburones. Cazaban peces más pequeños y moluscos, y a su vez eran presa de los reptiles marinos.

ISCHYODUS

Reptiles voladores
Los pterosaurios evolucionaron en el Triásico. Algunos tenían el tamaño de una avioneta. No todos eran buenos voladores, pero *Eudimorphodon* era uno de los más eficientes.

EUDIMORPHODON

ERA		ERA MESOZOICA	
PERIODO	PERIODO TRIÁSICO	PERIODO JURÁSICO	
MILLONES DE AÑOS ATRÁS	252	201	145

PLANETA VERDE

Los paisajes verdes en que vivieron los animales del Mesozoico no se parecían a los que conocemos hoy. Hasta el periodo cretácico no hubo herbáceas ni flores, pocos árboles de hoja caduca, y muy pocos de hoja ancha. Así pues, durante gran parte de la era mesozoica no existieron las praderas abiertas, y muchas de las plantas que crecían en los bosques eran de tipos que actualmente son raros o se han extinguido.

Supervivientes del Paleozoico
Numerosas plantas de la era paleozoica lograron sobrevivir, entre ellas plantas primitivas y simples como los equisetos.

Licopodios triásicos
Estas *Pleuromeia*, pertenecientes al grupo de las llamadas plantas licopodiáceas, crecían por todo el mundo en el Triásico.

Cicadeoideas jurásicas
Algunos tipos de plantas del Mesozoico ya no existen. Estas bennettitales jurásicas parecían palmeras, pero eran distintas.

Helechos cretácicos
Tempskya fue un raro helecho arborescente con frondes que brotaban de los lados del tronco, como en las secuoyas.

Tierra de dinosaurios
En el Jurásico superior, el oeste de América del Norte era un lugar de bosques exuberantes, con altos árboles en los que ramoneaban saurópodos de cuello largo, que a su vez eran presa de cazadores como *Allosaurus* (a la izda. en la imagen).

CATÁSTROFE

El Mesozoico acabó con una extinción masiva que aniquiló a dinosaurios, pterosaurios y otros animales. Probablemente la causa fue el impacto de un asteroide en América Central, que provocó una inmensa explosión y el caos global. Pero algunos mamíferos, aves y otros animales sobrevivieron hasta la nueva era: el Cenozoico.

EN EL MESOZOICO EVOLUCIONARON LOS **ANIMALES MÁS** ESPECTACULARES QUE **HAN EXISTIDO.**

PERIODO CRETÁCICO

ERA CENOZOICA

VIDA TRIÁSICA

El periodo triásico comenzó sumido en el caos, pues el planeta se estaba recuperando de una catástrofe global que puso fin a gran parte de la vida en la Tierra. Entre los supervivientes se hallaban los animales que serían el origen de los primeros dinosaurios, junto a pterosaurios voladores y reptiles marinos.

EL MUNDO TRIÁSICO

Los dinosaurios aparecieron durante el primer periodo de la era mesozoica: el Triásico. En esta época, de 252 a 201 millones de años atrás, gran parte de la tierra del planeta formaba un único y enorme supercontinente, rodeado por un océano casi global. Este gigantesco continente se formó durante el periodo precedente, el Pérmico, que finalizó con una catastrófica extinción masiva que destruyó el 96 % de las especies animales; todos aquellos animales que evolucionaron en el Triásico eran descendientes de los supervivientes.

Pangea era un inmenso continente en forma de C que en el Triásico se extendía por el globo de norte a sur; en el Polo Sur no había tierra.

AMÉRICA DEL NORTE

OCÉANO PACÍFICO

AMÉRICA DEL SUR

El supercontinente estaba formado por muchos continentes menores que no reconoceríamos. Los límites de los continentes actuales no existían.

SUPERCONTINENTE

Los continentes se desplazan constantemente debido al movimiento de las placas tectónicas de la corteza terrestre. Se han unido y separado de formas diversas en numerosas ocasiones pero, durante el Triásico, la tierra formó un vasto supercontinente conocido como Pangea. Este se mantuvo unido durante unos 300 m.a., pero a finales del Triásico la apertura del mar de Tetis empezó a dividirlo en dos.

CONTINENTES Y OCÉANOS
DURANTE EL PERIODO TRIÁSICO,
HACE 252-201 M.A.

MEDIOAMBIENTE

El Triásico fue muy diferente a nuestra época. Al principio, toda la vida se estaba recuperando del desastre que provocó la extinción masiva al final de la era anterior. El clima estaba profundamente marcado por la forma en que toda la tierra formaba un único continente gigante, y gran parte de la flora que hoy conocemos no existía.

Clima

El clima global medio era muy cálido comparado con la media actual de 14 °C. Las regiones cercanas al centro de Pangea se hallaban tan lejos del océano que apenas recibían lluvias, y eran áridos desiertos. Casi todas las plantas y animales vivían en las costas, de clima más benigno y húmedo.

**TEMPERATURA
MEDIA GLOBAL**

°C	°C
60	60
40	40
20	20
0	0

17 °C

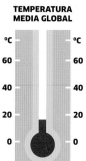
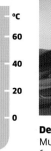

Desiertos áridos
Muchas rocas que datan del Triásico fueron una vez dunas de arena, como estas del Sahara, que se formaron en el árido corazón del supercontinente.

Márgenes templados
Las regiones costeras disfrutaban de un clima más fresco y abundantes lluvias por la influencia del vecino océano. Esto permitió que en ellas floreciera la vida.

ERA		ERA MESOZOICA	
PERIODO	PERIODO TRIÁSICO	PERIODO JURÁSICO	
MILLONES DE AÑOS ATRÁS	252	201	145

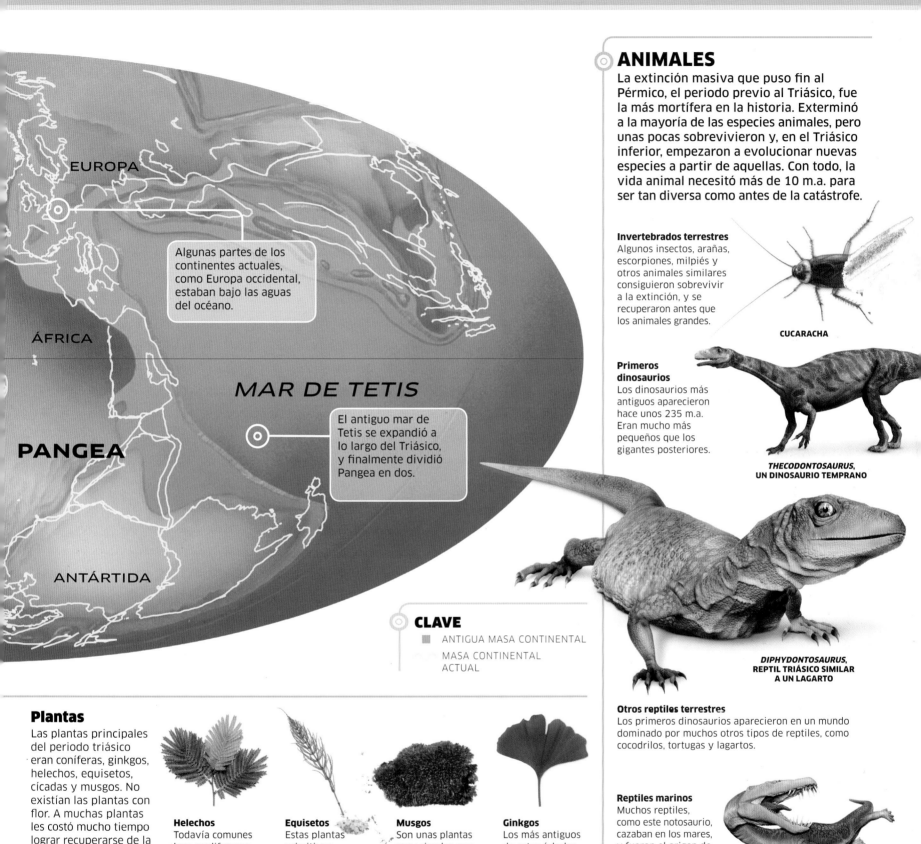

EUROPA

Algunas partes de los continentes actuales, como Europa occidental, estaban bajo las aguas del océano.

ÁFRICA

MAR DE TETIS

El antiguo mar de Tetis se expandió a lo largo del Triásico, y finalmente dividió Pangea en dos.

PANGEA

ANTÁRTIDA

CLAVE

ANTIGUA MASA CONTINENTAL

MASA CONTINENTAL ACTUAL

ANIMALES

La extinción masiva que puso fin al Pérmico, el periodo previo al Triásico, fue la más mortífera en la historia. Exterminó a la mayoría de las especies animales, pero unas pocas sobrevivieron y, en el Triásico inferior, empezaron a evolucionar nuevas especies a partir de aquellas. Con todo, la vida animal necesitó más de 10 m.a. para ser tan diversa como antes de la catástrofe.

Invertebrados terrestres
Algunos insectos, arañas, escorpiones, milpiés y otros animales similares consiguieron sobrevivir a la extinción, y se recuperaron antes que los animales grandes.

CUCARACHA

Primeros dinosaurios
Los dinosaurios más antiguos aparecieron hace unos 235 m.a. Eran mucho más pequeños que los gigantes posteriores.

THECODONTOSAURUS, UN DINOSAURIO TEMPRANO

DIPHYDONTOSAURUS, REPTIL TRIÁSICO SIMILAR A UN LAGARTO

Otros reptiles terrestres
Los primeros dinosaurios aparecieron en un mundo dominado por muchos otros tipos de reptiles, como cocodrilos, tortugas y lagartos.

Reptiles marinos
Muchos reptiles, como este notosaurio, cazaban en los mares, y fueron el origen de algunos de los animales más espectaculares de la era mesozoica.

NOTHOSAURUS

Plantas

Las plantas principales del periodo triásico eran coníferas, ginkgos, helechos, equisetos, cícadas y musgos. No existían las plantas con flor. A muchas plantas les costó mucho tiempo lograr recuperarse de la extinción del final del Pérmico, en especial a los árboles de bosque.

Helechos
Todavía comunes hoy, proliferaron ampliamente en el Triásico. La mayoría tan solo crecen en lugares húmedos y umbrosos.

Equisetos
Estas plantas primitivas surgieron hace unos 300 m.a.: puede que sean las más antiguas sobre la Tierra.

Musgos
Son unas plantas muy simples que absorben agua del suelo como esponjas, por lo que no pueden crecer muy alto.

Ginkgos
Los más antiguos de estos árboles vivieron a inicios del Triásico. En el pasado comunes, hoy solo sobrevive una especie.

ERA CENOZOICA

PERIODO CRETÁCICO

66

0

Cabeza alargada
La cabeza alargada y plana, con mandíbulas muy largas, era similar a la de los cocodrilos modernos.

Cuello flexible
Nothosaurus podía doblar el cuello hacia ambos lados para atrapar peces cercanos.

Nothosaurus

Con un largo cuello flexible y dientes afilados como agujas, este antiguo reptil marino estaba preparado para cazar a los peces que poblaban los mares costeros poco profundos del Triásico.

Los reptiles marinos de la era mesozoica descendían de animales que respiraban aire, vivían en tierra y caminaban sobre cuatro poderosas patas. Los notosaurios como *Nothosaurus* tenían el mismo diseño corporal básico, pero estaban adaptados para la natación, con pies palmeados y una cola larga y potente que usaban para impulsarse por el agua. Sus dientes largos y puntiagudos eran idóneos para atrapar peces, probablemente su presa principal; cuando no cazaba, es probable que pasara gran parte del tiempo en la orilla.

Garras
Las fuertes garras eran útiles para gatear sobre las resbaladizas rocas costeras.

Dientes como agujas
Los afilados dientes estaban adaptados para atrapar peces, pero no para masticarlos.

Presa básica
Los océanos triásicos estaban llenos de peces, calamares y otras presas.

Camuflaje
El dibujo de su piel camuflaría a *Nothosaurus* frente a sus enemigos.

REPTIL MARINO
NOTHOSAURUS

Datación: 245-228 M.A.

Hábitat: Océanos poco profundos

Longitud: 1-3,5 m

Dieta: Peces y calamares

Larga cola musculosa
Nothosaurus utilizaría su potente cola para propulsarse.

Piel lisa
Aunque escamosa, la piel era suave e hidrodinámica, y ayudaba al animal a nadar de manera eficiente.

León marino triásico
A diferencia de muchos reptiles marinos posteriores del Mesozoico, *Nothosaurus* tenía cuatro patas fuertes que le permitían caminar de forma similar al león marino, lo que sugiere que vivió del mismo modo, cazando en el agua pero descansando en playas y costas rocosas. Probablemente paría crías vivas y daba a luz en lagunas o estuarios protegidos.

Los primeros notosaurios cazaban en los océanos por el mismo tiempo en que **los primeros dinosaurios** caminaban sobre la tierra.

Pie palmeado
Cada una de las cuatro cortas y fuertes extremidades acababa en cinco largos dedos, palmeados como los de una nutria. Estos pies palmeados serían útiles tanto en tierra como en el agua.

Feroz depredador
Fieros depredadores como *Postosuchus* (pp. 28-29) encontrarían en *Placerias* una presa apetecible.

Cortador de plantas
Las grandes aberturas tras las cuencas oculares anclaban unos músculos maxilares muy potentes. Su mandíbula se podía mover adelante y atrás, así como arriba y abajo, lo que ayudaba a *Placerias* a cortar plantas duras.

Colmillos
La utilidad de los dos colmillos no está muy clara, pero es probable que los usara para cavar.

Cuerpo macizo
El pesado cuerpo era soportado por cuatro robustas patas.

Placerias

Con la complexión de un hipopótamo y largos colmillos similares a los suyos, este macizo herbívoro fue uno de los grandes animales más comunes del Triásico superior, periodo que vio surgir a los primeros dinosaurios.

Durante varios millones de años antes de aparecer los primeros dinosaurios comedores de plantas, los herbívoros de más éxito fueron un grupo de animales denominados dicinodontos. Su nombre –que significa «dos dientes de perro»– hace referencia a los dos caninos superiores, que eran dos grandes colmillos. *Placerias* tenía un pico similar al de un loro, que empleaba para recoger hojas y tallos jugosos. Pesaba tanto como un coche utilitario, pero era moderadamente pequeño en comparación con un dicinodonto llamado *Lisowicia*, descubierto en 2018, que era tan grande como un elefante.

Extremidades robustas
Las robustas patas de *Placerias* tenían cinco fuertes dedos.

Placerias pudo alcanzar un peso de hasta **2.000 kg**.

40 Número de **esqueletos de *Placerias*** hallados en un yacimiento de Arizona (EE UU), lo que **sugiere que vivían en manada**.

Placerias **pasaría parte de su tiempo en el agua**, igual que los **hipopótamos actuales**.

25

Placerias fue uno de los últimos
dicinodontos;
todos ellos se extinguieron
en el Triásico superior.

PLACERIAS

Datación: 220-210 M.A.

Hábitat: Llanuras

Longitud: 2-3,5 m

Dieta: Plantas

Cola rechoncha
La cola era gruesa, pero mucho más corta que la de un reptil típico.

Patas poderosas
Probablemente *Placerias* caminaba con las patas traseras erguidas.

Mamiferoides

Los dicinodontos como *Placerias* a menudo se han descrito como reptiles mamiferoides, ancestros de los mamíferos, aunque estos evolucionaron de hecho a partir de un grupo cercano, el de los cinodontos. Todos ellos pertenecían a una rama de la familia de los vertebrados denominada sinápsidos, que se separó de los reptiles en el periodo carbonífero, casi 200 m.a. antes de la aparición de los primeros dinosaurios.

REPTILES

SINÁPSIDOS

ESFENACODONTOS

DICINODONTOS
(PLACERIAS)

CINODONTOS

MAMÍFEROS

Dientes multiusos
Casi todos los dientes de *Eoraptor* eran como cuchillas curvas y muy puntiagudas, apropiados para cortar carne. Pero sus dientes frontales tenían una corona más ancha y se parecían más a los de los herbívoros, así que es posible que *Eoraptor* comiera tanto plantas como animales.

10 kg: peso estimado de *Eoraptor*. Es más o menos el peso medio de un niño de un año de edad: ¡mucho menor que el de los dinosaurios gigantes que vendrían luego!

Cuello largo
El largo cuello de *Eoraptor* era típico del grupo de los dinosaurios saurisquios.

Visión completa
Los ojos a los lados de la cabeza le permitían ver en todas direcciones.

Presa
Eoraptor no tendría problemas para cazar animales pequeños, como lagartos.

Garras afiladas
Cada mano tenía tres largos dedos con uñas afiladas y dos más cortos.

Dedos poderosos
Eoraptor se apoyaba sobre tres fuertes dedos, pero tenía un cuarto dedo en la parte posterior del pie.

Eoraptor

Eoraptor fue uno de los primeros dinosaurios: un animal pequeño, ligero y ágil, no mayor que un zorro y posiblemente con un modo de vida similar. La mayoría de los dinosaurios de la época eran parecidos; solo más tarde evolucionaron en una espectacular variedad de formas.

Los huesos fósiles de este animal, descubiertos en rocas triásicas en Argentina en 1991, fueron identificados de entrada como los de un carnívoro, como sugerían sus afilados dientes y garras. Dado que la mayoría de los dinosaurios posteriores con estos rasgos eran terópodos, sus descubridores lo clasificaron como tal: un antecesor de cazadores gigantes como *Tyrannosaurus rex*. Pero los expertos no se ponen de acuerdo sobre la relación entre los primeros dinosaurios como el *Eoraptor* y otros tipos posteriores. Algunos sostienen que este pequeño dinosaurio podría estar más emparentado con el grupo que incluye los colosales saurópodos, herbívoros de cuello largo.

Eoraptor significa «**cazador del alba**». El «alba» se refiere a su **temprana datación**.

La **posición exacta** de *Eoraptor* en la **evolución de los dinosaurios no se conoce aún** con certeza.

Sus **largas patas** sugieren que *Eoraptor* era un **veloz corredor**.

27

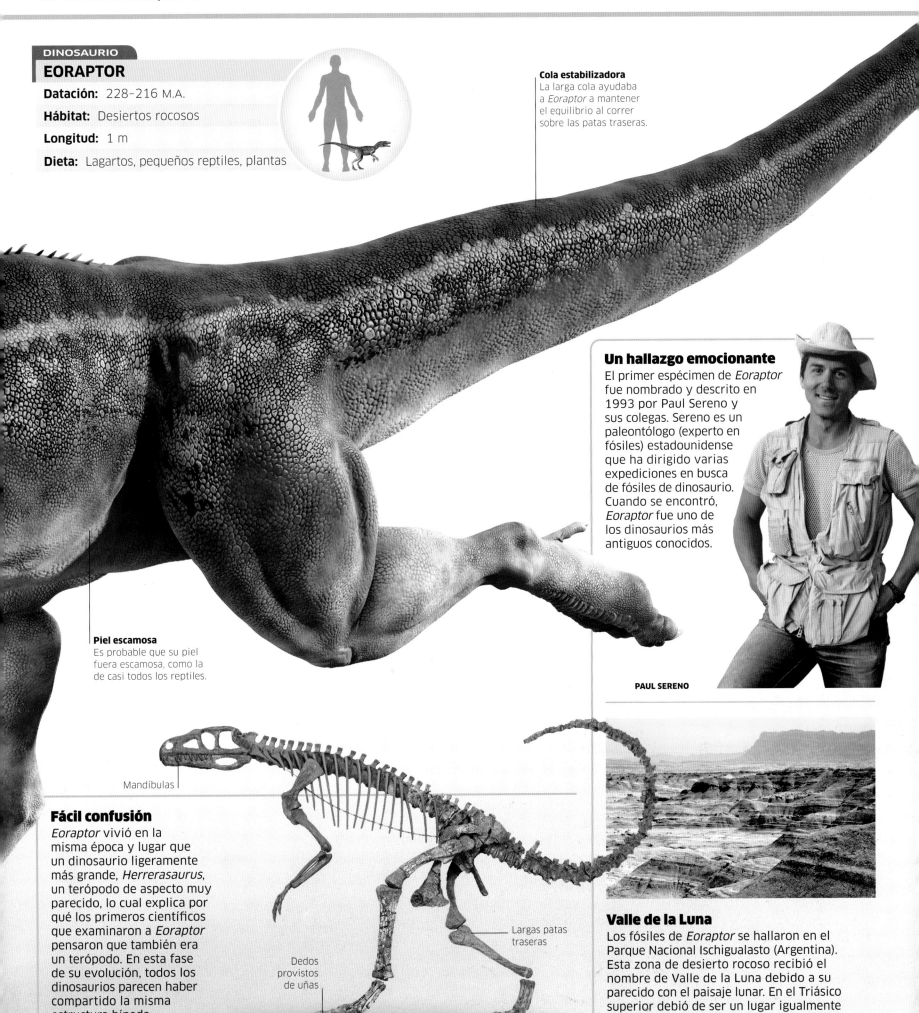

DINOSAURIO

EORAPTOR

Datación: 228-216 M.A.

Hábitat: Desiertos rocosos

Longitud: 1 m

Dieta: Lagartos, pequeños reptiles, plantas

Cola estabilizadora
La larga cola ayudaba a *Eoraptor* a mantener el equilibrio al correr sobre las patas traseras.

Un hallazgo emocionante

El primer espécimen de *Eoraptor* fue nombrado y descrito en 1993 por Paul Sereno y sus colegas. Sereno es un paleontólogo (experto en fósiles) estadounidense que ha dirigido varias expediciones en busca de fósiles de dinosaurio. Cuando se encontró, *Eoraptor* fue uno de los dinosaurios más antiguos conocidos.

PAUL SERENO

Piel escamosa
Es probable que su piel fuera escamosa, como la de casi todos los reptiles.

Mandíbulas

Fácil confusión

Eoraptor vivió en la misma época y lugar que un dinosaurio ligeramente más grande, *Herrerasaurus*, un terópodo de aspecto muy parecido, lo cual explica por qué los primeros científicos que examinaron a *Eoraptor* pensaron que también era un terópodo. En esta fase de su evolución, todos los dinosaurios parecen haber compartido la misma estructura bípeda.

Dedos provistos de uñas

Largas patas traseras

ESQUELETO DE HERRERASAURUS

Valle de la Luna

Los fósiles de *Eoraptor* se hallaron en el Parque Nacional Ischigualasto (Argentina). Esta zona de desierto rocoso recibió el nombre de Valle de la Luna debido a su parecido con el paisaje lunar. En el Triásico superior debió de ser un lugar igualmente árido y escabroso.

Hocico estrecho
El hocico era inusualmente estrecho en relación con la profundidad del cráneo.

Cráneo enorme
Con su enorme cráneo y sus grandes y poderosas mandíbulas, *Postosuchus* estaba mejor armado que muchos dinosaurios depredadores del Triásico.

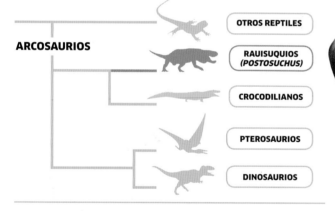

Árbol genealógico

Los rauisuquios como *Postosuchus* pertenecían al grupo de reptiles arcosaurios, que también incluía a pterosaurios y dinosaurios. Los rauisuquios evolucionaron antes y dieron origen a cocodrilos y caimanes, que son sus parientes vivos más cercanos.

ARCOSAURIOS

- OTROS REPTILES
- RAUISUQUIOS (*POSTOSUCHUS*)
- CROCODILIANOS
- PTEROSAURIOS
- DINOSAURIOS

Dientes desiguales

Los dientes de *Postosuchus* tenían distintas longitudes, en parte debido a su reemplazo habitual: los dientes crecían hasta caerse; así, los más largos eran los más viejos, y los más cortos, los más nuevos. El cocodrilo (abajo) cambia los dientes de forma similar.

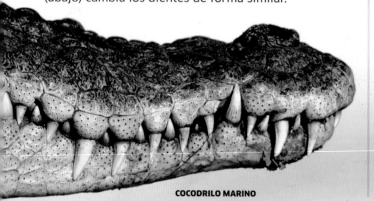

COCODRILO MARINO

Dientes grandes y afilados
Los dientes eran agudas cuchillas aserradas, idóneas para desgarrar carne.

Brazos cortos
Los brazos de *Postosuchus* eran mucho más cortos que sus patas, y tenía cinco dedos en cada mano.

Postosuchus

Aunque parece un dinosaurio, este feroz depredador fue un pariente cercano del cocodrilo. Perteneció a un grupo de reptiles que dominó la vida en el Triásico antes de que lo desplazaran los dinosaurios.

Los depredadores terrestres más grandes y poderosos del Triásico superior fueron unos reptiles llamados rauisuquios. *Postosuchus* fue uno de los mayores. Posiblemente andaba sobre las patas traseras como un dinosaurio depredador, y no como un cocodrilo, y pudo ser casi igual de ágil. Cazaría cualquier tipo de dinosaurio que pudiera capturar y dicinodontos como *Placerias* (pp. 24-25).

El nombre *Postosuchus* significa «cocodrilo de Post», porque sus primeros fósiles se hallaron en Post Quarry (Texas, EE UU).

300 kg: peso de un *Postosuchus* adulto, equivalente al de **cuatro hombres adultos**.

29

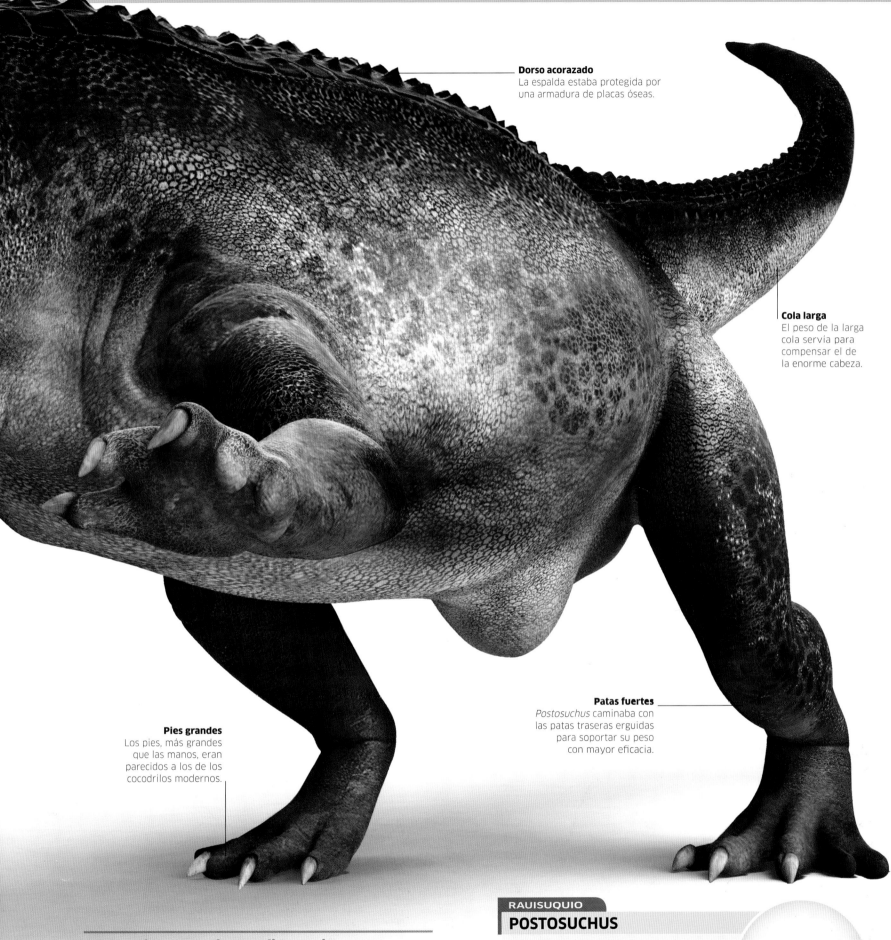

Dorso acorazado
La espalda estaba protegida por una armadura de placas óseas.

Cola larga
El peso de la larga cola servía para compensar el de la enorme cabeza.

Patas fuertes
Postosuchus caminaba con las patas traseras erguidas para soportar su peso con mayor eficacia.

Pies grandes
Los pies, más grandes que las manos, eran parecidos a los de los cocodrilos modernos.

Postosuchus recuerda a un dinosaurio porque **desarrolló rasgos similares** para afrontar el mismo modo de vida. Este fenómeno es conocido como «evolución convergente».

RAUISUQUIO
POSTOSUCHUS

Datación: 228–204 M.A.

Hábitat: Bosques

Longitud: 3–4,5 m

Dieta: Otros animales

FALSA ALARMA

El sol destella entre los árboles, inundando de luz el suelo del bosque. El ruido producido por un gran saurópodo irguiéndose para tomar un bocado de hojas siembra el pánico alrededor.

Un pequeño depredador, *Coelophysis*, no ve el origen del ruido y se espanta. Al correr para esconderse, asusta a su vez a un pequeño mamífero que busca insectos entre el musgo. Aunque es un dinosaurio carnívoro, *Coelophysis* no va a arriesgarse a ponerse en el camino de uno de los mayores asesinos que merodean por los bosques del Triásico.

Visión completa
La posición lateral de los ojos de *Plateosaurus* le daba una visión completa para poder vigilar a sus enemigos.

Cuello flexible
Un cuello largo y flexible permitía a *Plateosaurus* ramonear en las copas de los árboles.

Dientes cortantes
Los dientes superiores con filo se solapaban con los inferiores como las hojas de una tijera para cortar la vegetación.

De pie firme
Plateosaurus caminaba apoyando los cinco dedos de cada una de sus robustas patas traseras, y pudo ser bastante veloz. Los huesos de los dedos interiores eran más largos y fuertes que los de los exteriores, y estaban provistos de grandes uñas.

35 esqueletos prácticamente completos de *Plateosaurus*, más los huesos dispersos de al menos 70 más, fueron encontrados en una misma cantera del sur de Alemania.

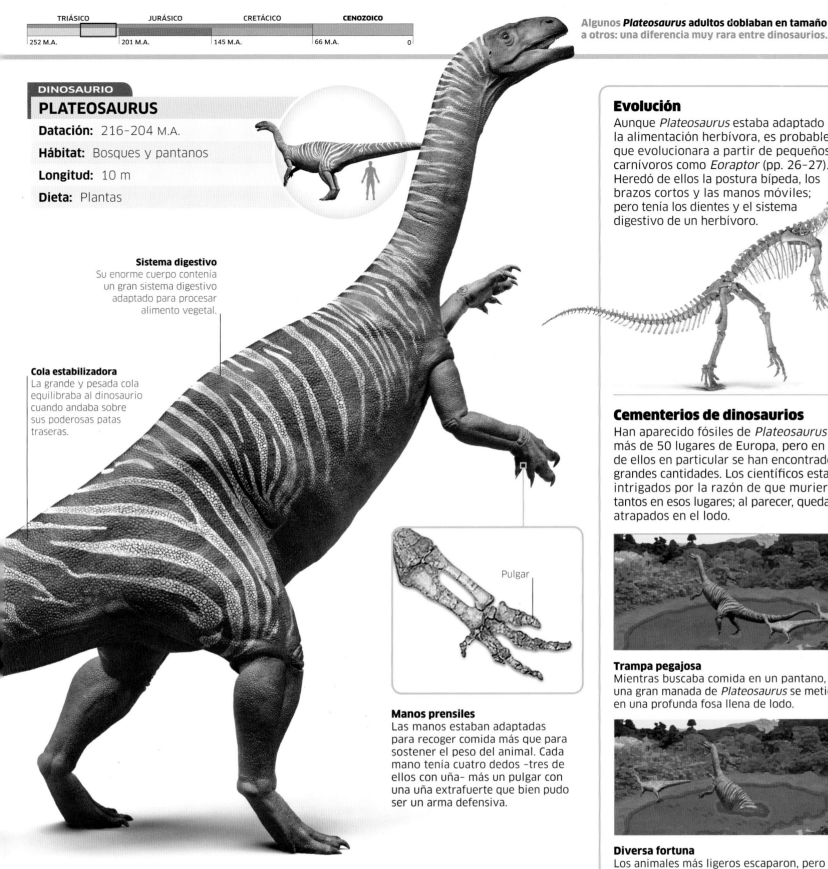

DINOSAURIO

PLATEOSAURUS

Datación: 216-204 M.A.

Hábitat: Bosques y pantanos

Longitud: 10 m

Dieta: Plantas

Sistema digestivo
Su enorme cuerpo contenía
un gran sistema digestivo
adaptado para procesar
alimento vegetal.

Cola estabilizadora
La grande y pesada cola
equilibraba al dinosaurio
cuando andaba sobre
sus poderosas patas
traseras.

Pulgar

Manos prensiles
Las manos estaban adaptadas
para recoger comida más que para
sostener el peso del animal. Cada
mano tenía cuatro dedos –tres de
ellos con uña– más un pulgar con
una uña extrafuerte que bien pudo
ser un arma defensiva.

Plateosaurus

**Este herbívoro, uno de los primeros fósiles de dinosaurio descubiertos,
era un sauropodomorfo, unos dinosaurios estrechamente relacionados
con los animales terrestres más grandes, los saurópodos de cuello largo.**

Los primeros sauropodomorfos como este eran más pequeños y ligeros que los
saurópodos, si bien *Plateosaurus* era uno de los más grandes. Caminaban sobre las
patas traseras y usaban las manos para recoger comida. *Plateosaurus* debió de ser
bastante común en la región que hoy corresponde al norte y el centro de Europa.
Desde que se descubrieron sus primeros fósiles en 1834, en Alemania, se han
encontrado más de cien esqueletos bien conservados.

Evolución

Aunque *Plateosaurus* estaba adaptado a
la alimentación herbívora, es probable
que evolucionara a partir de pequeños
carnívoros como *Eoraptor* (pp. 26-27).
Heredó de ellos la postura bípeda, los
brazos cortos y las manos móviles;
pero tenía los dientes y el sistema
digestivo de un herbívoro.

Cementerios de dinosaurios

Han aparecido fósiles de *Plateosaurus* en
más de 50 lugares de Europa, pero en tres
de ellos en particular se han encontrado en
grandes cantidades. Los científicos estaban
intrigados por la razón de que murieran
tantos en esos lugares; al parecer, quedaron
atrapados en el lodo.

Trampa pegajosa
Mientras buscaba comida en un pantano,
una gran manada de *Plateosaurus* se metió
en una profunda fosa llena de lodo.

Diversa fortuna
Los animales más ligeros escaparon, pero los más
grandes y pesados no lograron salir. Cuanto más se
debatían, más profundo se hundían.

Fosilización
Los animales atrapados se ahogaron y hundieron,
quedando ocultos a la vista de los carroñeros. Al
cabo de millones de años quedaron fosilizados.

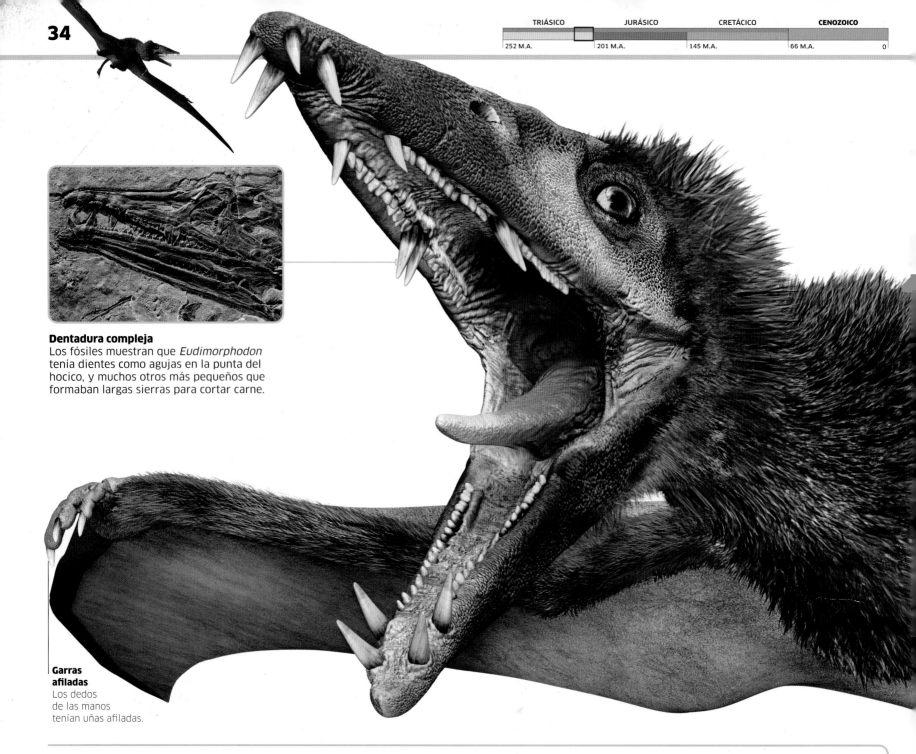

Dentadura compleja
Los fósiles muestran que *Eudimorphodon*
tenía dientes como agujas en la punta del
hocico, y muchos otros más pequeños que
formaban largas sierras para cortar carne.

Garras afiladas
Los dedos
de las manos
tenían uñas afiladas.

Estructura del ala

Las alas de un pterosaurio eran de piel reforzada con muchas fibras
finas y flexibles. Esta membrana estaba sustentada por una capa
muscular que modificaba el perfil del ala a conveniencia, y que era
alimentada por una red de vasos sanguíneos.

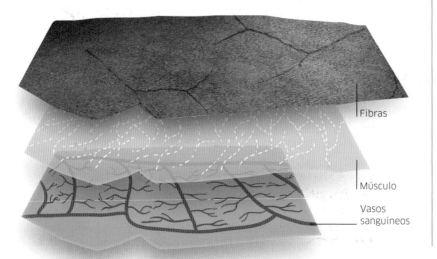

Fibras

Músculo

Vasos
sanguíneos

**FÓSILES DE *DICELLOPYGE*,
UN PEZ DEL TRIÁSICO**

Dieta de pescado

Los afilados dientes de un
pterosaurio resultarían idóneos
para atrapar resbaladizos peces,
y los fósiles de *Eudimorphodon*
presentan en el estómago escamas
similares a las visibles en fósiles
de peces triásicos, por lo que parece
probable que fueran su presa principal.

El **primer fósil** de *Eudimorphodon* fue **hallado en Italia en 1973**.

Eudimorphodon podía **cortar y masticar** a su presa, en lugar de **tragarla entera**.

110 Número de dientes en las largas mandíbulas de *Eudimorphodon*.

Larga cola ósea
Todos los pterosaurios del Triásico tenían una larga cola con esqueleto óseo.

Alas de murciélago
Aunque similares a las del murciélago, estas alas eran más complejas y, posiblemente, más eficientes.

Patas cortas
Las patas eran bastante cortas, por lo que parece poco probable que *Eudimorphodon* cazara en el suelo.

Punta de la cola
La cola en forma de bandera debía de usarse para exhibirse.

PTEROSAURIO
EUDIMORPHODON

Datación: 216–203 M.A.

Hábitat: Bosques costeros

Envergadura: 1 m

Dieta: Peces

Eudimorphodon

Aparte de los dinosaurios, los animales más fascinantes de la era mesozoica fueron los reptiles voladores, o pterosaurios. Este cazador aéreo fue uno de los primeros descubiertos.

Con su larga cola ósea y sus profundas mandíbulas sembradas de afilados dientes, *Eudimorphodon* es, en muchos aspectos, un pterosaurio temprano típico. Como las de todos los pterosaurios, sus alas eran amplias membranas de piel, fibra y fino músculo, sostenidas por los huesos del brazo y un «dedo alar» extralargo. Los otros tres dedos formaban una garra prensil en el ángulo frontal de cada ala. La enorme envergadura de las alas de este animal indica que era un diestro volador que probablemente cazaba al vuelo.

36 vida triásica ○ **ISANOSAURUS**

	TRIÁSICO	JURÁSICO	CRETÁCICO	CENOZOICO
252 M.A.	201 M.A.	145 M.A.	66 M.A.	0

Isanosaurus

Entre los dinosaurios más grandes y famosos se hallan los colosales saurópodos, de larguísimo cuello, que soportaban su enorme peso sobre cuatro patas. *Isanosaurus* fue uno de los primeros: mucho más pequeño que los gigantes posteriores, pero con el mismo diseño corporal básico.

Los primeros sauropodomorfos eran animales pequeños y ágiles. Estos dieron origen a tipos más grandes y pesados, como *Plateosaurus* (pp. 32-33), que eran herbívoros pero aún caminaban sobre dos patas. Hacia el final del Triásico, estos fueron reemplazados por saurópodos verdaderos como *Isanosaurus*, que ya eran cuadrúpedos pero que aún podían alzarse sobre las patas traseras para comer.

Cola alta
Fuertes tendones unían los huesos de la cola del dinosaurio y la mantenían en alto sobre el suelo.

Fémur
El fémur de *Isanosaurus* era relativamente recto comparado con los de los prosaurópodos anteriores. Ello revela que estaba adaptado para caminar sobre las cuatro patas, y no solo sobre las traseras.

Extensión completa
Aunque es casi seguro que caminaba a cuatro patas, *Isanosaurus* podría sostenerse sobre sus robustas patas traseras para ramonear en árboles altos. Sus patas delanteras eran menos fuertes y tenían dedos más móviles que podría usar para agarrar ramas y sujetarse. Esta técnica de alimentación fue usada por muchos otros saurópodos que evolucionaron más tarde en el Mesozoico.

Solo conservamos unos pocos huesos fósiles de *Isanosaurus*, pero entre ellos hay un fémur que revela que **era cuadrúpedo.**

Patas poderosas
La mayor parte del peso del animal era soportado por sus enormes patas traseras.

El único espécimen conocido de *Isanosaurus* no era adulto, por lo que **no sabemos qué tamaño podría haber alcanzado.**

Isanosaurus recibió su nombre por la **región de Isan**, en el noreste de Tailandia, **donde se encontraron sus fósiles.**

37

DINOSAURIO

ISANOSAURUS

Datación: 219-199 M.A.

Hábitat: Bosques

Longitud: 6 m

Dieta: Hojas

Cresta de púas
Isanosaurus pudo tener una cresta dorsal espinosa.

Cuello corto
El cuello era corto comparado con los de los saurópodos posteriores.

Dientes simples
No se han encontrado cráneos ni mandíbulas de este animal, pero probablemente tuviera dientes pequeños y simples.

Dedos móviles
Aunque adaptados para caminar, los dedos de las patas delanteras eran aún bastante móviles.

Cuerpo voluminoso
Su enorme cuerpo alojaba un gran sistema digestivo para procesar su dieta vegetal.

Manadas de pesos pesados

Las huellas de pisadas fosilizadas muestran que, como los bisontes modernos, muchos saurópodos posteriores viajaban en manada. Es probable que *Isanosaurus* hiciera lo mismo, para protegerse de enemigos como los carnívoros dinosaurios terópodos.

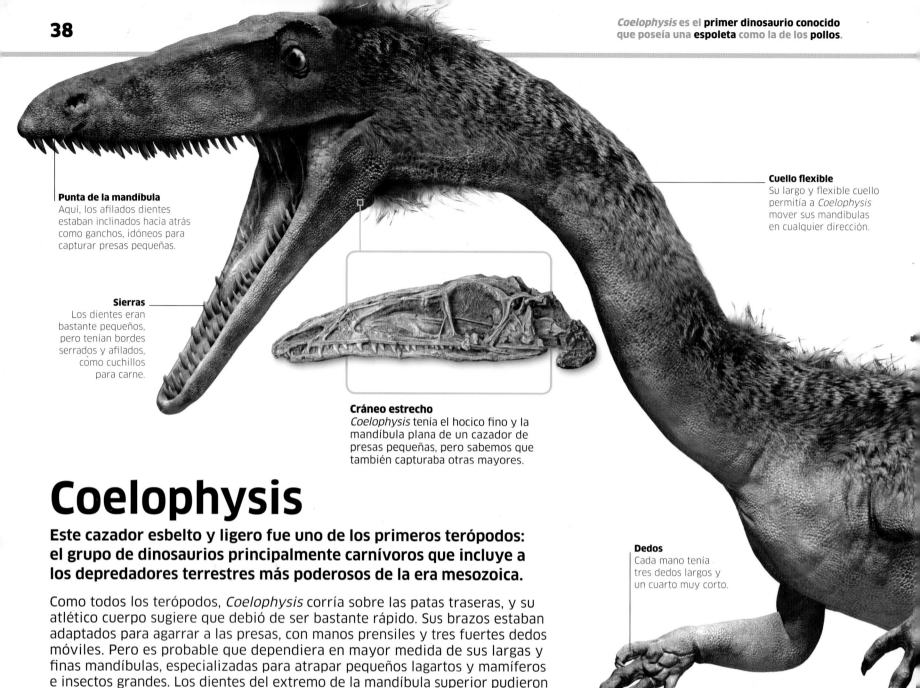

Punta de la mandíbula
Aquí, los afilados dientes estaban inclinados hacia atrás como ganchos, idóneos para capturar presas pequeñas.

Cuello flexible
Su largo y flexible cuello permitía a *Coelophysis* mover sus mandíbulas en cualquier dirección.

Sierras
Los dientes eran bastante pequeños, pero tenían bordes serrados y afilados, como cuchillos para carne.

Cráneo estrecho
Coelophysis tenía el hocico fino y la mandíbula plana de un cazador de presas pequeñas, pero sabemos que también capturaba otras mayores.

Dedos
Cada mano tenía tres dedos largos y un cuarto muy corto.

Coelophysis

Este cazador esbelto y ligero fue uno de los primeros terópodos: el grupo de dinosaurios principalmente carnívoros que incluye a los depredadores terrestres más poderosos de la era mesozoica.

Como todos los terópodos, *Coelophysis* corría sobre las patas traseras, y su atlético cuerpo sugiere que debió de ser bastante rápido. Sus brazos estaban adaptados para agarrar a las presas, con manos prensiles y tres fuertes dedos móviles. Pero es probable que dependiera en mayor medida de sus largas y finas mandíbulas, especializadas para atrapar pequeños lagartos y mamíferos e insectos grandes. Los dientes del extremo de la mandíbula superior pudieron estar adaptados para sacar de sus madrigueras a pequeños animales cavadores.

El lecho de huesos de Ghost Ranch

Sabemos mucho de *Coelophysis* porque en 1947 se hallaron cientos de esqueletos suyos en un «lecho de huesos» en Ghost Ranch, en Nuevo México (EE UU). No está claro por qué murieron tantos a la vez en este lugar; es posible que varios grupos de estos dinosaurios concurrieran en una poza aislada durante una sequía, y que luego se ahogaran en una inundación desencadenada por una tormenta repentina.

Aglomeración
En un día ardiente de verano, varios grupos de *Coelophysis* sedientos se reúnen en un lugar que aún conserva agua potable.

Torrente mortal
Una enorme tormenta provoca lluvias torrenciales. El agua desciende colina abajo en un torrente que ahoga a los dinosaurios.

Restos fósiles
El agua arrastra barro que entierra los cuerpos. Al cabo de millones de años, el barro se convierte en roca que fosiliza los huesos.

Cazando en grupo

Si *Coelophysis* vivía en grupo, tal y como sugieren los fósiles de Ghost Ranch, también podría cazar en grupo para abatir presas más grandes que él. Esta manada de lobos, por ejemplo, coopera para atacar a un peligroso buey almizclero, que un lobo solitario no se atrevería a acometer. Pero los lobos son mucho más inteligentes de lo que pudo ser *Coelophysis*, y las tácticas de este serían menos sofisticadas.

TRIÁSICO	JURÁSICO	CRETÁCICO	CENOZOICO
252 M.A.	201 M.A.	145 M.A.	66 M.A. 0

1998 Este año **un cráneo de *Coelophysis* fue llevado al espacio** a bordo del transbordador espacial *Endeavour*. **39**

500

Esqueletos de *Coelophysis* hallados juntos en el yacimiento de Ghost Ranch, en Nuevo México (EE UU).

DINOSAURIO

COELOPHYSIS

Datación: 216-200 M.A.

Hábitat: Llanuras desérticas

Longitud: 3 m

Dieta: Otros animales

Dentro del estómago

La zona estomacal del esqueleto de algunos fósiles de *Coelophysis* contiene restos de sus presas. En un caso se encontró lo que parecía ser el esqueleto de un joven *Coelophysis*, y eso hizo pensar en una muestra de canibalismo. Esos huesos resultaron ser de un reptil similar al cocodrilo, pero es posible que el *Coelophysis* hubiera sido caníbal al fin y al cabo, pues en 2009 se hallaron huesos de una cría de *Coelophysis* en el interior de un cráneo adulto.

Cola larga

Como casi todos los dinosaurios bípedos, *Coelophysis* se equilibraba gracias a su larga cola.

Piel dura

Es probable que la piel estuviera cubierta por una capa de pequeñas escamas protectoras, pero también es posible que *Coelophysis* tuviera plumas.

Pisando los talones

Coelophysis pudo cazar en grupos familiares, de modo que los más jóvenes podían aprender de sus progenitores.

Dedos poderosos

Coelophysis caminaba apoyándose en tres dedos con fuertes uñas. Un cuarto dedo en el interior del pie, mucho más corto, se mantenía por encima del suelo.

VIDA JURÁSICA

Los dinosaurios fueron solo una pequeña parte de la vida animal durante casi todo el Triásico. Pero en el Jurásico evolucionaron en una espectacular variedad de formas, de gigantes que hacían temblar la tierra a cazadores plumados del tamaño de cuervos. Ellos dominaron un mundo que hervía con todo tipo de animales.

EL MUNDO JURÁSICO

El periodo jurásico de la era mesozoica abarca desde 201 a 145 millones de años atrás. En este tiempo, el supercontinente Pangea quedó dividido en dos, lo que cambió el clima y permitió que una exuberante vegetación cubriera gran parte de la tierra. El rico crecimiento vegetal sustentó a muchos animales de distintos tipos, entre ellos los dinosaurios, que se convirtieron en los animales terrestres dominantes. Entre estos había herbívoros enormes, poderosos cazadores y pequeños dinosaurios plumados a partir de los cuales evolucionarían las primeras aves.

DOS SUPERCONTINENTES

El supercontinente Pangea había empezado a dividirse en el Triásico, y durante el Jurásico se separó en dos: el supercontinente septentrional Laurasia y el austral Gondwana. Estos estaban separados por el mar tropical de Tetis. Buena parte de los márgenes continentales, e incluso áreas interiores, fueron inundadas por las aguas oceánicas, creando miles de islas.

LAURASIA

AMÉRICA DEL NORTE

América del Norte estaba prácticamente rodeada por agua. Se estaba abriendo el océano que más tarde sería el Atlántico Norte, alejando Laurasia de Gondwana.

OCÉANO PACÍFICO

Una falla en la corteza terrestre se extendía desde el mar de Tetis hacia el oeste entre América del Norte y África, separando ambos continentes para crear el «océano proto-Atlántico».

AMÉRICA DEL SUR

GONDWANA

Gondwana todavía era un continente inmenso, con desiertos en su centro. Aquí, los animales evolucionaron de modo distinto que los del supercontinente septentrional.

CONTINENTES Y OCÉANOS DURANTE EL PERIODO JURÁSICO, HACE 201–145 M.A.

MEDIOAMBIENTE

El Triásico había acabado con una extinción masiva que, aunque no fue tan grave como la anterior, eliminó alrededor de la mitad de las especies vivas. Sus causas aún no se conocen, pero al parecer sus efectos en el medioambiente no duraron mucho, y al poco tiempo la vida volvía a florecer sobre la tierra y en los mares.

Clima

La división de Pangea en dos tuvo un efecto drástico sobre el clima. Gran parte de la tierra se hallaba ahora más cerca del océano, y las condiciones se hicieron más templadas y más húmedas. El Jurásico inferior y el medio fueron muy cálidos, pero el superior fue más frío.

TEMPERATURA MEDIA GLOBAL

°C | 60 | 40 | 20 | 0

°C | 60 | 40 | 20 | 0

16,5 °C

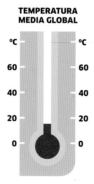

Selva templada
En el húmedo Jurásico proliferaron exuberantes bosques de helechos, que alimentaban a los grandes dinosaurios herbívoros que evolucionaron entonces.

Islas tropicales
El clima cálido hizo subir el nivel del mar. Parte de los continentes quedaron inundados por aguas someras y cálidas en las que afloraban islas tropicales.

ERA		ERA MESOZOICA	
PERIODO	PERIODO TRIÁSICO	PERIODO JURÁSICO	
MILLONES DE AÑOS ATRÁS	252	201	145

EUROPA

Mares someros cubrieron muchas áreas de Laurasia central y pudieron dividir en dos el continente. Las zonas más altas afloraban como islas.

MAR DE TETIS

ÁFRICA

Junto con su brazo occidental, que se estaba convirtiendo en el océano Atlántico, el mar de Tetis separaba Gondwana de las tierras septentrionales de Laurasia.

ANTÁRTIDA

CLAVE

■ ANTIGUA MASA CONTINENTAL

■ MASA CONTINENTAL ACTUAL

⊙ ANIMALES

La extinción del final del Triásico eliminó mucha vida animal, pero los supervivientes no tardaron en proliferar en un clima cálido y húmedo. En particular, los dinosaurios se beneficiaron de la destrucción de sus principales competidores (ciertos reptiles) y, junto con los pterosaurios voladores, pronto dominaron la vida animal terrestre.

CYLINDROTEUTHIS, UN GRAN BELEMNITE

Invertebrados marinos

Las someras aguas costeras eran ricos hábitats para algunos animales marinos como amonites y belemnites (parientes extintos del calamar).

Invertebrados terrestres

En los exuberantes bosques del Jurásico pululaban insectos como *Libellulium*, junto con arañas y otros invertebrados. Pero aún no existían insectos nectarívoros como abejas o mariposas.

LIBELLULIUM

Dinosaurios gigantes

Los dinosaurios se diversificaron en muchos tipos, entre ellos saurópodos gigantes como *Barapasaurus*, poderosos terópodos carnívoros, estegosaurios acorazados y aves primitivas.

BARAPASAURUS

Reptiles marinos

La abundante vida marina era el alimento de voraces ictiosaurios, plesiosaurios y otros reptiles marinos como este *Dakosaurus*, un pariente lejano de los cocodrilos.

DAKOSAURUS

Plantas

La vida vegetal del periodo jurásico fue más exuberante y extensa que la del Triásico, pero, por lo demás, fue muy similar. Todavía no había plantas con flor ni herbáceas, pero había vastos bosques de ginkgos, cícadas y coníferas de diversos tipos.

Helechos
El cálido y húmedo clima jurásico era idóneo para estas plantas primitivas y prósperas, que medraron en los bosques umbríos.

Coníferas
El paisaje estaba dominado por altas coníferas, algunas de ellas muy parecidas a la actual araucaria o pehuén.

Cícadas
Muy similares a las palmeras, abundaron en los bosques jurásicos. Servían de alimento a un gran número de dinosaurios.

Ginkgos
Los fósiles de sus hojas en forma de abanico muestran que estuvieron muy extendidos durante todo el periodo jurásico.

PERIODO CRETÁCICO	ERA CENOZOICA

Megazostrodon

Esta criatura, no mayor que un ratón, fue uno de los primeros mamíferos. Vivió a comienzos del Jurásico, cuando los dinosaurios estaban empezando a dominar la vida terrestre.

Megazostrodon es un mamífero tan temprano que algunos expertos prefieren considerarlo un eslabón entre los mamíferos verdaderos y sus ancestros cinodontos. Pero tenía la mayoría de las características de los mamíferos, incluido el pelo y dientes de distintas formas, aptos para diferentes funciones: cortar, perforar, desgarrar y masticar. Pudo cazar gusanos, arañas, insectos y pequeños animales similares, más o menos como la musaraña actual.

Como los mamíferos que pueden cazar en la oscuridad, es probable que *Megazostrodon* no viera bien en color.

Oídos sensibles
La estructura de su cerebro indica que *Megazostrodon* tenía un oído agudo.

Ojos grandes
Megazostrodon contaba con unos grandes ojos que le servirían para cazar durante la noche, cuando la mayoría de sus enemigos dormían.

Dientes
Sus afilados dientes estaban adaptados para atrapar pequeños animales y trocearlos.

Casi todo lo que **sabemos sobre los sentidos de** *Megazostrodon* se basa en la **forma de su cerebro**.

Es probable que este pequeño mamífero cavara madrigueras para ocultarse durante el día.

Sus principales enemigos debieron de ser **pequeños dinosaurios carnívoros**.

45

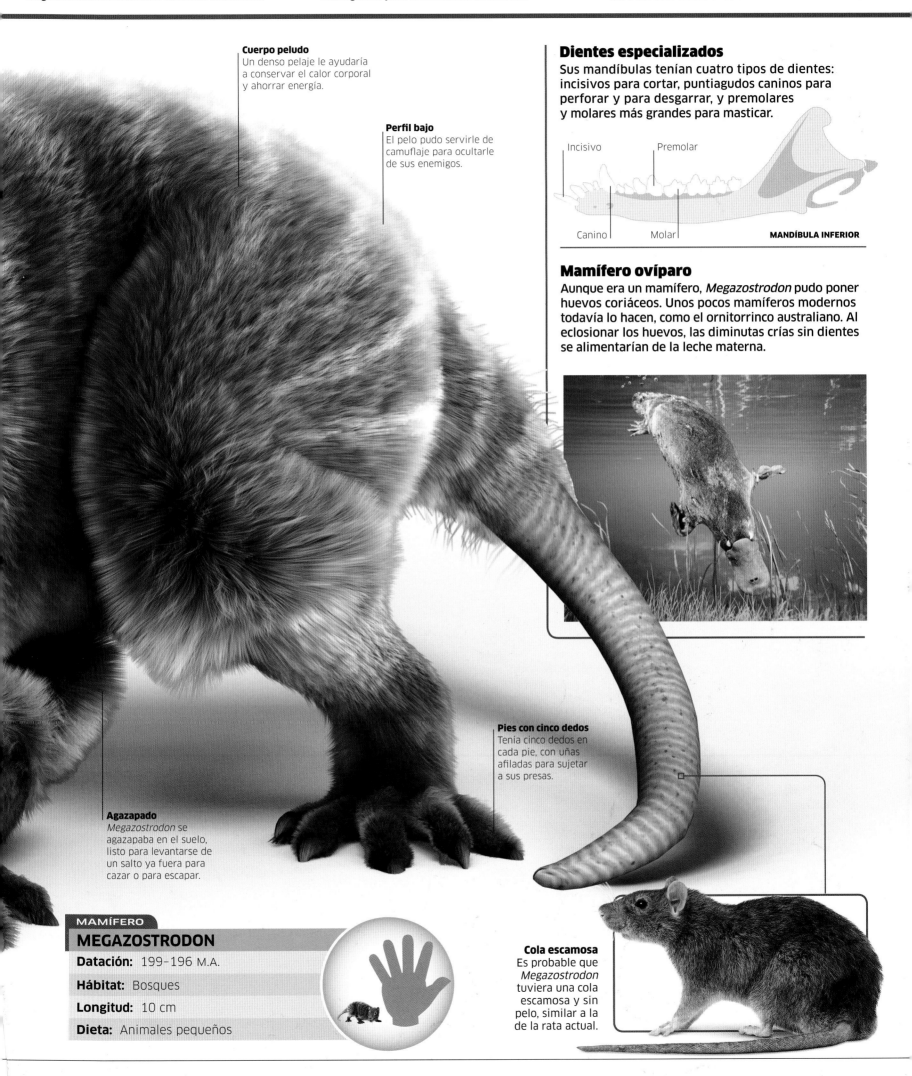

Cuerpo peludo
Un denso pelaje le ayudaría a conservar el calor corporal y ahorrar energía.

Perfil bajo
El pelo pudo servirle de camuflaje para ocultarle de sus enemigos.

Dientes especializados

Sus mandíbulas tenían cuatro tipos de dientes: incisivos para cortar, puntiagudos caninos para perforar y para desgarrar, y premolares y molares más grandes para masticar.

Incisivo   Premolar

Canino   Molar   **MANDÍBULA INFERIOR**

Mamífero ovíparo

Aunque era un mamífero, *Megazostrodon* pudo poner huevos coriáceos. Unos pocos mamíferos modernos todavía lo hacen, como el ornitorrinco australiano. Al eclosionar los huevos, las diminutas crías sin dientes se alimentarían de la leche materna.

Pies con cinco dedos
Tenía cinco dedos en cada pie, con uñas afiladas para sujetar a sus presas.

Agazapado
Megazostrodon se agazapaba en el suelo, listo para levantarse de un salto ya fuera para cazar o para escapar.

MAMÍFERO
MEGAZOSTRODON

Datación: 199-196 M.A.

Hábitat: Bosques

Longitud: 10 cm

Dieta: Animales pequeños

Cola escamosa
Es probable que *Megazostrodon* tuviera una cola escamosa y sin pelo, similar a la de la rata actual.

Heterodontosaurus

Con una dentadura parecida a la de los mamíferos, este animal del tamaño de un pavo es uno de los dinosaurios más enigmáticos. Los científicos aún no saben qué comía ni dónde colocarlo en la evolución de los dinosaurios.

Los dientes de un dinosaurio típico son muy similares, pero *Heterodontosaurus* tenía tres tipos de dientes distintos, como un mamífero: unos dientes frontales cortos en la mandíbula superior, dos pares de caninos largos y afilados, y numerosas muelas de bordes tallados. También tenía pico. Al parecer, pues, estaba preparado para comer cualquier cosa, desde pequeños animales hasta plantas duras, y seguramente elegiría lo más nutritivo, como los jabalíes. También es posible que los largos caninos fueran armas que usaría para luchar por el territorio.

Ojos grandes
Sus grandes ojos podrían indicar que era más activo de noche, cuando era más seguro.

Patas fuertes
Pequeño y ligero, *Heterodontosaurus* tenía unas patas traseras largas y fuertes con las que corría a una gran velocidad.

Dientes afilados
Los caninos inferiores eran tan largos que la mandíbula superior tenía unas muescas para alojarlos. Los dientes posteriores trabajaban como tijeras, y estarían adaptados para cortar vegetales.

Es posible que este dinosaurio empleara sus **largos dientes** para **abrir los nidos de termitas**.

Heterodontosaurus significa **«lagarto con dientes diferentes»**.

47

Hay quien cree que *Heterodontosaurus* fue un cazador que utilizaba sus afilados dientes para **matar animales bastante grandes y desgarrarlos, como un terópodo.**

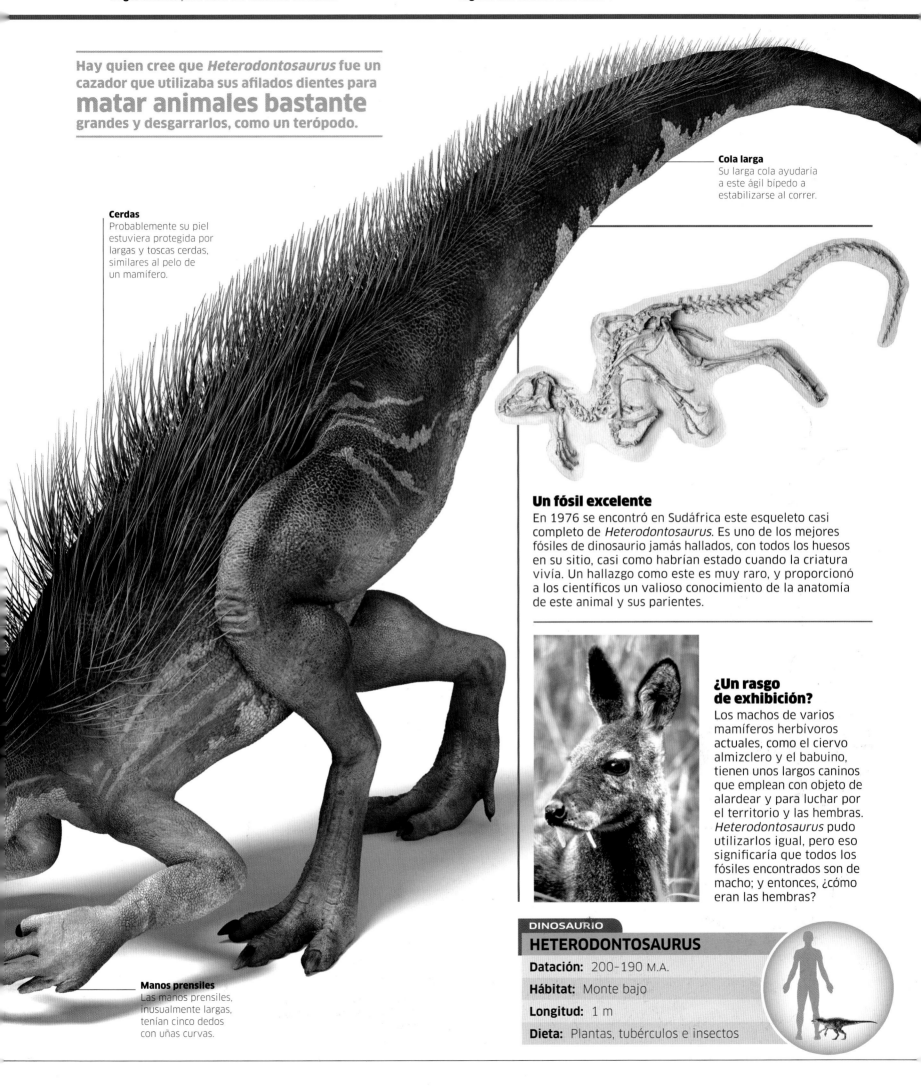

Cerdas
Probablemente su piel estuviera protegida por largas y toscas cerdas, similares al pelo de un mamífero.

Cola larga
Su larga cola ayudaría a este ágil bípedo a estabilizarse al correr.

Un fósil excelente

En 1976 se encontró en Sudáfrica este esqueleto casi completo de *Heterodontosaurus*. Es uno de los mejores fósiles de dinosaurio jamás hallados, con todos los huesos en su sitio, casi como habrían estado cuando la criatura vivía. Un hallazgo como este es muy raro, y proporcionó a los científicos un valioso conocimiento de la anatomía de este animal y sus parientes.

¿Un rasgo de exhibición?

Los machos de varios mamíferos herbívoros actuales, como el ciervo almizclero y el babuino, tienen unos largos caninos que emplean con objeto de alardear y para luchar por el territorio y las hembras. *Heterodontosaurus* pudo utilizarlos igual, pero eso significaría que todos los fósiles encontrados son de macho; y entonces, ¿cómo eran las hembras?

Manos prensiles
Las manos prensiles, inusualmente largas, tenían cinco dedos con uñas curvas.

DINOSAURIO
HETERODONTOSAURUS

Datación: 200-190 M.A.

Hábitat: Monte bajo

Longitud: 1 m

Dieta: Plantas, tubérculos e insectos

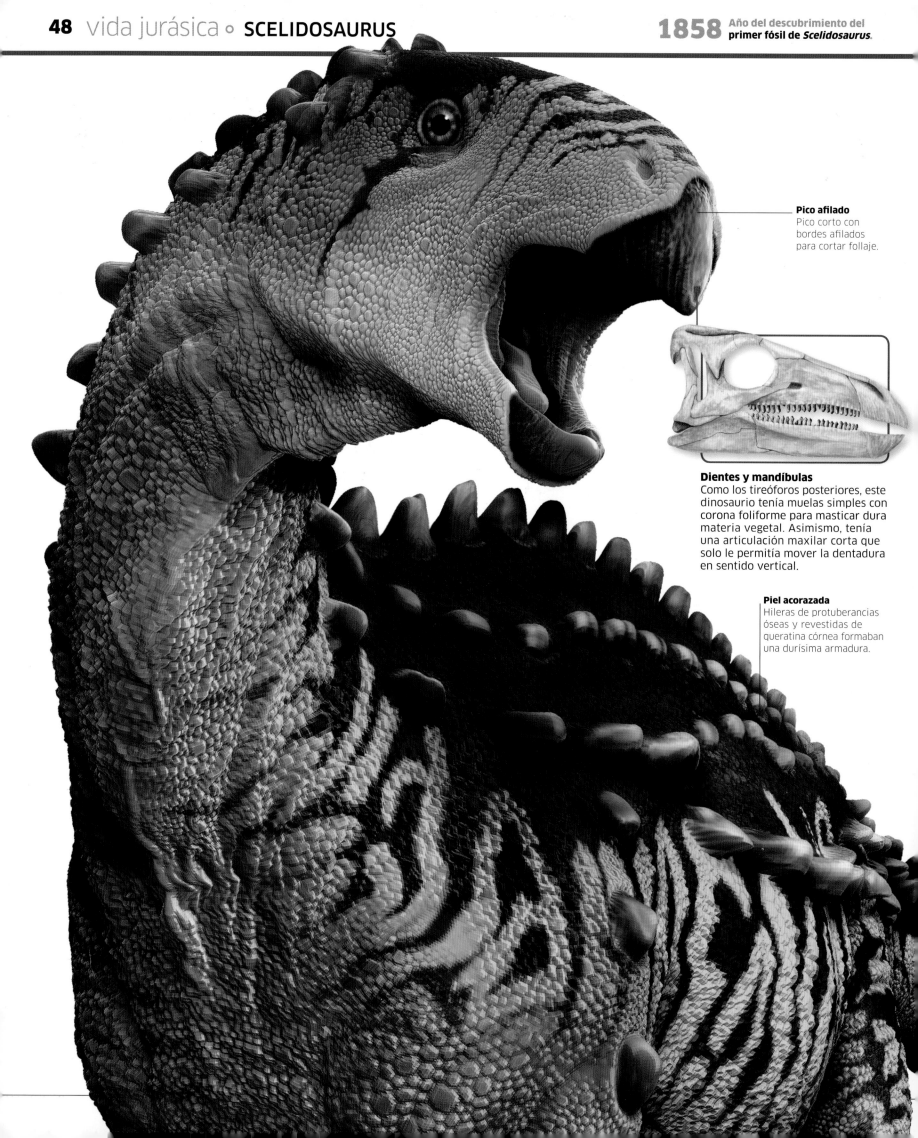

Pico afilado
Pico corto con bordes afilados para cortar follaje.

Dientes y mandíbulas
Como los tireóforos posteriores, este dinosaurio tenía muelas simples con corona foliforme para masticar dura materia vegetal. Asimismo, tenía una articulación maxilar corta que solo le permitía mover la dentadura en sentido vertical.

Piel acorazada
Hileras de protuberancias óseas y revestidas de queratina córnea formaban una durísima armadura.

TRIÁSICO	JURÁSICO	CRETÁCICO	CENOZOICO

252 M.A.   201 M.A.   145 M.A.   66 M.A.   0

Este fue **uno de los primeros** dinosaurios en ser nombrado y **descrito científicamente**.

49

Scelidosaurus

El rechoncho *Scelidosaurus* fue un miembro del grupo de dinosaurios llamados tireóforos, herbívoros con pico que desarrollaron duras defensas óseas contra los afilados dientes de los hambrientos depredadores.

En el Jurásico inferior, los principales enemigos de los dinosaurios herbívoros eran cazadores de constitución ligera con unos dientes afilados como cuchillas, que eran idóneos para desgarrar la carne blanda pero que probablemente se quebrarían al morder el hueso. Esto fomentó la evolución de un grupo de dinosaurios con placas óseas incrustadas en la piel. *Scelidosaurus* fue uno de los primeros de estos dinosaurios blindados.

DINOSAURIO
SCELIDOSAURUS

Datación: 196–183 M.A.
Hábitat: Bosques
Longitud: 4 m
Dieta: Plantas enanas

Los primeros huesos fósiles de *Scelidosaurus* hallados estuvieron ocultos en dura piedra caliza **durante más de cien años,** hasta que en la década de 1960 los científicos decidieron disolver la roca con ácido.

Buena visión
Los ojos en lo alto del cráneo le proporcionarían un buen campo de visión.

Cola espinosa
Las afiladas placas óseas de la cola eran una útil arma defensiva.

Uñas óseas
Los pies traseros contaban con cuatro largos dedos provistos de durísimas uñas, cuyos núcleos óseos sobrevivieron como fósiles; estas uñas debieron de tener, además, un gran recubrimiento de queratina, el material del que están hechas nuestras uñas.

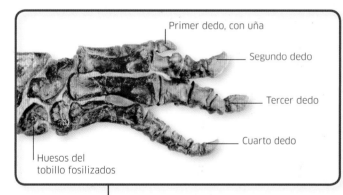

Primer dedo, con uña
Segundo dedo
Tercer dedo
Cuarto dedo
Huesos del tobillo fosilizados

Patas delanteras robustas
Los miembros anteriores largos y fuertes indican que este animal era cuadrúpedo.

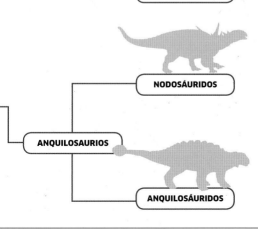

ESTEGOSAURIOS

SCUTELLOSAURUS   SCELIDOSAURUS

NODOSÁURIDOS

ANQUILOSAURIOS

ANQUILOSÁURIDOS

Evolución de los tireóforos

Los primeros tireóforos, como *Scutellosaurus*, fueron bípedos. Con el tiempo se hicieron más grandes y pesados, y todos los posteriores, incluido *Scelidosaurus*, ya eran cuadrúpedos. En algún momento de la evolución se dividieron en dos grupos: los estegosaurios, con altas placas dorsales, y los fuertemente blindados anquilosaurios, que incluían a los anquilosáuridos con cola de porra y a los espinosos nodosáuridos. Algunos consideran que *Scelidosaurus* fue un anquilosaurio temprano.

50 vida jurásica ○ **CRYOLOPHOSAURUS**

2 Número de **especímenes** hallados hasta el momento en la **Antártida**.

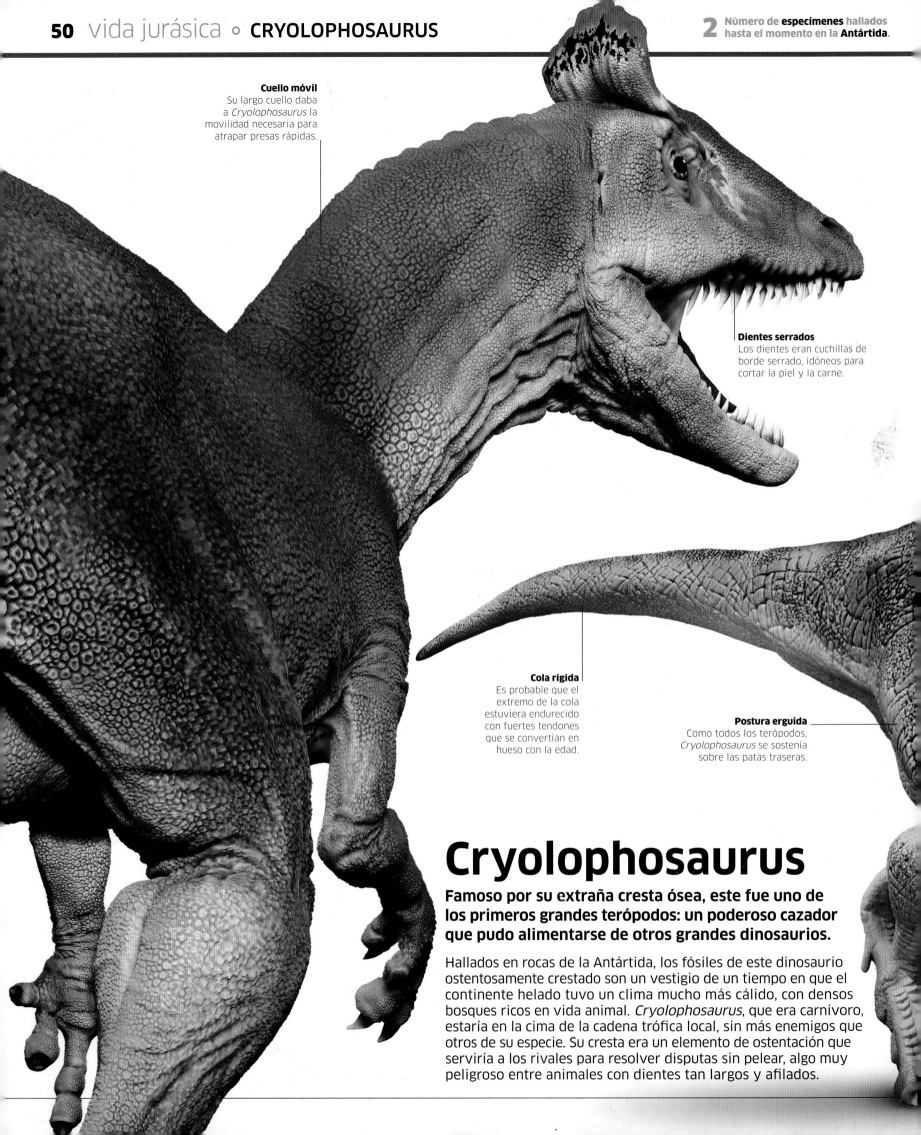

Cuello móvil
Su largo cuello daba a *Cryolophosaurus* la movilidad necesaria para atrapar presas rápidas.

Dientes serrados
Los dientes eran cuchillas de borde serrado, idóneos para cortar la piel y la carne.

Cola rígida
Es probable que el extremo de la cola estuviera endurecido con fuertes tendones que se convertían en hueso con la edad.

Postura erguida
Como todos los terópodos, *Cryolophosaurus* se sostenía sobre las patas traseras.

Cryolophosaurus

Famoso por su extraña cresta ósea, este fue uno de los primeros grandes terópodos: un poderoso cazador que pudo alimentarse de otros grandes dinosaurios.

Hallados en rocas de la Antártida, los fósiles de este dinosaurio ostentosamente crestado son un vestigio de un tiempo en que el continente helado tuvo un clima mucho más cálido, con densos bosques ricos en vida animal. *Cryolophosaurus*, que era carnívoro, estaría en la cima de la cadena trófica local, sin más enemigos que otros de su especie. Su cresta era un elemento de ostentación que serviría a los rivales para resolver disputas sin pelear, algo muy peligroso entre animales con dientes tan largos y afilados.

TRIÁSICO	JURÁSICO	CRETÁCICO	CENOZOICO
252 M.A.	201 M.A.	145 M.A.	66 M.A. 0

Hasta hoy, solo se han descubierto **partes** de este dinosaurio, pues sus fósiles son muy **difíciles de extraer** de la roca dura.

51

Cresta rizada
La parte superior de la extraña cresta ósea transversal se rizaba hacia delante. Es probable que fuera de vivos colores, como la espectacular cresta de plumas de este papamoscas real amazónico.

DINOSAURIO

CRYOLOPHOSAURUS

Datación: 190-183 M.A.

Hábitat: Bosques y llanuras

Longitud: 6 m

Dieta: Otros animales

Ojos laterales
Los ojos se hallaban a los lados de la cabeza, por lo que su visión binocular para ver en profundidad no podía ser muy buena.

¿Pariente crestado?
Cryolophosaurus era similar en muchos aspectos a otro terópodo llamado *Dilophosaurus*, que tenía una constitución esbelta parecida y manos con cuatro dedos. Pudieron ser parientes cercanos, aunque estudios detallados de *Cryolophosaurus* sugieren que su evolución fue más reciente.

Constitución esbelta
Comparado con muchos cazadores terópodos posteriores, el cuerpo de *Cryolophosaurus* era esbelto y ligero.

DILOPHOSAURUS

Bosques antárticos
Cryolophosaurus fue hallado en las montañas Transantárticas, en una de las pocas regiones de la Antártida no cubiertas por hielo profundo. Pero en el Jurásico inferior el continente estaba más cerca del ecuador, y tenía un clima templado con bosques frondosos como este de China occidental. Desde entonces, se ha desplazado al sur y se ha enfriado, y hoy es el lugar más frío de la Tierra.

Fuertes patas
La poderosa musculatura de los muslos le daba la velocidad necesaria para cazar.

Cuatro dedos
Tenía cuatro dedos en cada mano, lo cual es un rasgo primitivo: casi todos los terópodos posteriores tenían tres.

Los científicos que encontraron el primer cráneo fósil de este animal lo llamaron «Elvisaurus», porque su cresta recordaba al estilo de peinado **del cantante Elvis Presley.**

Hocico largo
El hocico, fino e hidrodinámico, abría el agua como un misil y le permitía nadar a gran velocidad.

Stenopterygius

Los ictiosaurios eran reptiles marinos que vivirían como los delfines: veloces cazadores de peces y calamares adaptados perfectamente a la vida en los océanos mesozoicos.

Con su cuerpo liso y afilado hocico, *Stenopterygius* era tan bellamente hidrodinámico como cualquier otro pez. Como los delfines modernos, debía de respirar aire pero, aparte de eso, era un animal plenamente adaptado a la vida marina. Se alimentaría de peces rápidos y otros animales como calamares, que intentarían escapar de sus afilados dientes. Pudo cazar en grupos familiares, colaborando para obtener sus presas.

Aleta dorsal
Unos fósiles asombrosamente detallados muestran que *Stenopterygius* tenía una aleta dorsal carnosa, como los delfines.

Aleta caudal
Esta aleta estaba adaptada para nadar a enorme velocidad, como la del atún o el pez espada actuales.

Piel lisa
La piel, que cubría una gruesa capa de grasa, era muy lisa, lo que le ayudaba a deslizarse por el agua. La coloración de *Stenopterygius*, oscura en la parte superior y pálida en la inferior, le servía de camuflaje.

Aletas ventrales
A diferencia de los delfines, los ictiosaurios tenían dos aletas ventrales óseas móviles.

Ojos reforzados
Los ictiosaurios tenían unos ojos inmensos para captar la tenue luz que se filtraba a través del agua y así poder ver a sus presas. Los enormes globos oculares quedaban sujetos a su cuenca gracias a un anillo de placas óseas llamado anillo esclerótico. Este aseguraba que el ojo no perdiera su perfecta forma esférica, vital para una visión clara y sin distorsiones.

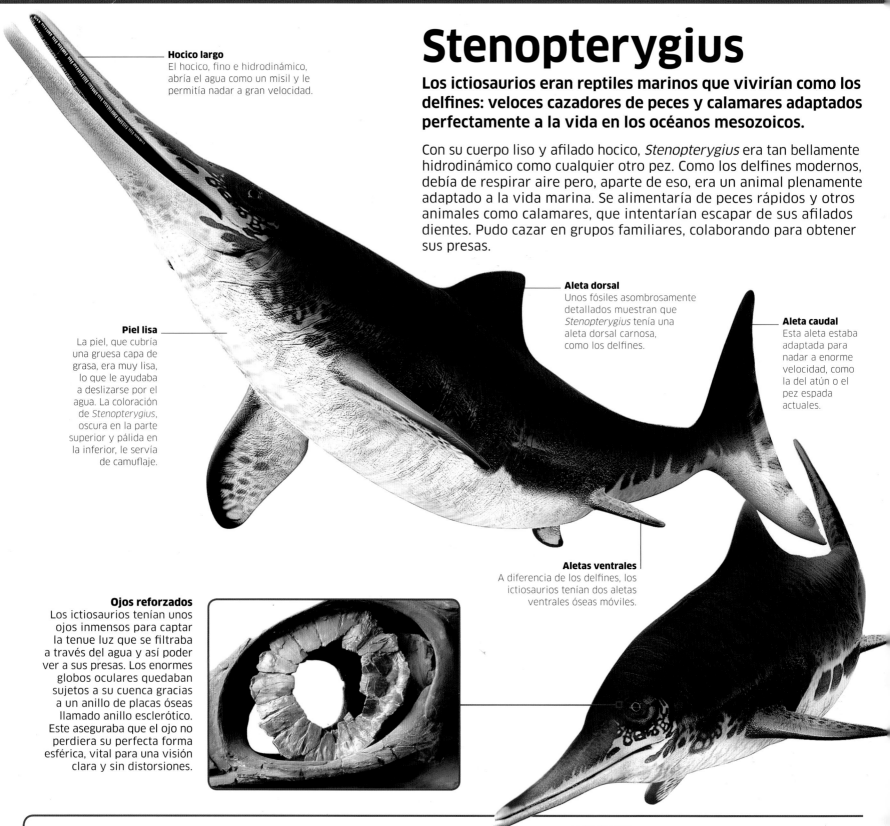

Vivíparo

Sabemos que *Stenopterygius* paría crías vivas porque se han conservado varios fósiles con los restos de pequeños en el interior de la madre. Este muestra incluso cómo nacían: con la cola por delante, como los delfines, para que no se ahogasen antes de poder respirar por primera vez en la superficie. Dado que eran animales marinos que nunca recalaban en tierra, los ictiosaurios no podían dejar huevos como la mayoría de los reptiles; tenían que parir en el mar y alumbrar crías que se valieran por sí mismas nada más nacer.

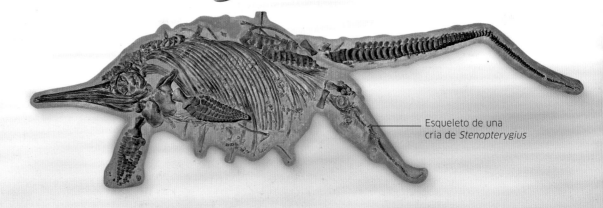

Esqueleto de una cría de *Stenopterygius*

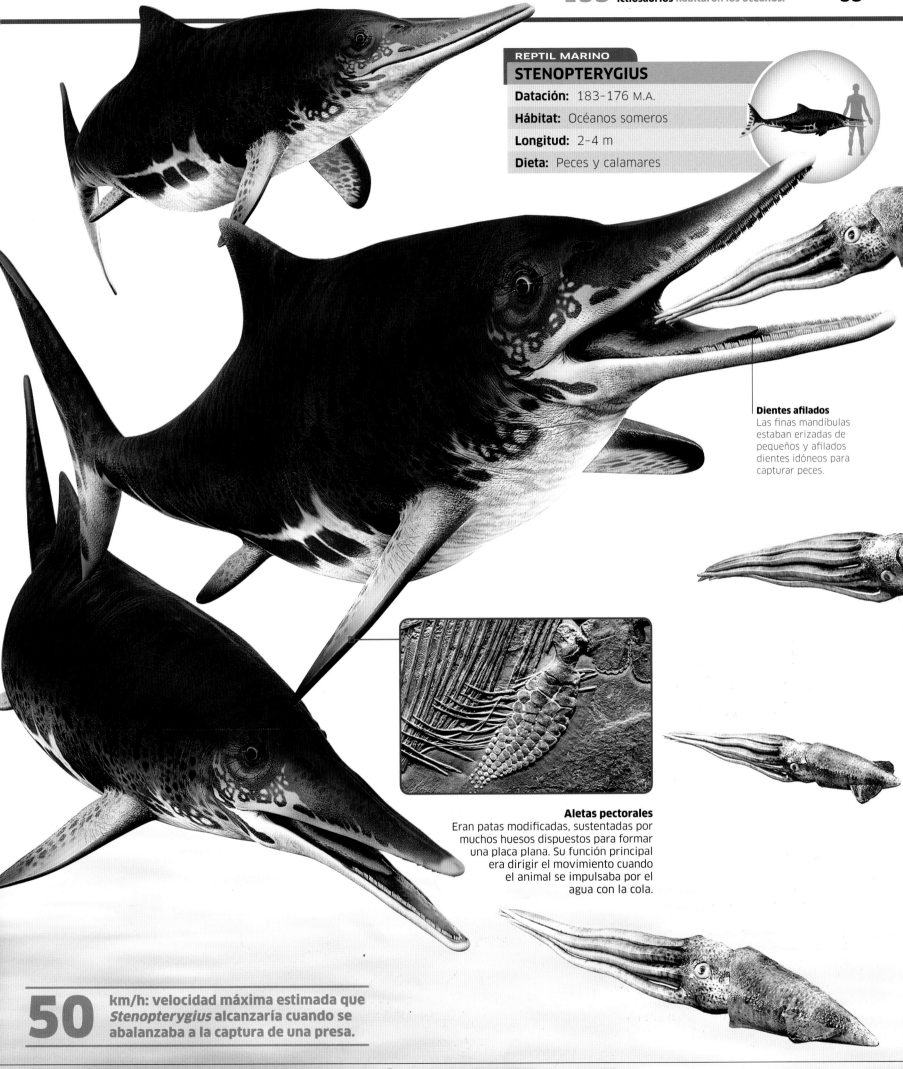

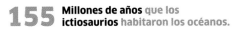

REPTIL MARINO

STENOPTERYGIUS

Datación: 183-176 M.A.

Hábitat: Océanos someros

Longitud: 2-4 m

Dieta: Peces y calamares

Dientes afilados
Las finas mandíbulas estaban erizadas de pequeños y afilados dientes idóneos para capturar peces.

Aletas pectorales
Eran patas modificadas, sustentadas por muchos huesos dispuestos para formar una placa plana. Su función principal era dirigir el movimiento cuando el animal se impulsaba por el agua con la cola.

50 **km/h: velocidad máxima estimada que** *Stenopterygius* **alcanzaría cuando se abalanzaba a la captura de una presa.**

Monolophosaurus

Este poderoso cazador era similar a otros dinosaurios terópodos excepto por un detalle: la gran cresta nudosa que coronaba su hocico. El núcleo óseo de la cresta era hueco, por lo que podía funcionar como una caja de resonancia que haría ensordecedores los sonidos producidos por el dinosaurio.

Aunque vivió en el Jurásico medio, *Monolophosaurus* era un tipo temprano de terópodo, perteneciente a un grupo que evolucionó a partir de *Coelophysis* (pp. 38-39) y sus parientes triásicos, pero antes que grandes cazadores jurásicos como *Allosaurus* (pp. 72-73). Solo se ha hallado un espécimen fósil, en China, en 1984, y presenta varias características raras que hacen difícil precisar su lugar exacto en la evolución de los dinosaurios. Debió de ser un animal impresionante, y uno de los depredadores más temidos de su época.

Dientes como cuchillas
Los dientes eran hojas de cortar carne, con bordes afilados y serrados.

Cuello largo
Monolophosaurus tenía un cuello largo con gran amplitud de movimiento.

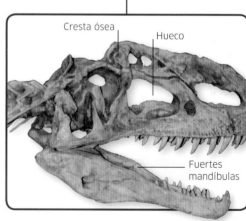

Cresta ósea   Hueco

Fuertes mandíbulas

Cráneo y cresta
La cresta formaba parte del cráneo, que era más alto de lo habitual, lo cual era posible gracias a la presencia de unas cavidades que reducían su peso, y que amplificarían los sonidos producidos por el animal, del mismo modo que el cuerpo hueco de una guitarra hace que sus cuerdas suenen más alto.

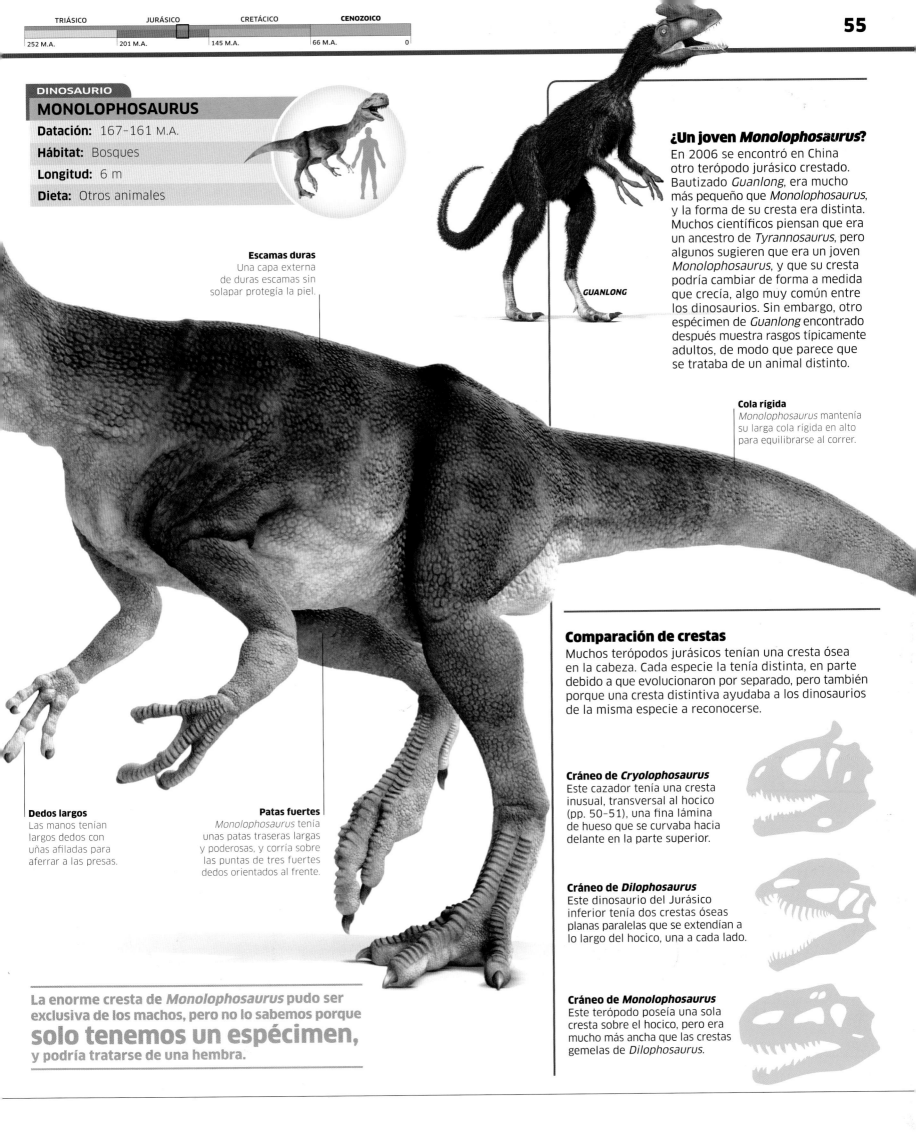

DINOSAURIO

MONOLOPHOSAURUS

Datación: 167–161 M.A.

Hábitat: Bosques

Longitud: 6 m

Dieta: Otros animales

¿Un joven *Monolophosaurus*?

En 2006 se encontró en China otro terópodo jurásico crestado. Bautizado *Guanlong*, era mucho más pequeño que *Monolophosaurus*, y la forma de su cresta era distinta. Muchos científicos piensan que era un ancestro de *Tyrannosaurus*, pero algunos sugieren que era un joven *Monolophosaurus*, y que su cresta podría cambiar de forma a medida que crecía, algo muy común entre los dinosaurios. Sin embargo, otro espécimen de *Guanlong* encontrado después muestra rasgos típicamente adultos, de modo que parece que se trataba de un animal distinto.

GUANLONG

Escamas duras
Una capa externa de duras escamas sin solapar protegía la piel.

Cola rígida
Monolophosaurus mantenía su larga cola rígida en alto para equilibrarse al correr.

Comparación de crestas

Muchos terópodos jurásicos tenían una cresta ósea en la cabeza. Cada especie la tenía distinta, en parte debido a que evolucionaron por separado, pero también porque una cresta distintiva ayudaba a los dinosaurios de la misma especie a reconocerse.

Cráneo de *Cryolophosaurus*
Este cazador tenía una cresta inusual, transversal al hocico (pp. 50–51), una fina lámina de hueso que se curvaba hacia delante en la parte superior.

Cráneo de *Dilophosaurus*
Este dinosaurio del Jurásico inferior tenía dos crestas óseas planas paralelas que se extendían a lo largo del hocico, una a cada lado.

Dedos largos
Las manos tenían largos dedos con uñas afiladas para aferrar a las presas.

Patas fuertes
Monolophosaurus tenía unas patas traseras largas y poderosas, y corría sobre las puntas de tres fuertes dedos orientados al frente.

Cráneo de *Monolophosaurus*
Este terópodo poseía una sola cresta sobre el hocico, pero era mucho más ancha que las crestas gemelas de *Dilophosaurus*.

La enorme cresta de *Monolophosaurus* pudo ser exclusiva de los machos, pero no lo sabemos porque **solo tenemos un espécimen,** y podría tratarse de una hembra.

Liopleurodon

Algunos de los depredadores más temibles que han existido no vivían en tierra, sino en los océanos. Eran los pliosaurios, auténticos monstruos marinos de mandíbulas gigantescas.

Los pliosaurios como *Liopleurodon* eran parientes de los plesiosaurios de cuello largo como *Albertonectes* (pp. 110-111). Nadaban del mismo modo, impulsándose con cuatro aletas; pero los pliosaurios, con su boca enorme, se especializaron en la caza de grandes presas, incluidos sus parientes plesiosaurios. *Liopleurodon* fue probablemente un cazador de acecho que usaba su velocidad para surgir desde las profundidades, atrapaba a su presa con los dientes y, si era preciso, la despedazaba.

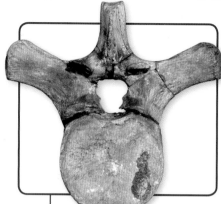

Vértebra
La espina dorsal de un *Liopleurodon* estaba compuesta por enormes vértebras del tamaño de un plato llano.

Cola
La cola era bastante corta, y parece poco probable que interviniera en la propulsión del animal a través del agua.

Estilo de natación

Es probable que *Liopleurodon* usara sus cuatro poderosas y largas aletas para «volar» por el agua batiéndolas arriba y abajo, de una forma similar a la actual tortuga marina. Puede que las batiera juntas, bajando primero ambos pares y levantándolos ambos a continuación. Los experimentos han demostrado que esto daría al animal una capacidad de aceleración tremenda a la hora de perseguir y capturar a sus presas.

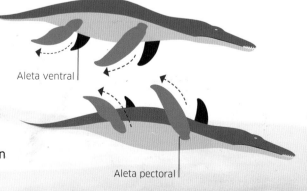

Aleta ventral

Aleta pectoral

Nadador veloz
Una capa de grasa bajo la lisa piel escamosa mejoraba la hidrodinámica para una natación más eficiente.

1,5 **m: longitud del mayor cráneo de *Liopleurodon* hallado hasta ahora. En su mayor parte es mandíbula, dotada de unos enormes dientes cónicos y de profundas raíces.**

15 m: longitud de los mayores pliosaurios conocidos, que tenían un cráneo de hasta 2,4 m de largo.

La **técnica natatoria de los pliosaurios** fue puesta a prueba con un **robot nadador**.

57

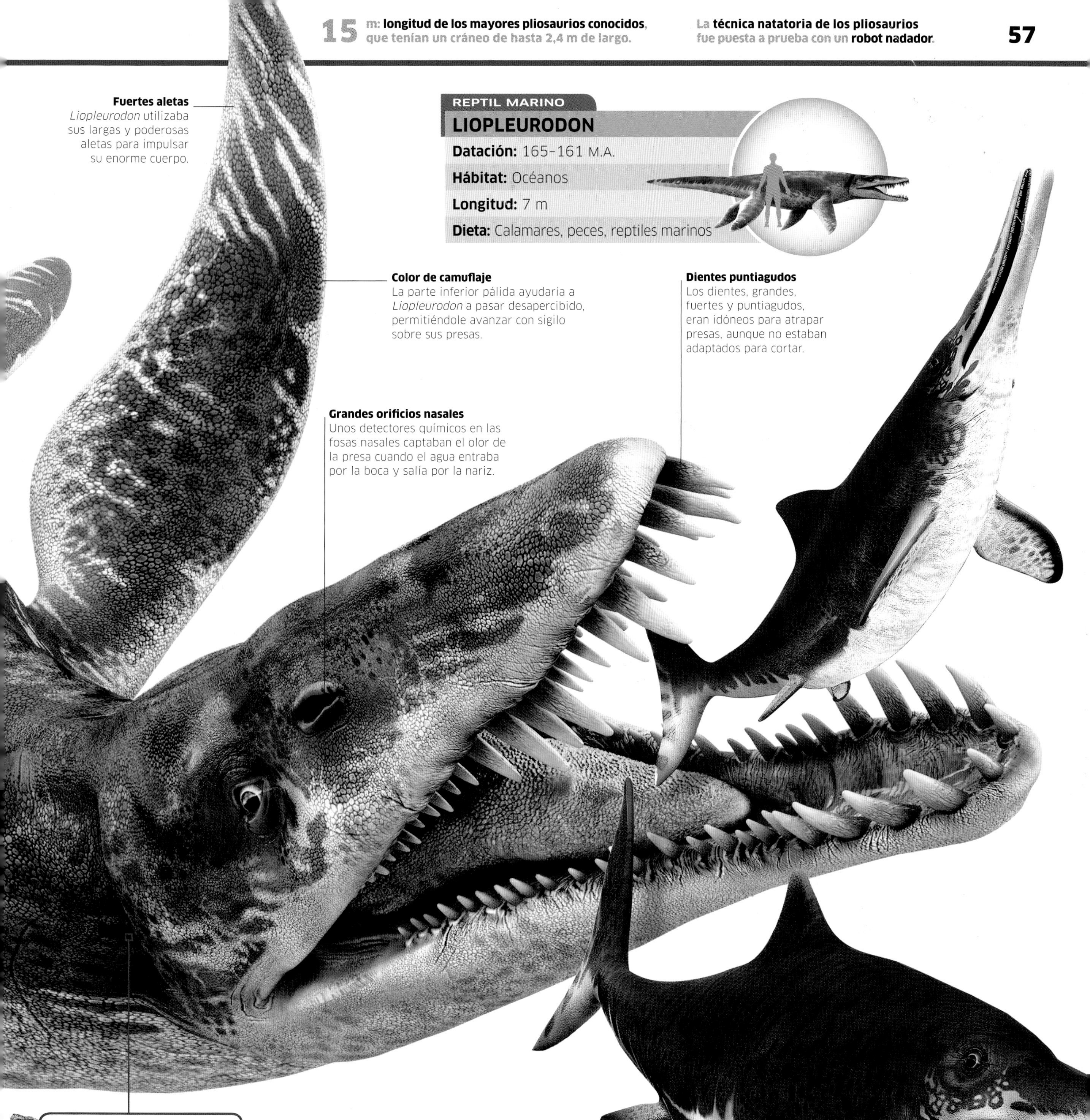

Fuertes aletas
Liopleurodon utilizaba sus largas y poderosas aletas para impulsar su enorme cuerpo.

REPTIL MARINO

LIOPLEURODON

Datación: 165-161 M.A.

Hábitat: Océanos

Longitud: 7 m

Dieta: Calamares, peces, reptiles marinos

Color de camuflaje
La parte inferior pálida ayudaría a *Liopleurodon* a pasar desapercibido, permitiéndole avanzar con sigilo sobre sus presas.

Dientes puntiagudos
Los dientes, grandes, fuertes y puntiagudos, eran idóneos para atrapar presas, aunque no estaban adaptados para cortar.

Grandes orificios nasales
Unos detectores químicos en las fosas nasales captaban el olor de la presa cuando el agua entraba por la boca y salía por la nariz.

Huesos del cuello
Unos grandes y sólidos huesos que sobresalían de la espina dorsal anclaban los poderosos músculos del cuello, que servían al animal para mover de lado a lado las mandíbulas y despedazar así a sus víctimas.

Comida rápida
Los ictiosaurios, similares a delfines, serían presas muy tentadoras, pero *Liopleurodon* debía ser rápido para atraparlos.

Plumas de vuelo
Los dorsos de los brazos
tenían plumas de barbas
rígidas que formaban
sendas alas.

Cresta de plumas
Las cabezas de algunos fósiles
conservan plumas que pudieron
formar una tupida cresta.

Brazos largos
Los fósiles presentan brazos de
huesos muy largos, rodeados por
unas largas plumas. Tres de los
dedos ostentan gruesas uñas.

Mandíbulas dentadas
Anchiornis tenía mandíbulas
dentadas como las de muchos otros
dinosaurios terópodos pequeños.

Insectos
Sus presas
eran pequeños
animales como
esta cucaracha.

Anchiornis

**Más ligero que un cuervo, este terópodo plumado es uno de los
dinosaurios mesozoicos más pequeños conocidos, y ha inspirado
apasionantes estudios sobre el color del plumaje y el origen del vuelo.**

Los restos de *Anchiornis*, hallados en lechos fósiles del Jurásico
superior en Liaoning (China), conservan detalles de sus plumas
hasta niveles microscópicos. En 2010, los científicos afirmaron
que el análisis de los fósiles había revelado los auténticos
colores del animal vivo. La mayoría de los expertos aceptan
que esto es probablemente correcto. *Anchiornis* es notable
además como uno de los primeros dinosaurios que
pudieron ser capaces de planear por el aire.

DINOSAURIO
ANCHIORNIS

Datación: 161–155 M.A.

Hábitat: Bosques

Longitud: 50 cm

Dieta: Animales pequeños

255
Número de especímenes fósiles de *Anchiornis* conservados en distintos museos de China.

Interpretar los detalles
Aunque los fósiles de *Anchiornis* son increíblemente detallados, han sido machacados y aplastados por el proceso de fosilización. Esto dificulta la interpretación de los detalles, y los científicos continúan intentando descubrir el significado de algunos de ellos.

Planeador
Anchiornis pudo usar sus cortas alas de plumas para planear por el aire, de forma parecida a la ardilla voladora actual.

Patas totalmente plumadas
El fleco de plumas de barba rígida de las patas pudo ayudar a *Anchiornis* a planear.

Uñas afiladas
Los pies tenían dedos con uñas afiladas similares a los de *Velociraptor* (pp. 108–109).

Pistas de color
Las estructuras fósiles microscópicas llamadas melanosomas (izquierda) indican que *Anchiornis* debía de ser principalmente gris y negro, con plumas rojizas en la cabeza y plumas blancas moteadas de negro en las alas.

ALLOSAURUS AL ATAQUE

Este gran *Stegosaurus* ramonea plácidamente unas deliciosas y crujientes agujas de pino, inconsciente del sigiloso acercamiento de un peligroso *Allosaurus* hambriento.

Irrumpiendo desde la cobertura de los árboles que bordean el lago de una llanura aluvial, *Allosaurus* lanza su ataque, asustando al estegosaurio y a un *Archaeopteryx* cercano. Pero *Stegosaurus* no es una presa fácil: las largas espinas de su cola son armas letales, y sabe cómo usarlas. Si el cazador da un paso en falso, este podría ser su último ataque.

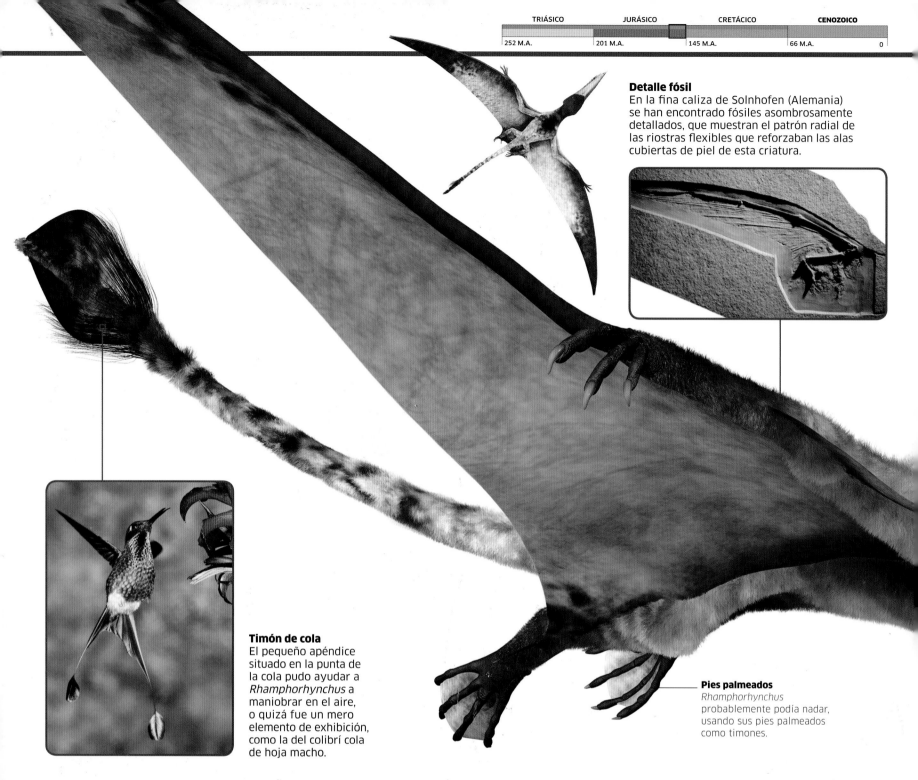

Detalle fósil

En la fina caliza de Solnhofen (Alemania) se han encontrado fósiles asombrosamente detallados, que muestran el patrón radial de las riostras flexibles que reforzaban las alas cubiertas de piel de esta criatura.

Timón de cola

El pequeño apéndice situado en la punta de la cola pudo ayudar a *Rhamphorhynchus* a maniobrar en el aire, o quizá fue un mero elemento de exhibición, como la del colibrí cola de hoja macho.

Pies palmeados

Rhamphorhynchus probablemente podía nadar, usando sus pies palmeados como timones.

Atracción fatal

Sabemos que *Rhamphorhynchus* se alimentaba de peces porque algunos de sus fósiles presentan huesos de pez en el estómago. Uno de ellos contiene un pez casi tan largo como su propio cuerpo, lo que indica que engullía la presa entera, por grande que fuera. Pero algunos peces se defendían, o trataban de comerse al pterosaurio. Este asombroso fósil muestra un *Rhamphorhynchus* (izda.) con un ala entre las mandíbulas de un enorme pez con hocico de lanza denominado *Aspidorhynchus* (dcha.). Cuando ambos se hundieron, el pterosaurio se ahogó, y el pez quedó enredado con su presa, incapaz de liberarse, y también murió.

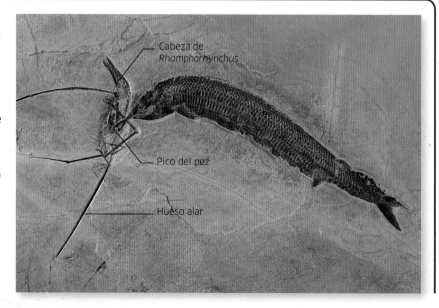

Cabeza de *Rhamphorhynchus*

Pico del pez

Hueso alar

100 Número aproximado de fósiles de *Rhamphorhynchus* hallados; los científicos saben más de este espécimen que de casi cualquier otro pterosaurio.

29 cm: **envergadura** del *Rhamphorhynchus* más pequeño conocido hasta ahora, **poco mayor que la de un gorrión**.

63

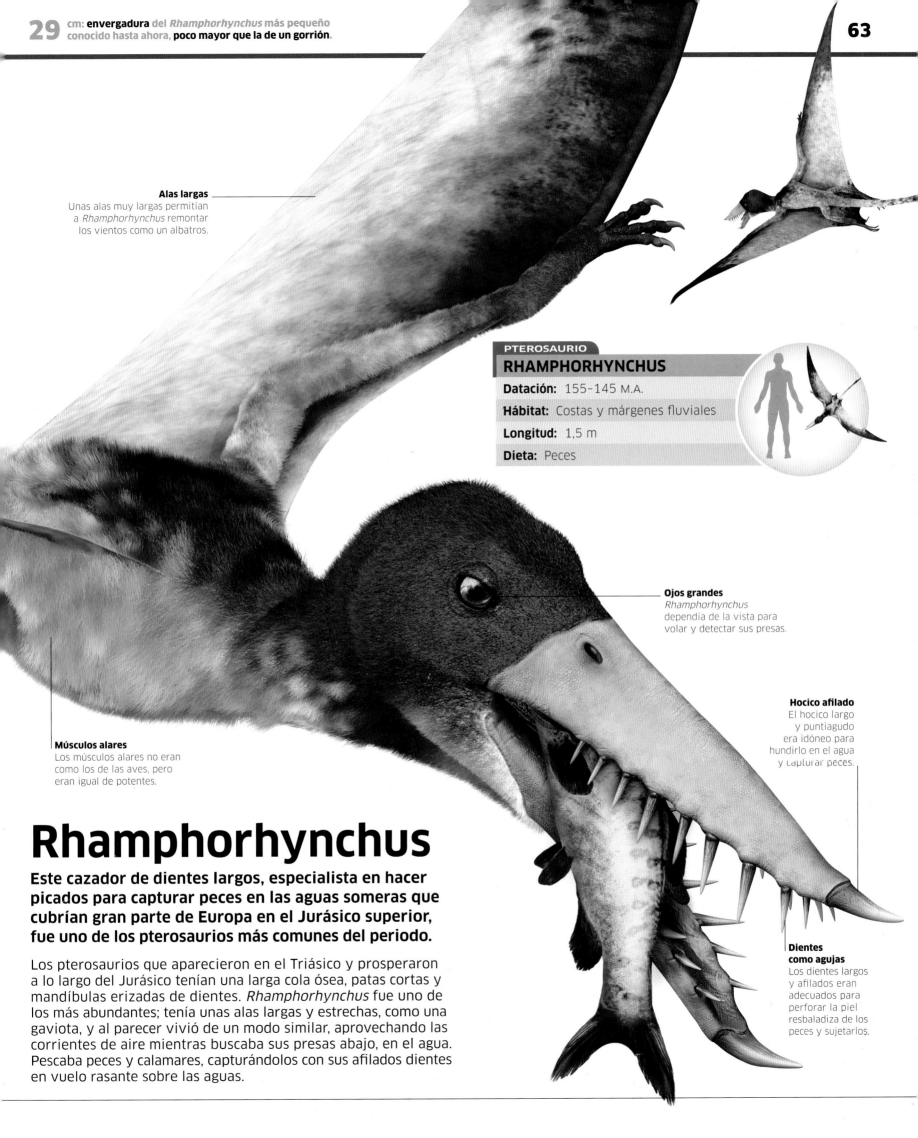

Alas largas
Unas alas muy largas permitían a *Rhamphorhynchus* remontar los vientos como un albatros.

PTEROSAURIO
RHAMPHORHYNCHUS

Datación: 155–145 M.A.

Hábitat: Costas y márgenes fluviales

Longitud: 1,5 m

Dieta: Peces

Ojos grandes
Rhamphorhynchus dependía de la vista para volar y detectar sus presas.

Músculos alares
Los músculos alares no eran como los de las aves, pero eran igual de potentes.

Hocico afilado
El hocico largo y puntiagudo era idóneo para hundirlo en el agua y capturar peces.

Rhamphorhynchus

Este cazador de dientes largos, especialista en hacer picados para capturar peces en las aguas someras que cubrían gran parte de Europa en el Jurásico superior, fue uno de los pterosaurios más comunes del periodo.

Los pterosaurios que aparecieron en el Triásico y prosperaron a lo largo del Jurásico tenían una larga cola ósea, patas cortas y mandíbulas erizadas de dientes. *Rhamphorhynchus* fue uno de los más abundantes; tenía unas alas largas y estrechas, como una gaviota, y al parecer vivió de un modo similar, aprovechando las corrientes de aire mientras buscaba sus presas abajo, en el agua. Pescaba peces y calamares, capturándolos con sus afilados dientes en vuelo rasante sobre las aguas.

Dientes como agujas
Los dientes largos y afilados eran adecuados para perforar la piel resbaladiza de los peces y sujetarlos.

Kentrosaurus

Pariente más pequeño del famoso *Stegosaurus*, este dinosaurio del Jurásico superior fue más espectacular que aquel debido a su impresionante doble hilera de placas dorsales y sus largas y afiladas espinas.

En el Jurásico medio, los dinosaurios tireóforos como *Scelidosaurus* (pp. 48-49) ya se habían dividido en dos grupos: los blindados anquilosaurios y los estegosaurios, con sus placas dorsales y espinas. *Kentrosaurus*, cuyos fósiles se han encontrado en rocas del Jurásico superior en Tanzania, fue uno de los estegosaurios más punzantes. Sus largas y afiladas espinas constituirían una defensa muy eficaz, y su cola erizada de púas sería un arma formidable. Pero placas y espinas eran además impresionantes rasgos de exhibición.

Placas dorsales
Las placas y espinas eran osteodermos incrustados en la piel, y no estaban unidas al esqueleto. En este fósil restaurado se sujetan con unas varas metálicas.

Cabeza pequeña
Como todos los estegosaurios, *Kentrosaurus* tenía el cráneo pequeño, con un espacio diminuto para el cerebro. Con su afilado pico recogía hojas, que luego cortaba finamente con sus dientes foliformes para facilitar la digestión.

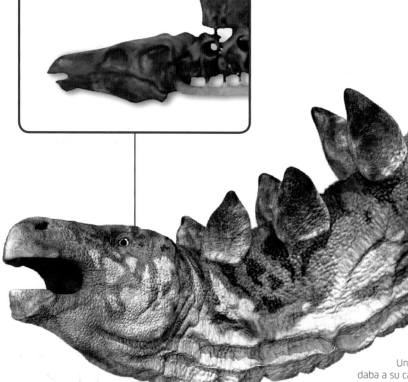

Cuello
Un cuello flexible daba a su cabeza una gran movilidad para alimentarse.

Patas delanteras
En esta ilustración, el animal se agacha en una postura defensiva, pero normalmente tendría las patas rectas.

Si bien *Kentrosaurus* pesaba tanto como un caballo, su cerebro era tan pequeño como una ciruela.

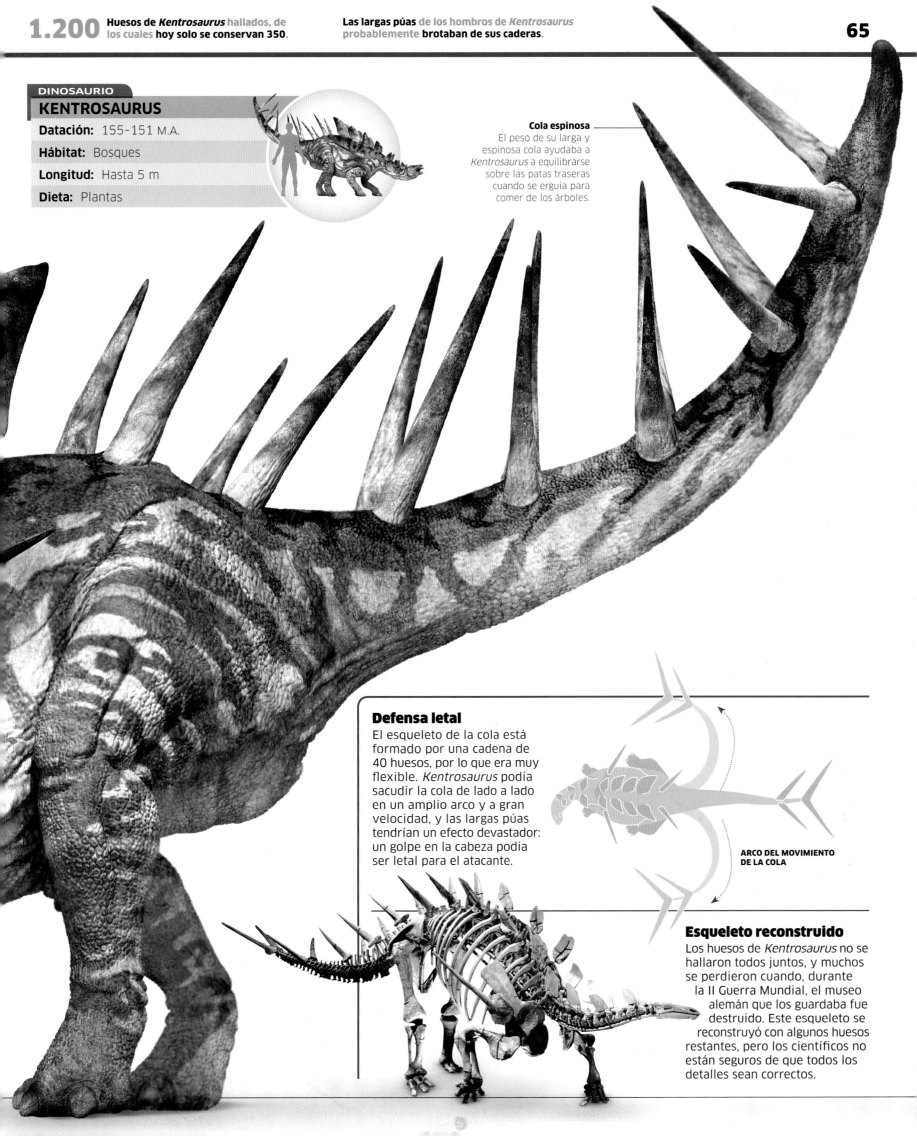

DINOSAURIO
KENTROSAURUS

Datación: 155-151 M.A.

Hábitat: Bosques

Longitud: Hasta 5 m

Dieta: Plantas

Cola espinosa
El peso de su larga y espinosa cola ayudaba a *Kentrosaurus* a equilibrarse sobre las patas traseras cuando se erguía para comer de los árboles.

Defensa letal
El esqueleto de la cola está formado por una cadena de 40 huesos, por lo que era muy flexible. *Kentrosaurus* podía sacudir la cola de lado a lado en un amplio arco y a gran velocidad, y las largas púas tendrían un efecto devastador: un golpe en la cabeza podía ser letal para el atacante.

ARCO DEL MOVIMIENTO DE LA COLA

Esqueleto reconstruido
Los huesos de *Kentrosaurus* no se hallaron todos juntos, y muchos se perdieron cuando, durante la II Guerra Mundial, el museo alemán que los guardaba fue destruido. Este esqueleto se reconstruyó con algunos huesos restantes, pero los científicos no están seguros de que todos los detalles sean correctos.

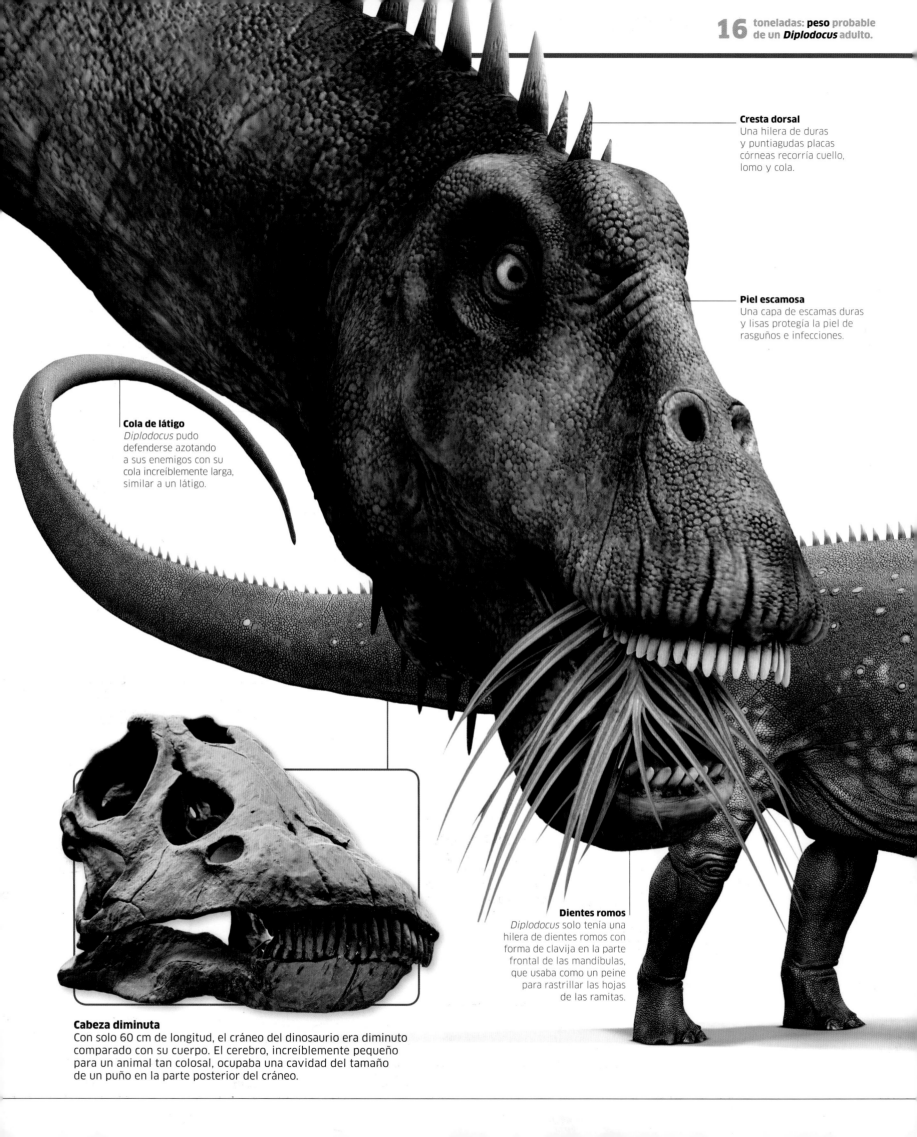

Cresta dorsal
Una hilera de duras
y puntiagudas placas
córneas recorría cuello,
lomo y cola.

Piel escamosa
Una capa de escamas duras
y lisas protegía la piel de
rasguños e infecciones.

Cola de látigo
Diplodocus pudo
defenderse azotando
a sus enemigos con su
cola increíblemente larga,
similar a un látigo.

Dientes romos
Diplodocus solo tenía una
hilera de dientes romos con
forma de clavija en la parte
frontal de las mandíbulas,
que usaba como un peine
para rastrillar las hojas
de las ramitas.

Cabeza diminuta
Con solo 60 cm de longitud, el cráneo del dinosaurio era diminuto
comparado con su cuerpo. El cerebro, increíblemente pequeño
para un animal tan colosal, ocupaba una cavidad del tamaño
de un puño en la parte posterior del cráneo.

DINOSAURIO

DIPLODOCUS

Datación: 154-150 M.A.

Hábitat: Llanuras con árboles altos

Longitud: 33 m

Dieta: Follaje

Diplodocus

El *Diplodocus* era un animal increíblemente largo, pero no fue el más grande que ha existido, pues algunos otros eran incluso mayores. Su esqueleto fósil, sin embargo, es el más completo descubierto hasta ahora entre los gigantes saurópodos.

Los saurópodos de cuello largo que aparecieron durante el periodo jurásico eran herbívoros gigantescos especializados en ramonear hojas de las copas de grandes árboles. Estas hojas eran duras y leñosas, como las agujas de pino, lo que hacía difícil su digestión; pero el inmenso cuerpo de los saurópodos tenía un sistema digestivo enorme que procesaba las hojas largamente para extraer sus nutrientes: funcionaba tan bien que *Diplodocus* no necesitaba siquiera masticar las hojas, lo que aumentaba la cantidad que podía comer.

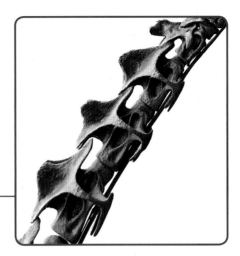

Cuello largo
El largo cuello era sostenido por al menos 15 vértebras. Es probable que *Diplodocus* llevara el cuello en un ángulo de 45°, pero podía erguirlo para ramonear en la copa de los árboles.

Cabeza pequeña
Los ojos grandes y la mandíbula larga y plana eran los principales rasgos de una cabeza proporcionalmente muy pequeña.

Pese a su enorme peso, *Diplodocus* podía
alzarse sobre las patas
traseras para alcanzar las ramas más altas.

Patas resistentes
El peso del cuerpo era soportado por cuatro patas gruesas como pilares, que recuerdan a las de los elefantes.

Uña del pulgar
Cada pie tenía una sola uña, muy larga.

Longitud increíble
El mayor esqueleto completo de *Diplodocus* mide 27 m de longitud, pero se han encontrado huesos de *Diplodocus* que debieron de pertenecer a individuos más grandes aún, que pudieron alcanzar los 33 m, ¡la longitud de tres autobuses escolares!

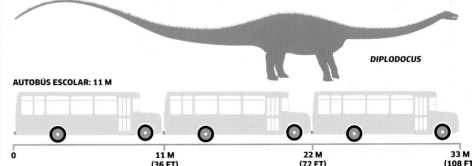

DIPLODOCUS

AUTOBÚS ESCOLAR: 11 M

0	11 M (36 FT)	22 M (72 FT)	33 M (108 FT)

TRIÁSICO	JURÁSICO		CRETÁCICO	CENOZOICO	
252 M.A.	201 M.A.		145 M.A.	66 M.A.	0

En griego, *Pterodactylus* significa
«dedo alado»,
en una alusión al alargado cuarto dedo que sustentaba cada ala.

Dientes afilados
Los detallados fósiles hallados en caliza fina en Alemania muestran que *Pterodactylus* tenía unas largas mandíbulas con muchos dientes afilados, que eran más largos en la punta del hocico, el cual tenía además un pequeño pico ganchudo.

Cresta
La cabeza estaba adornada con una cresta de largas y duras fibras, formadas a partir de piel endurecida.

Alas con garras
En la curva externa del ala había tres dedos cortos y flexibles con uñas afiladas.

Cuerpo peludo
El cuerpo estaba cubierto por cortas fibras similares a pelo que servían de abrigo al animal.

Pterodactylus

Descubierto ya en 1780, fue el primer pterosaurio conocido por la ciencia. Pero los científicos tardaron 20 años en comprender que los dedos extralargos de los brazos sustentaban alas, y que *Pterodactylus* podía volar.

Durante el Jurásico superior, pterosaurios de cola larga como *Rhamphorhynchus* (pp. 62-63) comenzaron a dejar paso a otros nuevos, de cola muy corta, cuello más largo y pico largo con dientes pequeños, o incluso sin dientes: se les suele llamar pterodactiloideos por *Pterodactylus*, el primero identificado. Con sus largas y poderosas alas, *Pterodactylus* estaba bien equipado para el vuelo, pero sus robustas piernas y sus grandes pies indican que seguramente buscaba la comida en el suelo o en aguas someras.

Alas largas
Las alas estaban compuestas de piel, fibras elásticas de refuerzo y finas capas de músculo.

Andando con alas

A diferencia de los pterosaurios previos, *Pterodactylus* y sus parientes estaban bien adaptados a la vida en el suelo. Sus huellas sobre barro endurecido muestran que caminaba a cuatro patas, apoyando la parte superior del cuerpo sobre las manos y con las alas plegadas hacia arriba.

En la playa

Es posible que, como esta agujeta, *Pterodactylus* buscara alimento en orillas fangosas o de arena blanda, así como en aguas someras. Sus afilados dientes delanteros serían idóneos para atrapar peces pequeños, gambas y otros animales escurridizos.

UNA AGUJETA ATRAPA UN PEZ

Cola corta
Como todos los pterosaurios avanzados, este reptil tenía una cola muy corta.

Pies palmeados
Los mejores fósiles muestran que los largos dedos de los pies de *Pterodactylus* estaban palmeados, como los de las aves marinas. Esto le permitiría caminar sobre barro blando sin hundirse y quizá también nadar como los patos.

PTEROSAURIO
PTERODACTYLUS

Datación: 155–145 M.A.

Hábitat: Tierras costeras

Envergadura: 1 m

Dieta: Pequeños animales marinos

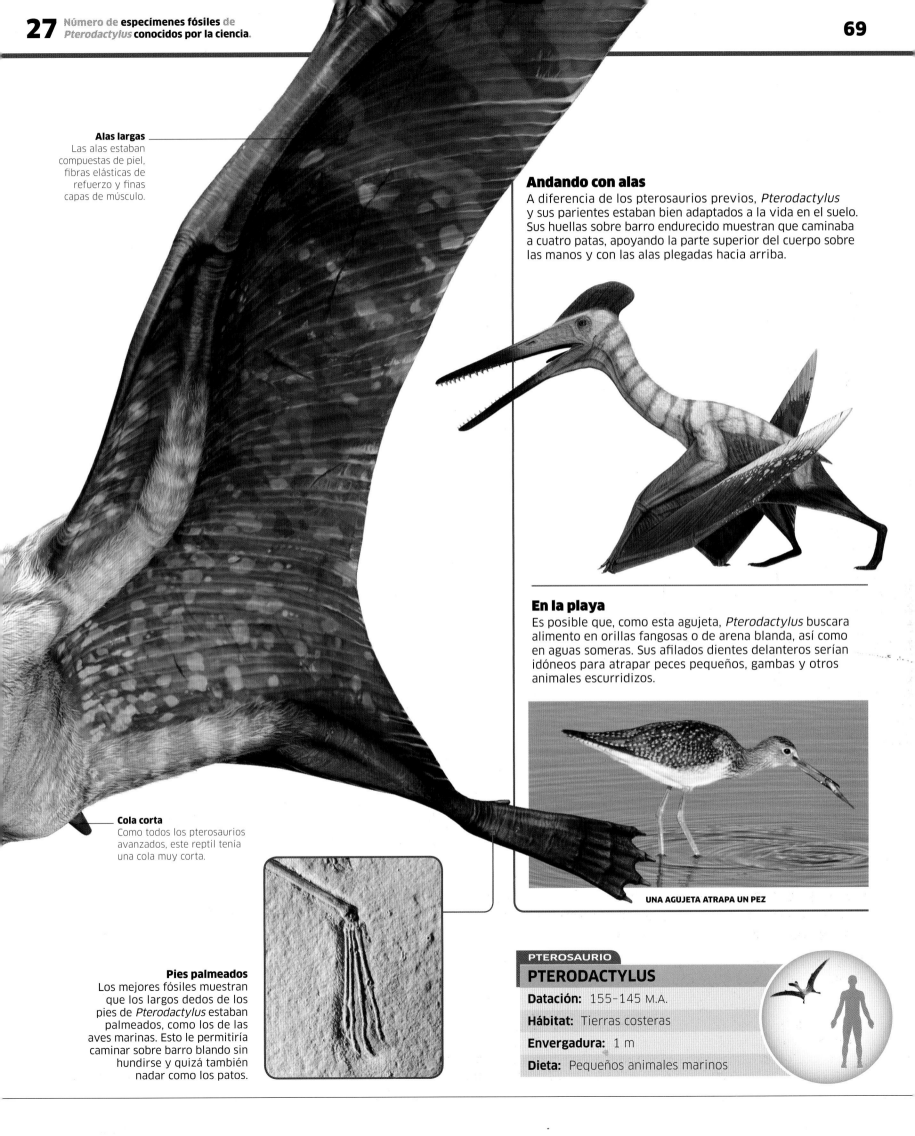

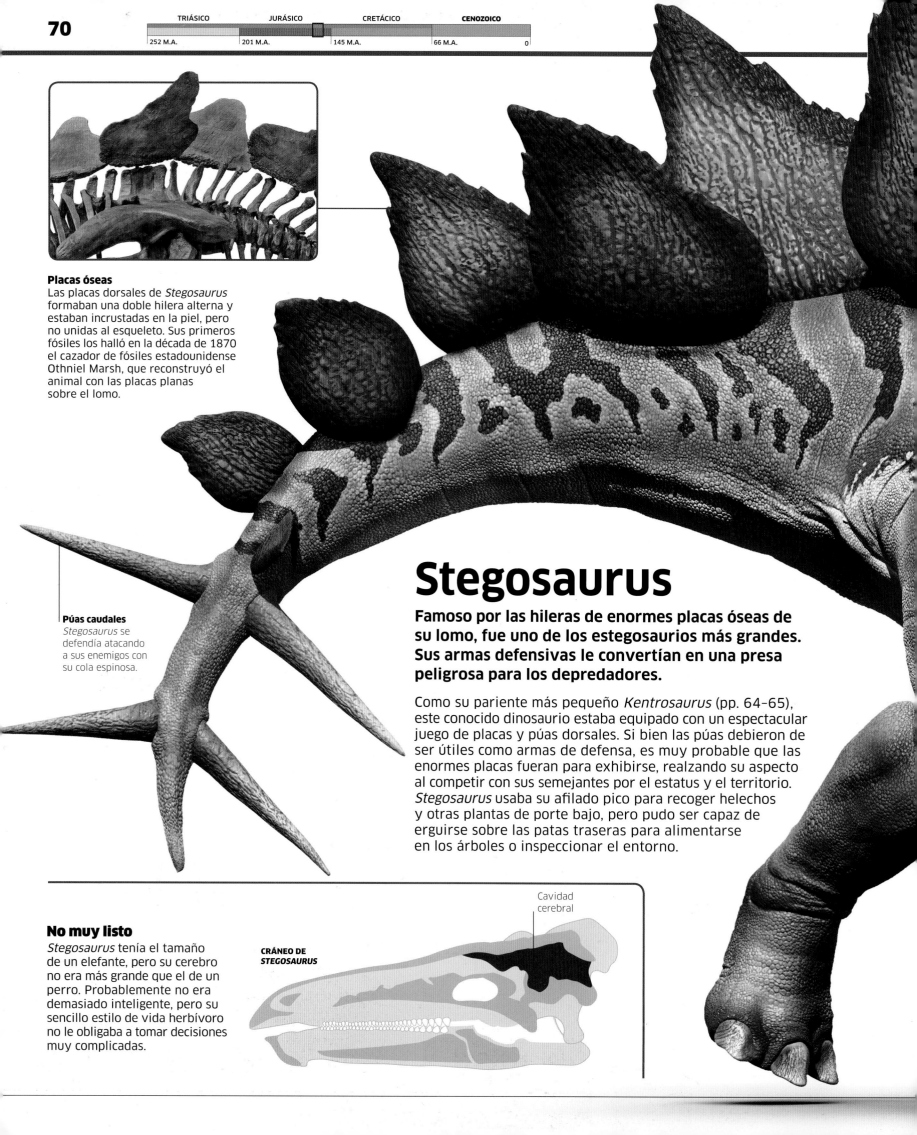

TRIÁSICO	JURÁSICO	CRETÁCICO	CENOZOICO
252 M.A.	201 M.A.	145 M.A.	66 M.A.	0

Placas óseas

Las placas dorsales de *Stegosaurus* formaban una doble hilera alterna y estaban incrustadas en la piel, pero no unidas al esqueleto. Sus primeros fósiles los halló en la década de 1870 el cazador de fósiles estadounidense Othniel Marsh, que reconstruyó el animal con las placas planas sobre el lomo.

Púas caudales

Stegosaurus se defendía atacando a sus enemigos con su cola espinosa.

Stegosaurus

Famoso por las hileras de enormes placas óseas de su lomo, fue uno de los estegosaurios más grandes. Sus armas defensivas le convertían en una presa peligrosa para los depredadores.

Como su pariente más pequeño *Kentrosaurus* (pp. 64-65), este conocido dinosaurio estaba equipado con un espectacular juego de placas y púas dorsales. Si bien las púas debieron de ser útiles como armas de defensa, es muy probable que las enormes placas fueran para exhibirse, realzando su aspecto al competir con sus semejantes por el estatus y el territorio. *Stegosaurus* usaba su afilado pico para recoger helechos y otras plantas de porte bajo, pero pudo ser capaz de erguirse sobre las patas traseras para alimentarse en los árboles o inspeccionar el entorno.

No muy listo

Stegosaurus tenía el tamaño de un elefante, pero su cerebro no era más grande que el de un perro. Probablemente no era demasiado inteligente, pero su sencillo estilo de vida herbívoro no le obligaba a tomar decisiones muy complicadas.

Cavidad cerebral

CRÁNEO DE STEGOSAURUS

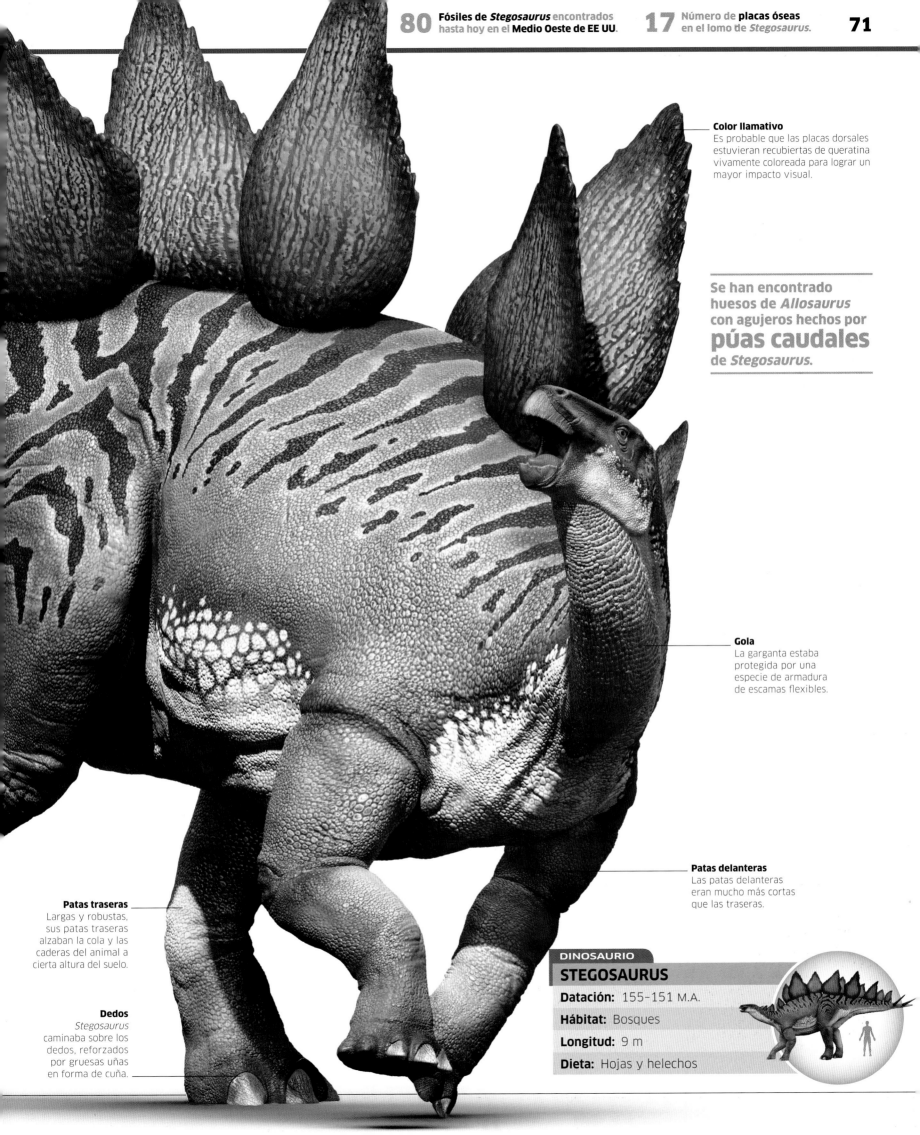

80 Fósiles de *Stegosaurus* encontrados hasta hoy en el **Medio Oeste de EE UU**.

17 Número de **placas óseas** en el lomo de *Stegosaurus*.

71

Color llamativo
Es probable que las placas dorsales estuvieran recubiertas de queratina vivamente coloreada para lograr un mayor impacto visual.

Se han encontrado huesos de *Allosaurus* con agujeros hechos por **púas caudales** de *Stegosaurus*.

Gola
La garganta estaba protegida por una especie de armadura de escamas flexibles.

Patas delanteras
Las patas delanteras eran mucho más cortas que las traseras.

Patas traseras
Largas y robustas, sus patas traseras alzaban la cola y las caderas del animal a cierta altura del suelo.

Dedos
Stegosaurus caminaba sobre los dedos, reforzados por gruesas uñas en forma de cuña.

DINOSAURIO
STEGOSAURUS

Datación: 155-151 M.A.

Hábitat: Bosques

Longitud: 9 m

Dieta: Hojas y helechos

Cuernos cortos
Las proyecciones óseas encima de los ojos pudieron ser el soporte de un par de cortos cuernos.

Vista lateral
Aunque los ojos de *Allosaurus* se orientaban principalmente a los lados, su rango de visión frontal era suficiente para la caza.

Dientes como cuchillas
El cráneo, robusto pero estrecho, estaba armado con más de 70 dientes de borde serrado y afilado como los de un cuchillo carnicero, que continuamente eran reemplazados, sin tiempo para desgastarse y perder el filo.

Allosaurus

Este temible cazador fue uno de los grandes depredadores más comunes en la América del Norte del Jurásico superior. Armado con un montón de dientes afilados, era un enemigo letal para *Stegosaurus* (pp. 70-71), y podría atacar incluso a jóvenes saurópodos gigantes como *Diplodocus* (pp. 66-67).

Mientras los grandes dinosaurios herbívoros evolucionaban hacia formas más y más grandes durante el Jurásico, sus depredadores también crecían. *Allosaurus* fue uno de los más poderosos, y estaba claramente especializado para atacar y devorar piezas supergrandes. Las marcas de sus dientes en los huesos de sus presas son prueba de ello, aunque todavía se debate cómo reducía exactamente a sus víctimas. Los restos fósiles también demuestran que sus presas se defendían: cada caza podía ser una lucha a muerte.

Uña poderosa
Los tres dedos de las manos de *Allosaurus* estaban provistos de fuertes y afiladas uñas curvas que usaría para inmovilizar a aquellas presas que se resistieran.

A juzgar por las marcas de dientes en algunos huesos de *Allosaurus*, **estos dinosaurios practicaban el canibalismo.**

46 Número de **especímenes de *Allosaurus*** hallados en **una sola cantera** en Utah (EE UU).

73

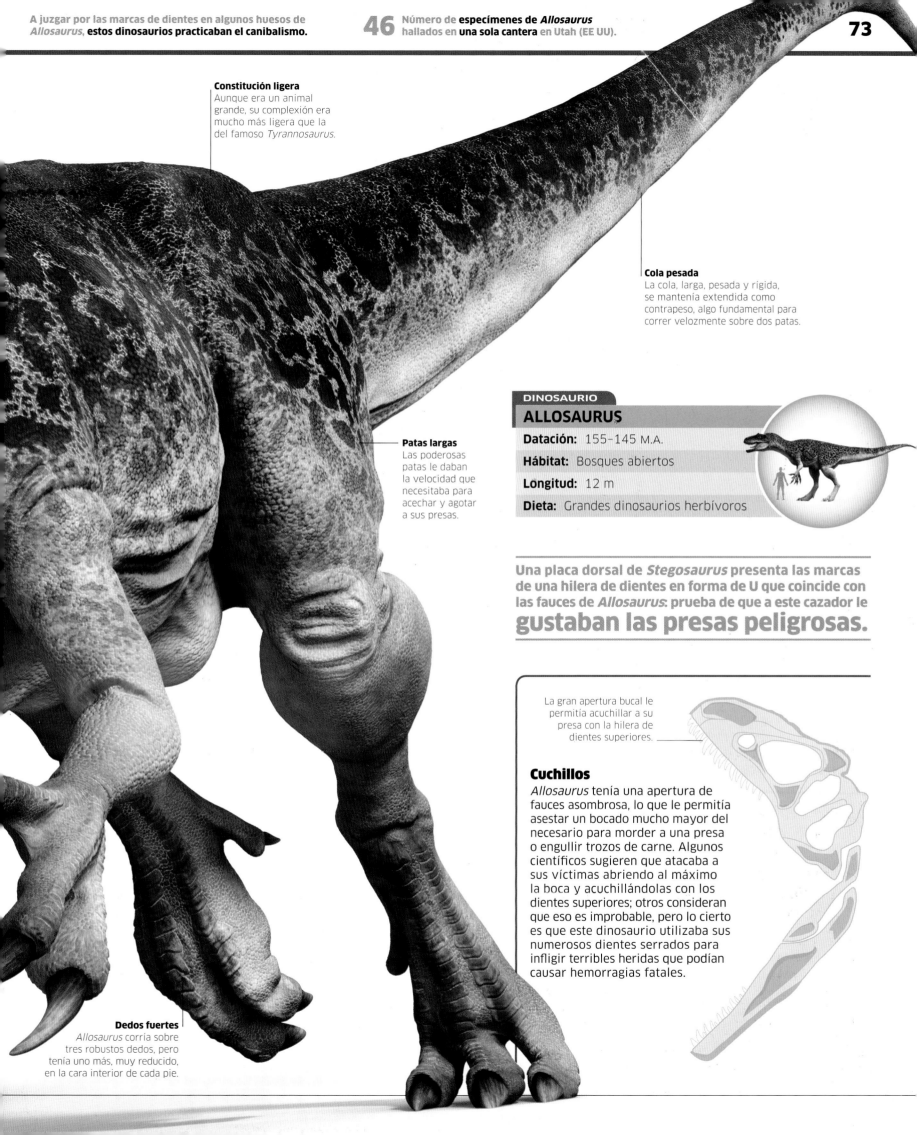

Constitución ligera
Aunque era un animal grande, su complexión era mucho más ligera que la del famoso *Tyrannosaurus*.

Cola pesada
La cola, larga, pesada y rígida, se mantenía extendida como contrapeso, algo fundamental para correr velozmente sobre dos patas.

Patas largas
Las poderosas patas le daban la velocidad que necesitaba para acechar y agotar a sus presas.

Dedos fuertes
Allosaurus corría sobre tres robustos dedos, pero tenía uno más, muy reducido, en la cara interior de cada pie.

DINOSAURIO
ALLOSAURUS

Datación: 155–145 M.A.

Hábitat: Bosques abiertos

Longitud: 12 m

Dieta: Grandes dinosaurios herbívoros

Una placa dorsal de *Stegosaurus* presenta las marcas de una hilera de dientes en forma de U que coincide con las fauces de *Allosaurus*: prueba de que a este cazador le **gustaban las presas peligrosas.**

La gran apertura bucal le permitía acuchillar a su presa con la hilera de dientes superiores.

Cuchillos
Allosaurus tenía una apertura de fauces asombrosa, lo que le permitía asestar un bocado mucho mayor del necesario para morder a una presa o engullir trozos de carne. Algunos científicos sugieren que atacaba a sus víctimas abriendo al máximo la boca y acuchillándolas con los dientes superiores; otros consideran que eso es improbable, pero lo cierto es que este dinosaurio utilizaba sus numerosos dientes serrados para infligir terribles heridas que podían causar hemorragias fatales.

Cuello ligero
Aunque sumamente largo, el cuello era muy ligero gracias a las cavidades de los huesos. Todos los saurópodos de cuello largo contaban con esta adaptación, que también los ayudaba a equilibrarse.

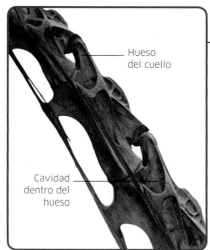

Hueso del cuello

Cavidad dentro del hueso

Giraffatitan

El nombre de este dinosaurio herbívoro gigante lo describe a la perfección, porque era como una jirafa colosal. Su asombrosa altura le permitía ramonear en las copas de los árboles sin levantar un pie del suelo.

Giraffatitan era un saurópodo como *Diplodocus* (pp. 66-67), pero de constitución distinta. Para alcanzar las copas de los árboles y alimentarse no necesitaba erguirse sobre las patas traseras: le bastaba con estirar su larguísimo cuello sin dejar de apoyarse en sus patas delanteras extralargas, que alzaban la parte anterior de su cuerpo por encima de la posterior. Fue uno de los dinosaurios más altos que han existido. *Giraffatitan* era un pariente africano del similar *Brachiosaurus* americano. Los restos fósiles de cráneos de *Brachiosaurus* muestran cómo eran sus dientes, lo que nos permite deducir en qué consistía su alimentación.

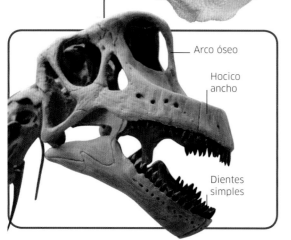

Arco óseo

Hocico ancho

Dientes simples

Forma craneal
El hocico era ancho, con dientes simples con una ligera forma de cuchara para pellizcar las hojas de los árboles. El alto arco óseo sobre el hocico protegía los tejidos blandos de la nariz.

Alto y poderoso
El larguísimo cuello y las patas delanteras también largas le permitían alcanzar los 15 m de altura y comerse las hojas más tiernas de los árboles. Se necesitaría una escalera de bomberos para mirarle a los ojos. Un saurópodo de tamaño similar llamado *Sauroposeidon* pudo ser más alto, pero sus restos son demasiado fragmentarios para poder afirmarlo.

En las alturas
La jirafa actual está especializada para poder alimentarse de las copas de árboles altos. Gracias a la longitud de su cuello y sus patas, las jirafas más grandes pueden llegar a los 5 m de altura y comer hojas fuera del alcance de otros animales folívoros. *Giraffatitan* contaba con las mismas adaptaciones básicas, aunque sus patas delanteras eran mucho más largas que las patas traseras, lo que elevaba el nivel de sus hombros y le daba un mayor alcance.

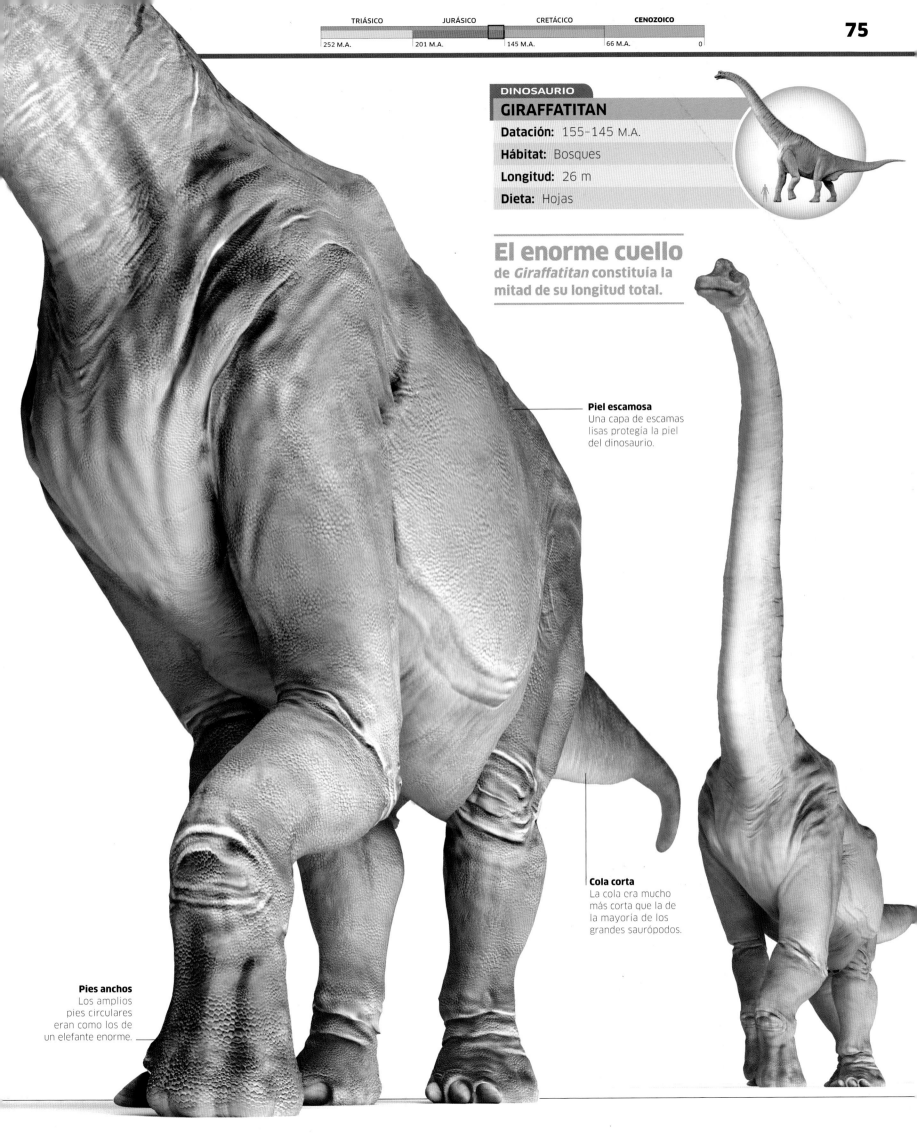

DINOSAURIO
GIRAFFATITAN

Datación: 155-145 M.A.

Hábitat: Bosques

Longitud: 26 m

Dieta: Hojas

El enorme cuello
de *Giraffatitan* constituía la mitad de su longitud total.

Piel escamosa
Una capa de escamas lisas protegía la piel del dinosaurio.

Cola corta
La cola era mucho más corta que la de la mayoría de los grandes saurópodos.

Pies anchos
Los amplios pies circulares eran como los de un elefante enorme.

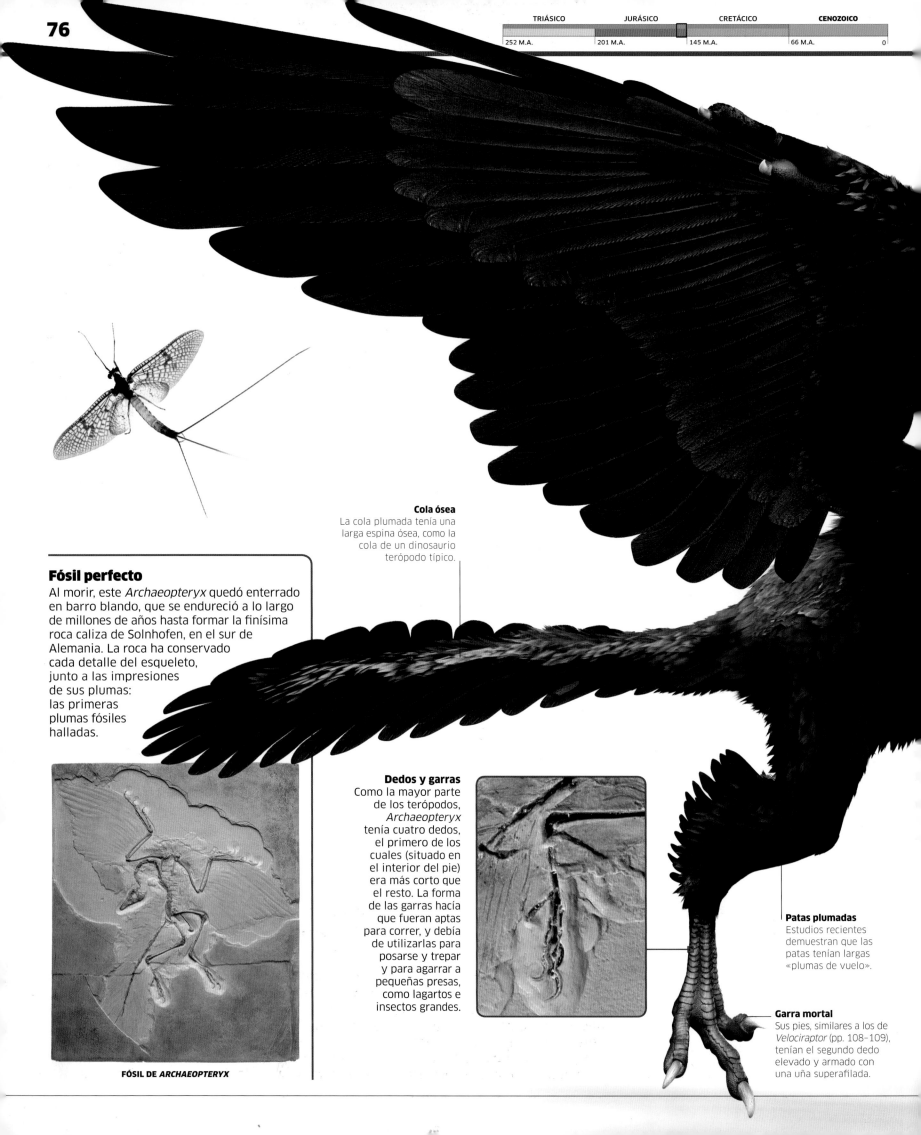

Cola ósea
La cola plumada tenía una larga espina ósea, como la cola de un dinosaurio terópodo típico.

Fósil perfecto
Al morir, este *Archaeopteryx* quedó enterrado en barro blando, que se endureció a lo largo de millones de años hasta formar la finísima roca caliza de Solnhofen, en el sur de Alemania. La roca ha conservado cada detalle del esqueleto, junto a las impresiones de sus plumas: las primeras plumas fósiles halladas.

FÓSIL DE *ARCHAEOPTERYX*

Dedos y garras
Como la mayor parte de los terópodos, *Archaeopteryx* tenía cuatro dedos, el primero de los cuales (situado en el interior del pie) era más corto que el resto. La forma de las garras hacía que fueran aptas para correr, y debía de utilizarlas para posarse y trepar y para agarrar a pequeñas presas, como lagartos e insectos grandes.

Patas plumadas
Estudios recientes demuestran que las patas tenían largas «plumas de vuelo».

Garra mortal
Sus pies, similares a los de *Velociraptor* (pp. 108–109), tenían el segundo dedo elevado y armado con una uña superafilada.

Archaeopteryx estaba **lejanamente emparentado** con ágiles cazadores como **Deinonychus** y **Velociraptor**.

El nombre *Archaeopteryx* significa **«ala antigua»**.

77

Alas cortas
Las alas eran bastante cortas, aunque de longitud suficiente para realizar vuelos breves.

Garras alares
Como muchos otros terópodos de su época, *Archaeopteryx* tenía dos poderosas garras de tres dedos, que usaría para agarrar a las presas o para trepar por las ramas de árboles y arbustos.

DINOSAURIO

ARCHAEOPTERYX

Datación: 151–146 M.A.

Hábitat: Islas arboladas

Longitud: 45 cm

Dieta: Insectos y reptiles pequeños

Mandíbula ósea
Las mandíbulas dentadas eran más pesadas que el pico de un ave actual.

Dientes afilados
Sus puntiagudos y pequeños dientes eran idóneos para capturar pequeñas presas.

Músculos de vuelo
El esternón plano indica que los músculos de vuelo de *Archaeopteryx* debieron de ser bastante pequeños.

Presa voladora
Insectos de vuelo lento como esta efímera serían las posibles presas de *Archaeopteryx*.

Archaeopteryx

Cuando en 1861 se encontraron los primeros fósiles de este animal, estos mostraban claramente que había tenido plumas como un pájaro; pero sus huesos eran como los de muchos pequeños dinosaurios del Mesozoico.

A diferencia de las aves actuales, *Archaeopteryx* tenía dientes, garras en las alas y una cola ósea. Era parecido a los terópodos con plumas pero no voladores encontrados recientemente en China, pero sus alas eran más largas y las plumas de vuelo tenían la misma forma básica que las de las aves voladoras. Así pues, es probable que pudiera volar, aunque no lo hiciera muy bien. Ello le convertiría en el dinosaurio volador más antiguo conocido. Existe controversia entre los investigadores a la hora de decidir si realmente se le puede considerar un ave, pero la mayoría de ellos lo considera así.

10 **Número de fósiles de *Archaeopteryx* hallados hasta el momento.**

VIDA CRETÁCICA

El periodo final de la era mesozoica asistió al apogeo de los dinosaurios. Mientras los supercontinentes jurásicos se dividían para formar continentes menores, los dinosaurios se hicieron aún más diversos y asombrosos. En el Cretácico evolucionaron también los animales voladores más grandes que han existido.

EL MUNDO CRETÁCICO

El periodo jurásico acabó hace unos 145 millones de años con un suceso que supuso el fin de buena parte de la vida marina, pero que tuvo menos impacto en tierra. Esto marcó el comienzo del Cretácico, el último periodo de la era mesozoica, que terminó hace 66 millones de años. Durante este largo espacio de tiempo los continentes se dividieron aún más y la vida evolucionó de forma distinta en cada uno, dando lugar a una mayor diversidad de especies y, en particular, al desarrollo de muchos nuevos tipos de dinosaurio.

OCÉANO
ÁRTICO

AMÉRICA
DEL NORTE

América del Norte estaba dividida por un canal marítimo que ocupaba las Grandes Llanuras actuales.

OCÉANO
ATLÁNTICO
NORTE

OCÉANO PACÍFICO

América del Norte y del Sur se hallaban divididas por el mar Caribe, y no se unían en ningún punto.

AMÉRICA
DEL SUR

El océano Atlántico Sur empezó a abrirse, alejando África de América del Sur.

OCÉANO
ATLÁNTICO
SUR

UN MUNDO CAMBIANTE

Laurasia y Gondwana comenzaron a fragmentarse durante el Cretácico. La apertura del océano Atlántico alejó América de Asia y África, y la India se convirtió en un continente rodeado de agua. Al principio, el alto nivel del mar inundaba parte de estos continentes, desdibujando sus perfiles; pero, hacia el final del Cretácico, ya empezaban a ser reconocibles los continentes que hoy conocemos.

CONTINENTES Y OCÉANOS
DURANTE EL PERIODO CRETÁCICO,
HACE 145-66 M.A.

MEDIOAMBIENTE

En el Cretácico, la fragmentación de los continentes provocó una mayor variedad de entornos para la vida. Cada continente tenía sus propias características físicas y climáticas, desde las tropicales hasta las casi polares. Así, las plantas y los animales aislados en cada continente evolucionaron de forma muy diferente hacia nuevas especies.

Clima

En general, esta fue una época de climas cálidos y suaves; se han encontrado restos de palmeras hasta en Alaska. Sin embargo, la temperatura media global cayó hacia el final del Cretácico, posiblemente debido a que algunas regiones continentales se fueron acercando a los polos.

**TEMPERATURA
MEDIA GLOBAL**

°C		°C
	60	60
	40	40
	20	20
	0	0

18 °C

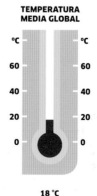

Bosques
Proliferaron densas selvas tropicales y bosques más abiertos, con nuevos tipos de árboles y plantas menores entre las coníferas dominantes.

Desiertos
Regiones como el centro de Asia eran desiertos y semidesiertos, con vegetación de matorral. Sus márgenes acabaron convirtiéndose en praderas.

ERA			ERA MESOZOICA		
PERIODO	PERIODO TRIÁSICO		PERIODO JURÁSICO		
MILLONES DE AÑOS ATRÁS	252		201		145

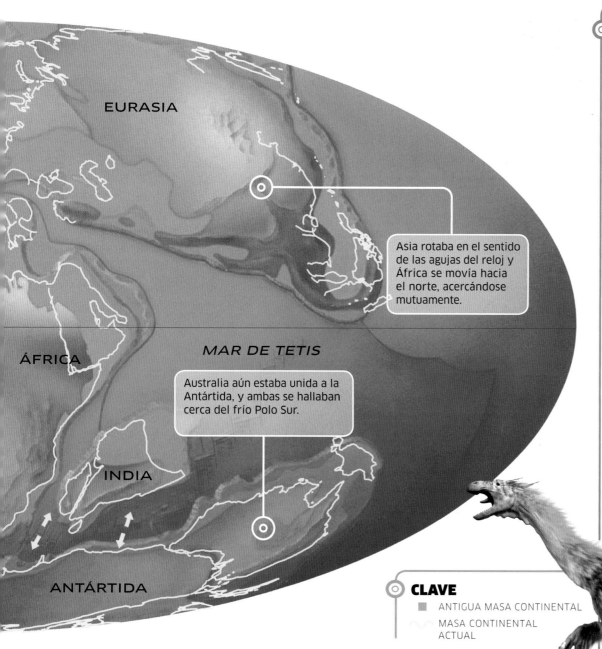

EURASIA

ÁFRICA

MAR DE TETIS

INDIA

ANTÁRTIDA

Asia rotaba en el sentido de las agujas del reloj y África se movía hacia el norte, acercándose mutuamente.

Australia aún estaba unida a la Antártida, y ambas se hallaban cerca del frío Polo Sur.

◎ ANIMALES

La vida animal del Cretácico era similar a la del Jurásico, aunque se diversificó a medida que los continentes se dividían, pues las poblaciones animales separadas por las aguas no podían emparejarse. Como resultado, aparecieron muchos tipos nuevos de dinosaurios, y también de otros animales menores, sobre todo insectos especializados que se alimentaban de flores.

Invertebrados terrestres
La aparición de las flores, y su dulce néctar, conllevó la evolución de muchos nectarívoros como las mariposas y las abejas. También abundaban las arañas y otros pequeños animales.

ARAÑA CONSERVADA EN ÁMBAR

NEMEGTBAATAR, UN MAMÍFERO PLACENTARIO

Mamíferos
Los pequeños mamíferos ya existían desde el periodo triásico, pero en el Cretácico aparecieron los primeros placentarios: el grupo más común en la actualidad.

Dinosaurios
Surgieron muchos tipos de dinosaurios especializados, entre ellos una amplia variedad de terópodos con plumas, como *Alxasaurus*.

◎ CLAVE

◼ ANTIGUA MASA CONTINENTAL

⌄ MASA CONTINENTAL ACTUAL

ALXASAURUS

Plantas

Durante el Cretácico se produjo un cambio espectacular en la vida vegetal, con la aparición primero de las plantas con flor y luego de las herbáceas. Pero hasta el final del periodo estas plantas se vieron superadas en número por coníferas, ginkgos, cícadas y helechos, supervivientes del periodo jurásico.

Helechos
Estas plantas de sombra abundaban en los bosques, y eran un alimento vital para muchos de los dinosaurios herbívoros.

Coníferas
Los árboles dominantes eran coníferas con hojas de aguja como la secuoya, aunque los latifoliados se volvieron comunes.

Ginkgos
Cuando las plantas con flor, incluidos algunos árboles, proliferaron al final del periodo, ginkgos y cícadas empezaron a ser más raros.

Plantas con flor
Hacia el final del Cretácico muchos paisajes estaban ya salpicados de flores tempranas como magnolias y nenúfares.

Animales marinos
Los grandes reptiles seguían siendo los depredadores marinos superiores, pero eran desafiados por otros cazadores como el tiburón *Hybodus*. Los tiburones solían cazar peces e invertebrados diversos, como los amonites.

HYBODUS

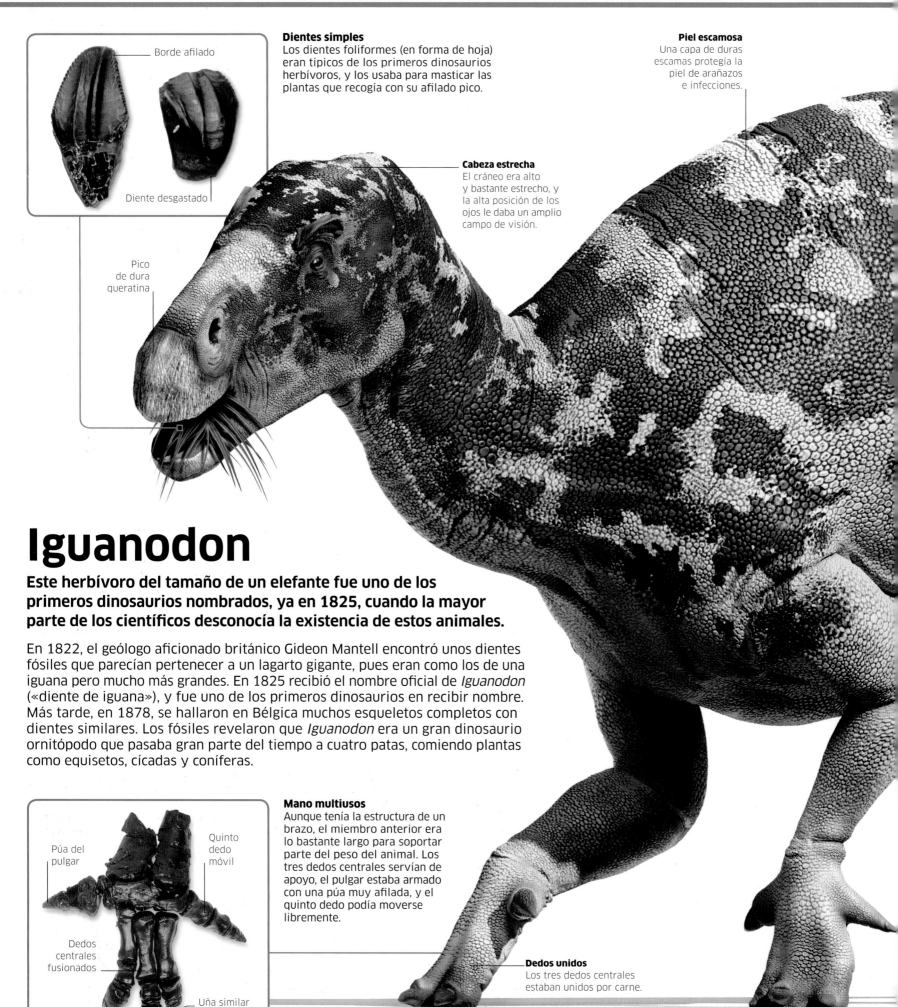

Borde afilado

Diente desgastado

Dientes simples
Los dientes foliformes (en forma de hoja) eran típicos de los primeros dinosaurios herbívoros, y los usaba para masticar las plantas que recogía con su afilado pico.

Piel escamosa
Una capa de duras escamas protegía la piel de arañazos e infecciones.

Cabeza estrecha
El cráneo era alto y bastante estrecho, y la alta posición de los ojos le daba un amplio campo de visión.

Pico de dura queratina

Iguanodon

Este herbívoro del tamaño de un elefante fue uno de los primeros dinosaurios nombrados, ya en 1825, cuando la mayor parte de los científicos desconocía la existencia de estos animales.

En 1822, el geólogo aficionado británico Gideon Mantell encontró unos dientes fósiles que parecían pertenecer a un lagarto gigante, pues eran como los de una iguana pero mucho más grandes. En 1825 recibió el nombre oficial de *Iguanodon* («diente de iguana»), y fue uno de los primeros dinosaurios en recibir nombre. Más tarde, en 1878, se hallaron en Bélgica muchos esqueletos completos con dientes similares. Los fósiles revelaron que *Iguanodon* era un gran dinosaurio ornitópodo que pasaba gran parte del tiempo a cuatro patas, comiendo plantas como equisetos, cícadas y coníferas.

Púa del pulgar

Quinto dedo móvil

Dedos centrales fusionados

Uña similar a una pezuña

Mano multiusos
Aunque tenía la estructura de un brazo, el miembro anterior era lo bastante largo para soportar parte del peso del animal. Los tres dedos centrales servían de apoyo, el pulgar estaba armado con una púa muy afilada, y el quinto dedo podía moverse libremente.

Dedos unidos
Los tres dedos centrales estaban unidos por carne.

38 Esqueletos de *Iguanodon* encontrados en una misma **mina de carbón belga** en 1878.

Iguanodon debió de utilizar la **sólida púa de su pulgar** como arma defensiva.

3 toneladas: **peso medio** de *Iguanodon*, aproximadamente el **doble que un coche**.

83

Cola rígida
El peso de la cabeza y la parte anterior del cuerpo se compensaban con una cola larga, rígida y pesada.

DINOSAURIO

IGUANODON

Datación: 130–125 M.A.

Hábitat: Bosques

Longitud: 9 m

Dieta: Plantas

Gideon Mantell

Como muchos de los primeros paleontólogos, Mantell no era un profesional: era un médico rural que coleccionaba fósiles en su tiempo libre. Pudo ser él, o su esposa Mary, quien encontró los dientes fósiles en una cantera del sur de Inglaterra. Los científicos tardaron aún tres años en decidir que pertenecían al dinosaurio que él llamó *Iguanodon*.

Interpretaciones

Los fósiles descritos por Mantell eran claramente restos de un gran reptil. Pero eran apenas unos pocos dientes y huesos, así que la forma del animal era un misterio. Al principio se imaginó como un enorme lagarto tendido. Cuando en 1878 se hallaron esqueletos completos, se reconstruyeron apoyados sobre la cola, como un canguro. Hoy día se considera que sería habitualmente cuadrúpedo.

TESIS SOBRE LA POSTURA DE *IGUANODON*

Patas traseras grandes y fuertes
Casi todo el peso de *Iguanodon* era soportado por sus patas traseras, de sólida estructura.

1854
CUADRÚPEDO A CUATRO PATAS

1878
POSTURA DE CANGURO

TESIS ACTUAL
HABITUALMENTE CUADRÚPEDO

TRIÁSICO	JURÁSICO	CRETÁCICO	CENOZOICO
252 M.A.	201 M.A.	145 M.A.	66 M.A. 0

Colores de camuflaje
Con el análisis de las plumas se ha podido reconstruir su pauta de colores, que le servía como camuflaje.

Este pequeño terópodo fue el primer dinosaurio con plumas hallado que sin duda **no era un ave ni volaba.**

Hocico puntiagudo
Sinosauropteryx tenía un hocico puntiagudo y largo con dientes pequeños y afilados.

Presas pequeñas
Sinosauropteryx cazaba lagartos, insectos y otros pequeños animales, como este ciempiés.

Brazos cortos
Sus brazos y manos eran relativamente cortos, pero útiles para agarrar las presas.

Pellejo plumado
Bajo el microscopio, la pelusa fósil tiene una forma ondulada que indica que era blanda y suave. A la vista y al tacto podía parecer pelo, pero en realidad se trataba de unas cortas y flexibles plumas.

Sinosauropteryx

Los fósiles de este pequeño, rápido y ágil cazador causaron sensación cuando se descubrieron en 1996 en China. Mostraban claramente que estaba cubierto por una especie de vello, lo que echaba por tierra la idea de que todos los dinosaurios tenían la piel desnuda y escamosa.

En otras partes del mundo se habían encontrado huesos de pequeños terópodos similares pero, hasta el descubrimiento de *Sinosauropteryx*, no se sabía que estos animales tuvieran un pellejo peludo. En realidad, ese vello eran plumas simples, similares a las de algunas aves no voladoras. Dada la corta longitud de las plumas, es probable que el dinosaurio las necesitara como aislamiento, para conservar el calor mientras buscaba presas en los bosques chinos del Cretácico inferior.

64 Número de **huesos** de su **larguísima cola**.

Sinosauropteryx fue descubierto en 1996 por un **granjero y cazador de fósiles aficionado** en la provincia china de Liaoning.

Otro espécimen hallado tiene **varios huevos** dentro de su cuerpo, lo que indica que **era una hembra**.

85

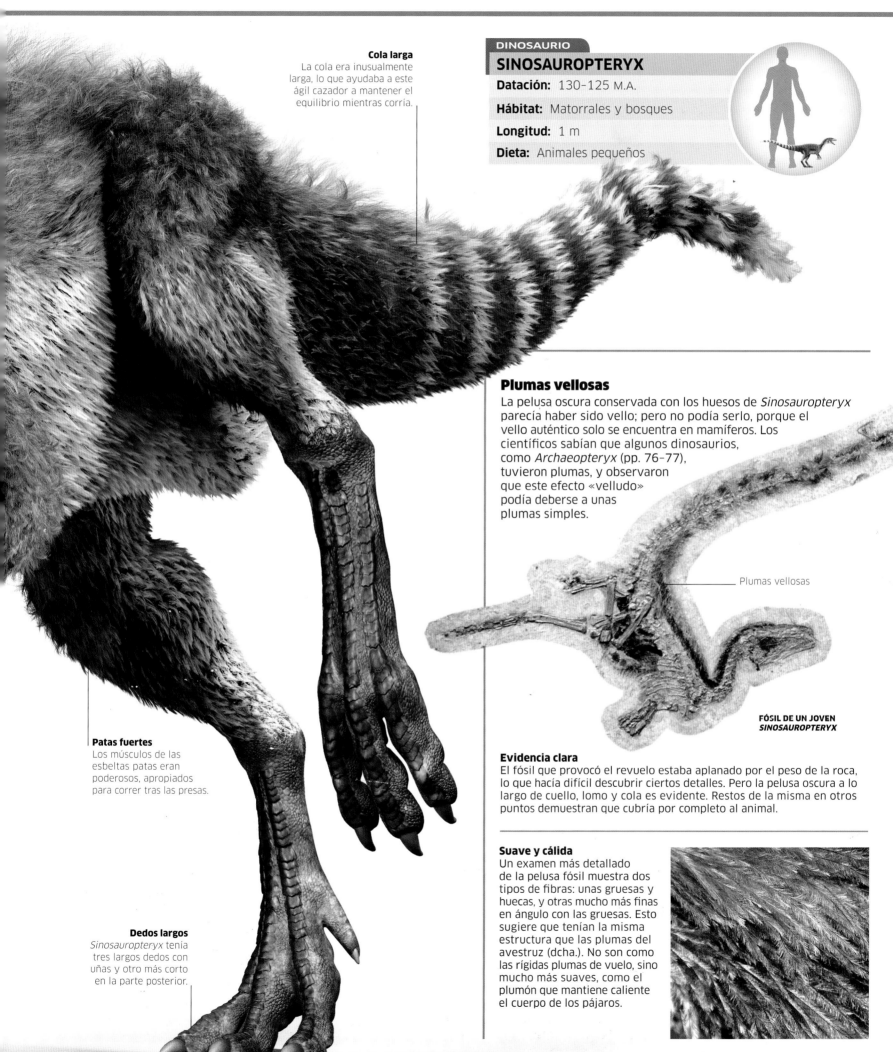

Cola larga
La cola era inusualmente larga, lo que ayudaba a este ágil cazador a mantener el equilibrio mientras corría.

DINOSAURIO

SINOSAUROPTERYX

Datación: 130-125 M.A.

Hábitat: Matorrales y bosques

Longitud: 1 m

Dieta: Animales pequeños

Plumas vellosas

La pelusa oscura conservada con los huesos de *Sinosauropteryx* parecía haber sido vello; pero no podía serlo, porque el vello auténtico solo se encuentra en mamíferos. Los científicos sabían que algunos dinosaurios, como *Archaeopteryx* (pp. 76-77), tuvieron plumas, y observaron que este efecto «velludo» podía deberse a unas plumas simples.

Plumas vellosas

FÓSIL DE UN JOVEN
SINOSAUROPTERYX

Patas fuertes
Los músculos de las esbeltas patas eran poderosos, apropiados para correr tras las presas.

Evidencia clara

El fósil que provocó el revuelo estaba aplanado por el peso de la roca, lo que hacía difícil descubrir ciertos detalles. Pero la pelusa oscura a lo largo de cuello, lomo y cola es evidente. Restos de la misma en otros puntos demuestran que cubría por completo al animal.

Suave y cálida

Un examen más detallado de la pelusa fósil muestra dos tipos de fibras: unas gruesas y huecas, y otras mucho más finas en ángulo con las gruesas. Esto sugiere que tenían la misma estructura que las plumas del avestruz (dcha.). No son como las rígidas plumas de vuelo, sino mucho más suaves, como el plumón que mantiene caliente el cuerpo de los pájaros.

Dedos largos
Sinosauropteryx tenía tres largos dedos con uñas y otro más corto en la parte posterior.

TRIÁSICO	JURÁSICO	CRETÁCICO	CENOZOICO
252 M.A.	201 M.A.	145 M.A.	66 M.A.	0

Repenomamus

Del tamaño de un tejón, *Repenomamus* fue uno de los mayores mamíferos mesozoicos conocidos: un carnívoro que pudo competir por las presas con dinosaurios pequeños, e incluso matarlos y comérselos.

La mayoría de los mamíferos que vivieron en la era mesozoica eran del tamaño de musarañas o ratas y se alimentaban de semillas o pequeñas criaturas como insectos. Pero *Repenomamus* era mucho más grande y tenía unas poderosas mandíbulas y dientes afilados, y posiblemente cazaba otros vertebrados. Se ha hallado un espécimen con una cría de *Psittacosaurus* (pp. 92–93) en el estómago; tal vez la encontró ya muerta y se la comió, pero bien pudo matarla él mismo.

Cola peluda
Los fósiles muestran que *Repenomamus* tenía una cola corta y flexible, posiblemente cubierta de pelo.

Patas fuertes
Sus patas eran cortas y fuertes, lo que le permitía recorrer extensas áreas en busca de comida.

Pies anchos
Este mamífero caminaba sobre las plantas de sus amplios pies, como el tejón o la mofeta.

En vida, la cría de *Psittacosaurus* hallada en el estómago de un *Repenomamus* debió de medir menos de 15 cm de longitud.

Como otros cazadores, puede que *Repenomamus* también comiera frutos, insectos y gusanos.

Este tipo de mamífero se llama **triconodonto** porque sus dientes posteriores tienen tres puntas cónicas y romas.

Sus **fósiles** se hallaron en China, cerca de los de muchos pequeños dinosaurios plumados.

87

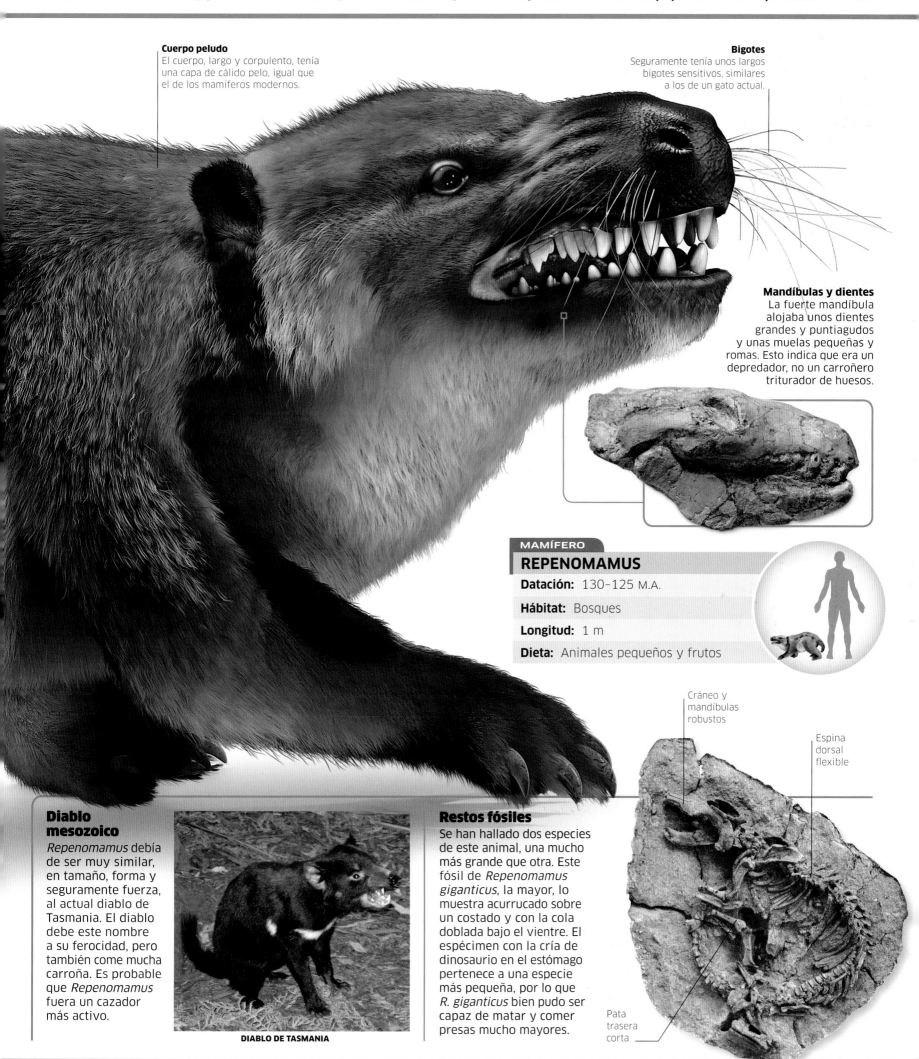

Cuerpo peludo
El cuerpo, largo y corpulento, tenía una capa de cálido pelo, igual que el de los mamíferos modernos.

Bigotes
Seguramente tenía unos largos bigotes sensitivos, similares a los de un gato actual.

Mandíbulas y dientes
La fuerte mandíbula alojaba unos dientes grandes y puntiagudos y unas muelas pequeñas y romas. Esto indica que era un depredador, no un carroñero triturador de huesos.

MAMÍFERO

REPENOMAMUS

Datación: 130-125 M.A.

Hábitat: Bosques

Longitud: 1 m

Dieta: Animales pequeños y frutos

Cráneo y mandíbulas robustos

Espina dorsal flexible

Diablo mesozoico

Repenomamus debía de ser muy similar, en tamaño, forma y seguramente fuerza, al actual diablo de Tasmania. El diablo debe este nombre a su ferocidad, pero también come mucha carroña. Es probable que *Repenomamus* fuera un cazador más activo.

DIABLO DE TASMANIA

Restos fósiles

Se han hallado dos especies de este animal, una mucho más grande que otra. Este fósil de *Repenomamus giganticus*, la mayor, lo muestra acurrucado sobre un costado y con la cola doblada bajo el vientre. El espécimen con la cría de dinosaurio en el estómago pertenece a una especie más pequeña, por lo que *R. giganticus* bien pudo ser capaz de matar y comer presas mucho mayores.

Pata trasera corta

100 Fósiles de *Hypsilophodon* encontrados en un mismo yacimiento situado en la isla de Wight (Gran Bretaña).

Cola
La cola larga y rígida ayudaba a *Hypsilophodon* a mantener el equilibrio cuando corría.

Colores de camuflaje
Su coloración pudo ayudar a *Hypsilophodon* a ocultarse de sus enemigos.

Patas largas
Sus largas y musculosas patas traseras le permitían alcanzar una velocidad considerable.

Uña afilada
Cada pie tenía cuatro largos dedos con uñas largas y afiladas que *Hypsilophodon* utilizaría para desenterrar jugosas raíces, y que le darían un buen agarre sobre el blando terreno de los bosques en que debió de vivir.

Nombrado en 1869, *Hypsilophodon* fue uno de los primeros pequeños dinosaurios conocidos por la ciencia.

Cuando se encontró el primer esqueleto fósil, **se pensó que era un *Iguanodon* joven**.

89

Cuerpo pequeño
Hypsilophodon no tenía cuerpo para un gran estómago, así que evitaría comer alimentos bajos en nutrientes y voluminosos.

Pico estrecho
Tenía un pico estrecho y afilado, apto para seleccionar hojas y brotes tiernos, más fáciles de digerir.

Ojos grandes
Hypsilophodon tenía grandes ojos sostenidos por sendos anillos de placas óseas (anillos escleróticos), hecho que sugiere que era activo de noche. Además, su posición lateral le daba una buena visión del entorno, permitiéndole vigilar mientras comía.

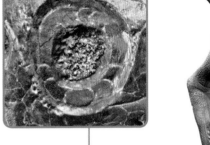

Mano con cinco dedos
Las manos tenían cinco dedos, pero el quinto era muy pequeño.

DINOSAURIO
HYPSILOPHODON

Datación: 130–125 M.A.

Hábitat: Bosques abiertos

Longitud: 1,5 m

Dieta: Plantas

¿Dinosaurio arborícola?

A principios del siglo XX, algunos científicos creían que *Hypsilophodon* podía trepar a los árboles usando los dedos de los pies para agarrarse. El investigador danés Gerhard Heilmann sugirió incluso que viviría en los árboles, como este canguro arborícola. Pero en 1971, un detallado estudio de sus huesos demostró que ello era imposible, y hoy estamos seguros de que vivió en el suelo.

Hypsilophodon

Pequeño, ligero y ágil, este elegante herbívoro era similar a muchos otros pequeños dinosaurios que vivieron junto a sus parientes gigantes, manteniéndose ocultos de los grandes depredadores.

Los dinosaurios ornitópodos evolucionaron durante el Cretácico en diversas formas especializadas, como el pesado *Iguanodon* (pp. 82-83) y sus parientes. Sin embargo, también prosperaron otros ornitópodos más pequeños y menos especializados, tal vez debido a que podían vivir en muchos hábitats distintos. *Hypsilophodon* es un ejemplo típico de estos pequeños herbívoros. Podía pasar gran parte del tiempo buscando comida entre la densa maleza de los bosques abiertos, donde podía ocultarse de sus enemigos, pero también correr a gran velocidad si tenía que escapar del peligro.

Dientes cortantes

Como otros ornitópodos, *Hypsilophodon* tenía pico, pero también tenía cinco incisivos delanteros a cada lado del maxilar superior. Sus muelas eran como hojas de tijera: las inferiores encajaban en el interior de las superiores para cortar la comida.

Las cortantes muelas de *Hypsilophodon* podrían afilarse al rozarse entre sí.

Confuciusornis

En las rocas de Liaoning (China) se han hallado cientos de fósiles de este dinosaurio con plumas, que demuestran que criaturas similares a aves volaban en bandadas hace ya 120 millones de años.

A primera vista, *Confuciusornis* parece un ave moderna, con un pico sin dientes, alas largas, plumas de vuelo solapadas y carente de una larga cola ósea. Aunque también tenía grandes garras en el borde anterior de cada ala, y sus plumas caudales no eran normales, aunque algunos fósiles presentan largas timoneras, seguramente de exhibición. Sus alas tenían plumas de vuelo exteriores mucho más largas que las de aves previas, pero sus músculos de vuelo eran al parecer pequeños, lo que limitaría su capacidad de vuelo.

Largas plumas primarias
Las plumas de vuelo exteriores eran tan largas como las de las aves voladoras modernas.

Dedos armados
Las poderosas garras de las alas pudieron servir a *Confuciusornis* para gatear por los árboles.

La asombrosa cantidad de fósiles de *Confuciusornis* hallados en el lecho de un antiguo lago pudieron corresponder a una bandada que murió a la vez por una nube **de gas volcánico tóxico.**

Pico robusto
Confuciusornis tenía un pico fuerte, como este cucaburra australiano, y parece probable que tuviera una dieta de pequeños animales similar; uno de los especímenes encontrados albergaba espinas de pez en el estómago.

El **nombre** *Confuciusornis* **combina la palabra griega para «pájaro»** con el nombre del **filósofo chino Confucio.**

500 **Número de fósiles** de *Confuciusornis* conservados en **un museo chino.**

91

Largas timoneras
Es casi seguro que los especímenes de *Confuciusornis* con largas plumas caudales eran machos con plumaje de cortejo, como este monarca paraíso asiático, que usarían para llamar la atención de las hembras en la época de reproducción.

Cola rechoncha
La cola no tenía un abanico de plumas como la de un ave moderna típica.

DINOSAURIO
CONFUCIUSORNIS

Datación: 125-120 M.A.

Hábitat: Bosques

Longitud: 30 cm

Dieta: Principalmente animales pequeños

Pies para posarse
Confuciusornis tenía cuatro dedos, con uno en oposición, lo que le permitía posarse en las ramas.

Machos coloridos

Investigaciones recientes han confirmado que los *Confuciusornis* con largas plumas caudales eran machos. Las hembras tenían una cola corta, y probablemente eran menos coloridas. Tales diferencias entre sexos son habituales en aves actuales como estos faisanes. La hembra (izda.) se camufla por seguridad mientras anida, pero el macho tiene un plumaje vistoso para exhibirse.

Largo y corto

Este fósil muestra un *Confuciusornis* con cola larga junto a otro bastante similar, pero sin plumas caudales. Algunos de estos especímenes de cola corta pudieron ser hembras, pero otros probablemente fueran machos que habían mudado sus plumas timoneras y estaban desarrollando unas nuevas.

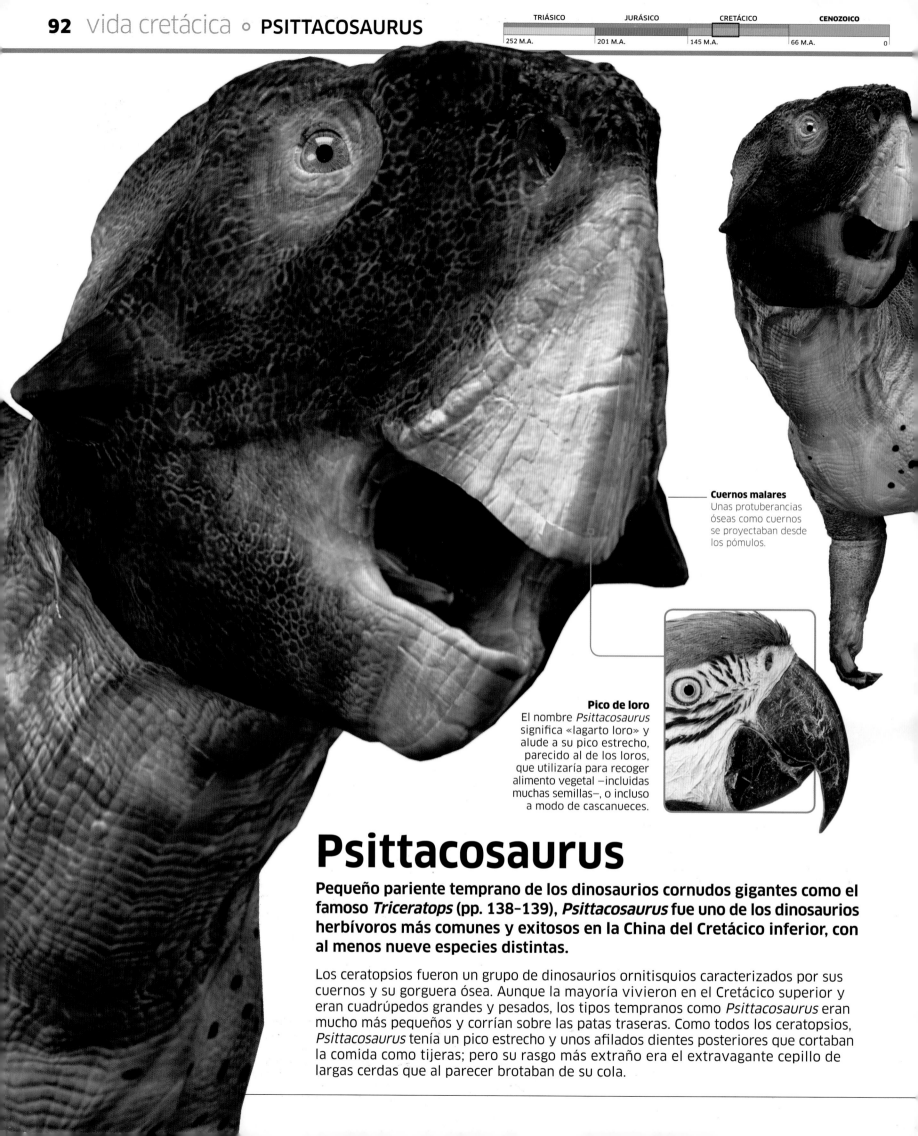

Cuernos malares
Unas protuberancias óseas como cuernos se proyectaban desde los pómulos.

Pico de loro
El nombre *Psittacosaurus* significa «lagarto loro» y alude a su pico estrecho, parecido al de los loros, que utilizaría para recoger alimento vegetal –incluidas muchas semillas–, o incluso a modo de cascanueces.

Psittacosaurus

Pequeño pariente temprano de los dinosaurios cornudos gigantes como el famoso *Triceratops* (pp. 138-139), *Psittacosaurus* fue uno de los dinosaurios herbívoros más comunes y exitosos en la China del Cretácico inferior, con al menos nueve especies distintas.

Los ceratopsios fueron un grupo de dinosaurios ornitisquios caracterizados por sus cuernos y su gorguera ósea. Aunque la mayoría vivieron en el Cretácico superior y eran cuadrúpedos grandes y pesados, los tipos tempranos como *Psittacosaurus* eran mucho más pequeños y corrían sobre las patas traseras. Como todos los ceratopsios, *Psittacosaurus* tenía un pico estrecho y unos afilados dientes posteriores que cortaban la comida como tijeras; pero su rasgo más extraño era el extravagante cepillo de largas cerdas que al parecer brotaban de su cola.

Puede que *Psittacosaurus* pasara en el agua mucho tiempo, como una nutria o un castor.

Solo uno de los 400 fósiles conocidos de *Psittacosaurus* muestra cerdas en la cola.

34 Número de fósiles de crías de *Psittacosaurus* hallados en un nido, muertas por su hundimiento o la erupción de un volcán.

93

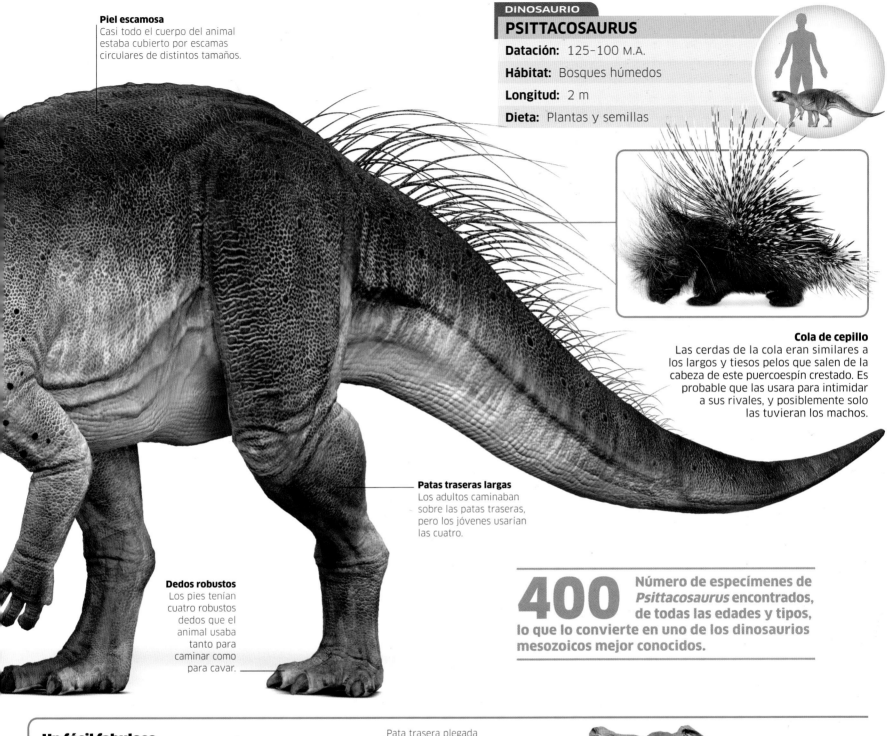

Piel escamosa
Casi todo el cuerpo del animal estaba cubierto por escamas circulares de distintos tamaños.

DINOSAURIO

PSITTACOSAURUS

Datación: 125-100 M.A.

Hábitat: Bosques húmedos

Longitud: 2 m

Dieta: Plantas y semillas

Cola de cepillo
Las cerdas de la cola eran similares a los largos y tiesos pelos que salen de la cabeza de este puercoespín crestado. Es probable que las usara para intimidar a sus rivales, y posiblemente solo las tuvieran los machos.

Patas traseras largas
Los adultos caminaban sobre las patas traseras, pero los jóvenes usarían las cuatro.

Dedos robustos
Los pies tenían cuatro robustos dedos que el animal usaba tanto para caminar como para cavar.

400 Número de especímenes de *Psittacosaurus* encontrados, de todas las edades y tipos, lo que lo convierte en uno de los dinosaurios mesozoicos mejor conocidos.

Un fósil fabuloso

Sabemos mucho sobre *Psittacosaurus* gracias a fósiles encontrados en China. Este muestra detalles de la piel, los músculos, el contenido del estómago y las largas cerdas de la cola. Los fósiles revelan también el color del dinosaurio. Su patrón claro y oscuro (contracoloración) debía de servir como camuflaje a los animales del bosque.

Pata trasera plegada bajo el cuerpo

Huesos del cráneo revueltos

Algunas cerdas de la cola tienen 16 cm de longitud

Trozo de piel escamosa

Gastrolitos
Las piedrecillas halladas dentro del estómago del animal le ayudarían a triturar las semillas y facilitarían su digestión.

FÓSIL DE *PSITTACOSAURUS*

Cresta hinchable
La protuberancia ósea sobre el hocico de *Muttaburrasaurus* pudo estar coronada por una cresta hinchable como la de este macho de foca de casco. La foca lo infla para intimidar a los rivales, y posiblemente el dinosaurio hiciera lo mismo.

Pico robusto
El pico robusto y afilado era idóneo para recoger materia vegetal dura.

Dientes de tijera
Sus dientes funcionaban como tijeras para cortar la comida.

Cuello largo
El cuello era inusualmente largo para un ornitópodo, y le ayudaría a alcanzar plantas de porte bajo.

Cada especie de *Muttaburrasaurus* emitiría probablemente un ruido **característico, para poder reconocerse mutuamente.**

Muttaburrasaurus

Muttaburrasaurus, **uno de los dinosaurios más famosos hallados en Australia, recibió su nombre por la población más cercana al yacimiento: Muttaburra, en Queensland. Uno de sus rasgos más impresionante era la gran cresta, posiblemente hinchable, sobre su hocico.**

Tan pesado como un rinoceronte, *Muttaburrasaurus* fue un gran ornitópodo herbívoro. Era similar a *Iguanodon* (pp. 82-83), pero pertenecía a un grupo de ornitópodos que evolucionó mucho antes de aparecer aquel y sus parientes más cercanos. Así pues, a pesar de vivir 20 millones de años más tarde que *Iguanodon*, tenía menos características «avanzadas»; aunque era cuadrúpedo, sus manos no estaban tan bien adaptadas para caminar. Existieron dos especies de *Muttaburrasaurus*, con diferentes estructuras óseas de soporte del tejido blando de la cresta.

Manos de doble uso
Los dedos, provistos de gruesas uñas, eran lo bastante fuertes para soportar el peso del animal.

Es posible que **solo los machos tuvieran cresta**, y que la usaran para **intimidar a los machos rivales**.

Como muchos herbívoros, *Muttaburrasaurus* probablemente **vivió en grandes manadas**.

En el pasado, **algunos científicos pensaron que** este dinosaurio **comía carne además de plantas**.

95

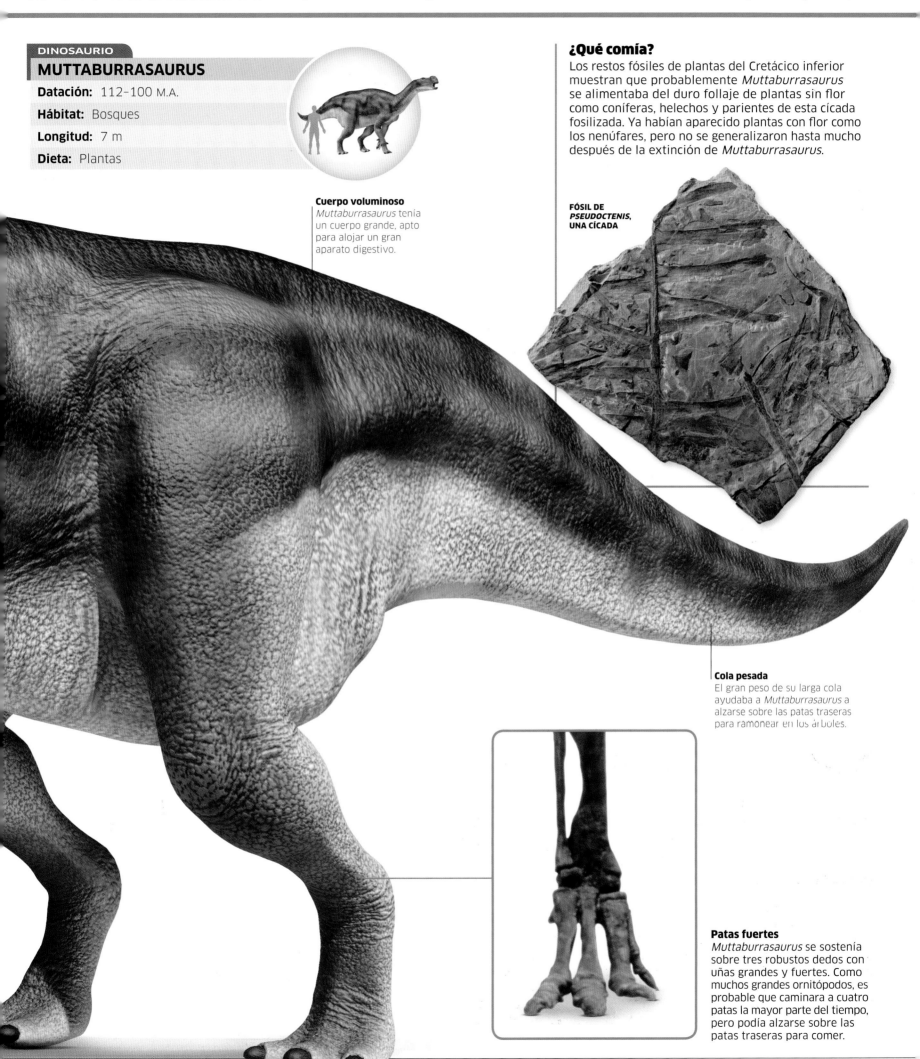

DINOSAURIO

MUTTABURRASAURUS

Datación: 112-100 M.A.

Hábitat: Bosques

Longitud: 7 m

Dieta: Plantas

Cuerpo voluminoso
Muttaburrasaurus tenía un cuerpo grande, apto para alojar un gran aparato digestivo.

¿Qué comía?

Los restos fósiles de plantas del Cretácico inferior muestran que probablemente *Muttaburrasaurus* se alimentaba del duro follaje de plantas sin flor como coníferas, helechos y parientes de esta cícada fosilizada. Ya habían aparecido plantas con flor como los nenúfares, pero no se generalizaron hasta mucho después de la extinción de *Muttaburrasaurus*.

FÓSIL DE
***PSEUDOCTENIS*,**
UNA CÍCADA

Cola pesada
El gran peso de su larga cola ayudaba a *Muttaburrasaurus* a alzarse sobre las patas traseras para ramonear en los árboles.

Patas fuertes
Muttaburrasaurus se sostenía sobre tres robustos dedos con uñas grandes y fuertes. Como muchos grandes ornitópodos, es probable que caminara a cuatro patas la mayor parte del tiempo, pero podía alzarse sobre las patas traseras para comer.

Pterodaustro

Este extraño animal fue uno de los pterosaurios más raros y especializados, con una asombrosa dentadura adaptada para cribar pequeños animales del agua de lagunas poco profundas.

Pariente de *Pterodactylus* (pp. 68-69) y equipado con unos pies palmeados similares pero aún más grandes, *Pterodaustro* ocupó los mismos tipos de hábitats costeros de aguas someras. Pero en lugar de alimentarse normalmente, filtraba el agua a través de cientos de finos y largos dientes parecidos a cerdas, con los que atrapaba a diminutos animales acuáticos que luego trituraba y tragaba. Multitud de estos pterosaurios se alimentarían juntos, al modo de las aves zancudas.

Alas plegadas
En el suelo, el extremo exterior de las alas quedaba plegado sobre el lomo del animal.

Cuerpo peludo
El cuerpo de *Pterodaustro* estaba cubierto de unas fibras similares a pelos.

Cuello largo
Su cuello largo y flexible permitía a *Pterodaustro* cazar bajo el agua.

Pies grandes
Los pies, grandes y palmeados, eran idóneos para caminar sobre barro blando, e incluso para nadar.

Garras
Pterodaustro usaba las garras para caminar.

750 Número de **especímenes fósiles hallados** hasta el momento en **Argentina y Chile**.

Los **dientes como cerdas** de *Pterodaustro* son **los más especializados que se conocen**.

1.000 Número de **dientes en las mandíbulas** de *Pterodaustro*.

97

PTEROSAURIO

PTERODAUSTRO

Datación: 112-100 M.A.

Hábitat: Tierras costeras

Envergadura: 2,5 m

Dieta: Pequeños animales marinos

Alas largas
Con sus larguísimas alas, *Pterodaustro* estaba tan bien adaptado al vuelo como las zancudas actuales.

Alimentación por filtración

Los dientes como cerdas de *Pterodaustro* se parecen a las fibras que bordean las mandíbulas de los cetáceos barbados. Estas ballenas se alimentan filtrando agua a través de las fibras; muchas usan su lengua, grande y fuerte, para bombear el agua, y es probable que *Pterodaustro* usara la misma técnica.

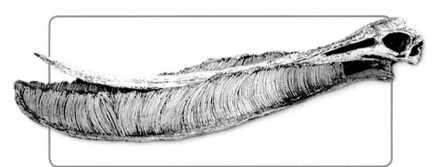

Dientes extraordinarios
Los dientes inferiores, de 30 mm de longitud, tenían forma de cerdas planas y formaban una hilera similar a un peine a cada lado de la mandíbula. En la mandíbula superior tenía cientos de diminutos dientes, usados probablemente para triturar las presas.

Animal social

La curva ascendente de las mandíbulas de *Pterodaustro* recuerda al pico de una avoceta, un ave que obtiene su comida barriendo la superficie del agua con el pico. La avoceta vive y come en bandadas, y los cientos de fósiles de *Pterodaustro* hallados en un mismo lugar indican que hacía lo mismo.

Músculos maxilares
Hay vestigios de fuertes músculos maxilares, que utilizaría para expulsar el agua a través del tamiz de los dientes.

Algunos científicos creen que, como en el caso de los flamencos, la dieta de este pterosaurio podía darle **un color rosado.**

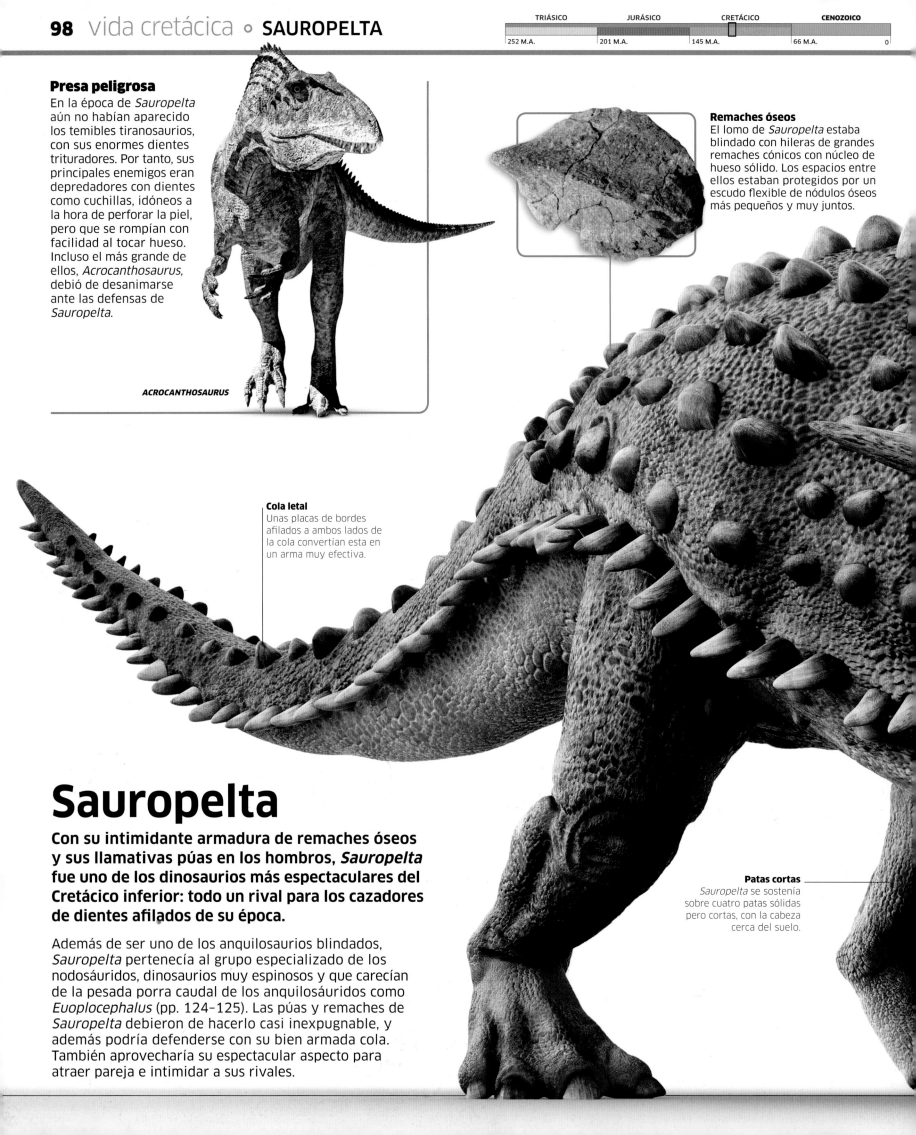

Presa peligrosa

En la época de *Sauropelta* aún no habían aparecido los temibles tiranosaurios, con sus enormes dientes trituradores. Por tanto, sus principales enemigos eran depredadores con dientes como cuchillas, idóneos a la hora de perforar la piel, pero que se rompían con facilidad al tocar hueso. Incluso el más grande de ellos, *Acrocanthosaurus*, debió de desanimarse ante las defensas de *Sauropelta*.

ACROCANTHOSAURUS

Remaches óseos

El lomo de *Sauropelta* estaba blindado con hileras de grandes remaches cónicos con núcleo de hueso sólido. Los espacios entre ellos estaban protegidos por un escudo flexible de nódulos óseos más pequeños y muy juntos.

Cola letal

Unas placas de bordes afilados a ambos lados de la cola convertían esta en un arma muy efectiva.

Sauropelta

Con su intimidante armadura de remaches óseos y sus llamativas púas en los hombros, *Sauropelta* fue uno de los dinosaurios más espectaculares del Cretácico inferior: todo un rival para los cazadores de dientes afilados de su época.

Además de ser uno de los anquilosaurios blindados, *Sauropelta* pertenecía al grupo especializado de los nodosáuridos, dinosaurios muy espinosos y que carecían de la pesada porra caudal de los anquilosáuridos como *Euoplocephalus* (pp. 124-125). Las púas y remaches de *Sauropelta* debieron de hacerlo casi inexpugnable, y además podría defenderse con su bien armada cola. También aprovecharía su espectacular aspecto para atraer pareja e intimidar a sus rivales.

Patas cortas

Sauropelta se sostenía sobre cuatro patas sólidas pero cortas, con la cabeza cerca del suelo.

38 cm: longitud de los núcleos óseos de las **púas del cuello** más largas.

El nombre *Sauropelta* significa «lagarto escudo».

Probablemente estos dinosaurios vivían en **manada** para **protegerse mutuamente**.

99

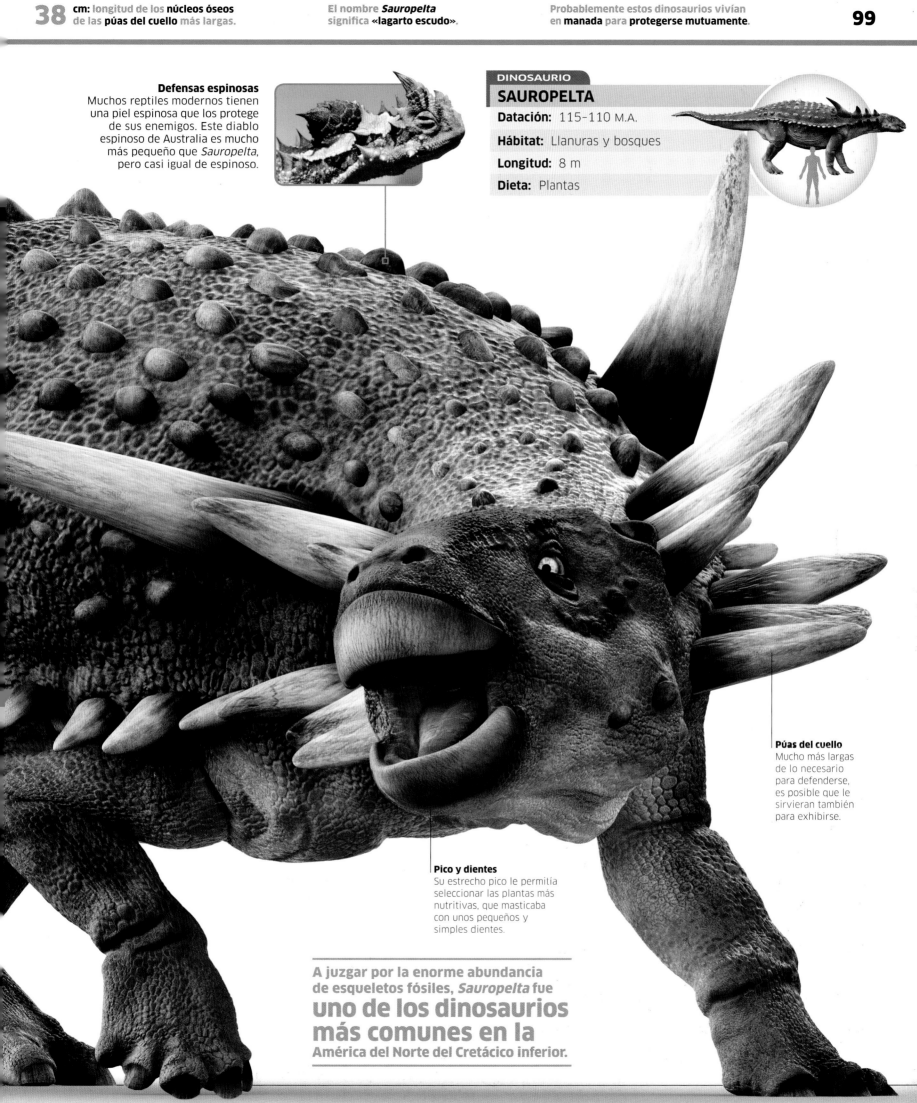

Defensas espinosas
Muchos reptiles modernos tienen una piel espinosa que los protege de sus enemigos. Este diablo espinoso de Australia es mucho más pequeño que *Sauropelta*, pero casi igual de espinoso.

DINOSAURIO
SAUROPELTA

Datación: 115-110 M.A.

Hábitat: Llanuras y bosques

Longitud: 8 m

Dieta: Plantas

Púas del cuello
Mucho más largas de lo necesario para defenderse, es posible que le sirvieran también para exhibirse.

Pico y dientes
Su estrecho pico le permitía seleccionar las plantas más nutritivas, que masticaba con unos pequeños y simples dientes.

A juzgar por la enorme abundancia de esqueletos fósiles, *Sauropelta* fue **uno de los dinosaurios más comunes en la** América del Norte del Cretácico inferior.

LLAMADAS DE ALARMA

En un atardecer de principios de otoño, un grupo de *Psittacosaurus* busca jugosas plantas en las aguas poco profundas de un lago del bosque.

Un revuelo súbito les hace alzar la vista hacia una multitud de *Confuciusornis* que alzan el vuelo desde los árboles entre fuertes chillidos de alarma. Vuelan bajo sobre el lago y se ocultan en la otra orilla. Lo que sea que los ha asustado no constituye una amenaza para estos grandes *Psittacosaurus*, que no tardan en volver a sus asuntos.

Spinosaurus

Más largo y seguramente más pesado que el mítico *Tyrannosaurus rex* (pp. 140-141), este gigantesco dinosaurio terópodo fue probablemente el mayor depredador terrestre que el mundo ha conocido.

Este es uno de los dinosaurios más fascinantes jamás descubiertos, pero también uno de los más misteriosos, porque solo se han hallado unos pocos huesos. Estos revelan que fue un gigante, con una espectacular «vela» en el lomo sostenida por unas espinas óseas extralargas. Los restos de su cráneo muestran unas mandíbulas muy largas con dientes puntiagudos similares a las del cocodrilo, por lo que es probable que sus presas fueran peces de aguas poco profundas.

Cresta ósea
La corta cresta en forma de abanico delante de los ojos era un rasgo de exhibición.

Cuello móvil
Un cuello largo y flexible permitía a *Spinosaurus* atacar rápidamente con sus especializadas mandíbulas.

Uñas curvas
Spinosaurus tenía brazos fuertes y manos con tres dedos, provistos de unas uñas muy grandes y curvas, especialmente la del pulgar, que pudo usar para ensartar peces en el agua.

Dedos palmeados
Los dedos eran largos y tenían la parte inferior plana hasta las garras. Podrían haber sido palmeados.

Mandíbulas atrapapeces
El maxilar superior era como el de un cocodrilo, con largos dientes delanteros dispuestos en corona, idóneos a la hora de atrapar peces grandes y resbaladizos. Los pequeños poros del hocico pudieron alojar sensores de presión para detectar presas en aguas turbias.

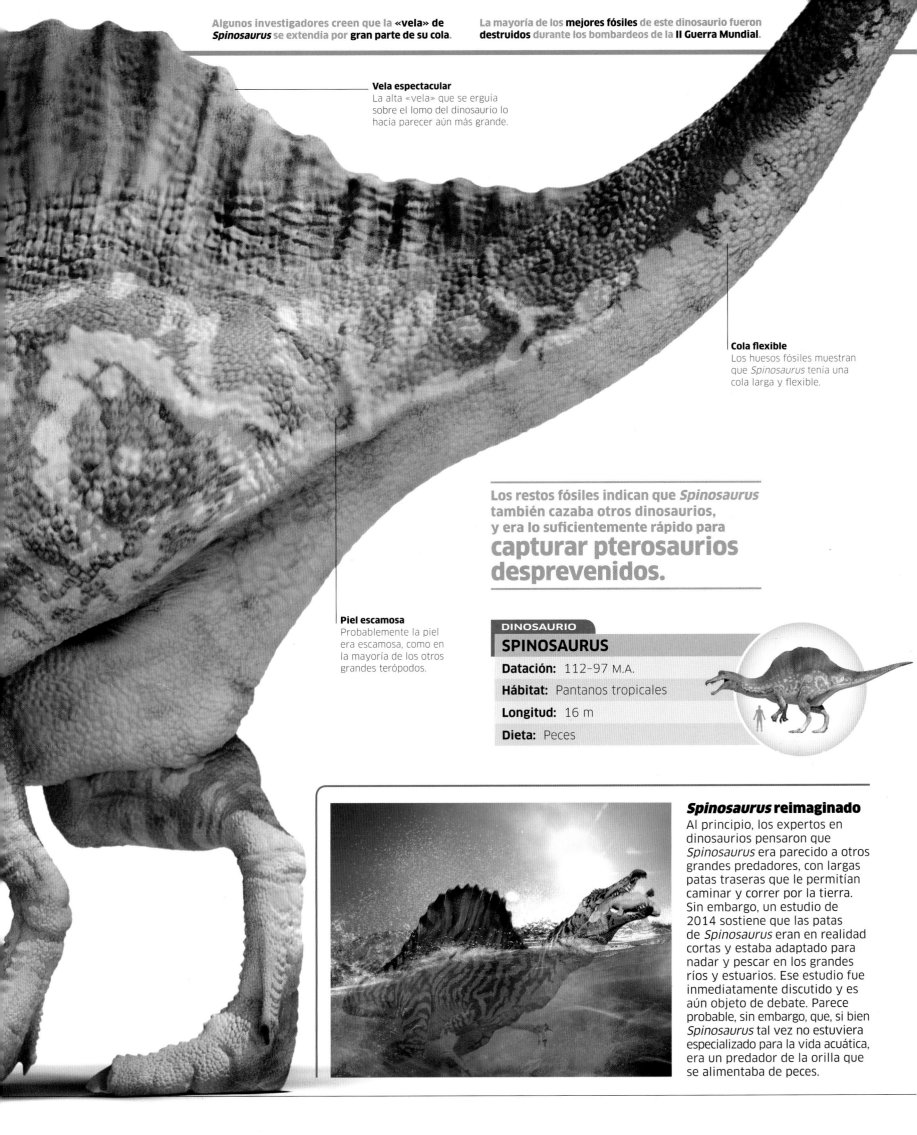

Algunos investigadores creen que la «vela» de *Spinosaurus* se extendía por **gran parte de su cola**.

La mayoría de los **mejores fósiles** de este dinosaurio fueron **destruidos** durante los bombardeos de la **II Guerra Mundial**.

Vela espectacular
La alta «vela» que se erguía sobre el lomo del dinosaurio lo hacía parecer aún más grande.

Cola flexible
Los huesos fósiles muestran que *Spinosaurus* tenía una cola larga y flexible.

Los restos fósiles indican que *Spinosaurus* también cazaba otros dinosaurios, y era lo suficientemente rápido para **capturar pterosaurios desprevenidos.**

Piel escamosa
Probablemente la piel era escamosa, como en la mayoría de los otros grandes terópodos.

DINOSAURIO
SPINOSAURUS
Datación: 112–97 M.A.

Hábitat: Pantanos tropicales

Longitud: 16 m

Dieta: Peces

Spinosaurus reimaginado
Al principio, los expertos en dinosaurios pensaron que *Spinosaurus* era parecido a otros grandes predadores, con largas patas traseras que le permitían caminar y correr por la tierra. Sin embargo, un estudio de 2014 sostiene que las patas de *Spinosaurus* eran en realidad cortas y estaba adaptado para nadar y pescar en los grandes ríos y estuarios. Ese estudio fue inmediatamente discutido y es aún objeto de debate. Parece probable, sin embargo, que, si bien *Spinosaurus* tal vez no estuviera especializado para la vida acuática, era un predador de la orilla que se alimentaba de peces.

Argentinosaurus

Muchos dinosaurios eran gigantes, pero el tamaño de este colosal titanosaurio desafía a la imaginación. Es uno de los dinosaurios más grandes descubiertos, tal vez el mayor que ha existido.

Los titanosaurios fueron un grupo de saurópodos de cuello largo que prosperaron desde el Jurásico superior hasta la gran extinción del Cretácico. Algunos eran relativamente pequeños, pero *Argentinosaurus* fue realmente titánico. Solo conservamos fósiles de algunas partes de su esqueleto, pero su comparación con huesos de titanosaurios mejor conocidos muestra que pudo ser más pesado que ningún otro animal terrestre anterior o posterior. Como muchos saurópodos, estaba especializado para arrancar el follaje de las ramas superiores de los árboles altos, pero es probable que *Argentinosaurus* comiera casi cualquier materia vegetal para satisfacer su enorme apetito.

Todo lo que hoy sabemos sobre *Argentinosaurus* se ha deducido a partir de tan solo unas pocas **costillas, algunas vértebras y dos huesos de las piernas.** Por eso todavía no hay certeza sobre su tamaño.

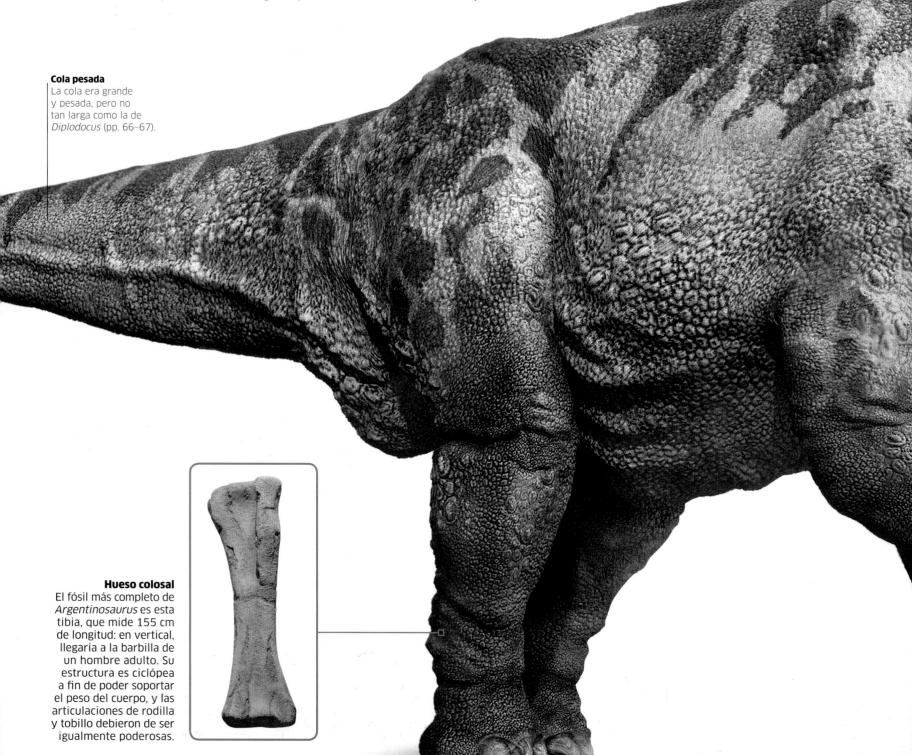

Piel escamosa
La piel pudo estar cubierta por una capa de duras escamas protectoras.

Cola pesada
La cola era grande y pesada, pero no tan larga como la de *Diplodocus* (pp. 66-67).

Hueso colosal
El fósil más completo de *Argentinosaurus* es esta tibia, que mide 155 cm de longitud: en vertical, llegaría a la barbilla de un hombre adulto. Su estructura es ciclópea a fin de poder soportar el peso del cuerpo, y las articulaciones de rodilla y tobillo debieron de ser igualmente poderosas.

La **gigantesca ballena azul** es el **único animal que supera el peso** de este impresionante titanosaurio.

24 km/h: **probable velocidad máxima** de *Argentinosaurus* en movimiento.

105

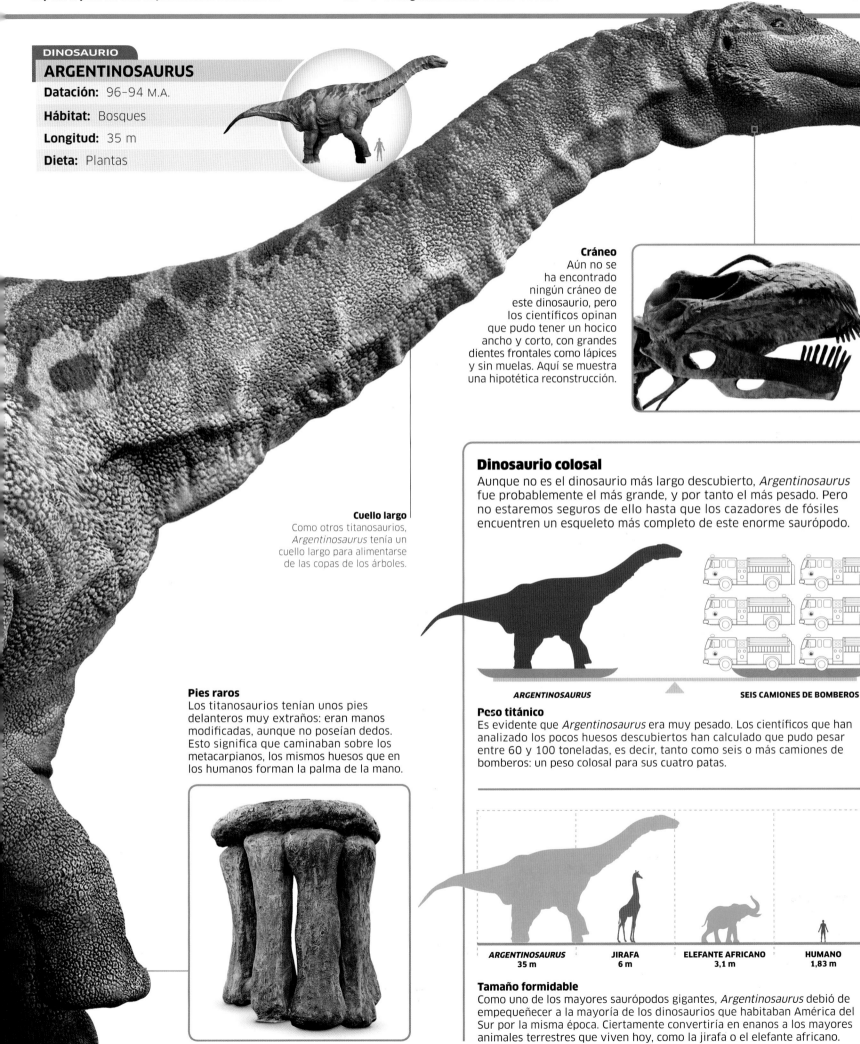

DINOSAURIO

ARGENTINOSAURUS

Datación: 96-94 M.A.

Hábitat: Bosques

Longitud: 35 m

Dieta: Plantas

Cráneo

Aún no se ha encontrado ningún cráneo de este dinosaurio, pero los científicos opinan que pudo tener un hocico ancho y corto, con grandes dientes frontales como lápices y sin muelas. Aquí se muestra una hipotética reconstrucción.

Cuello largo

Como otros titanosaurios, *Argentinosaurus* tenía un cuello largo para alimentarse de las copas de los árboles.

Dinosaurio colosal

Aunque no es el dinosaurio más largo descubierto, *Argentinosaurus* fue probablemente el más grande, y por tanto el más pesado. Pero no estaremos seguros de ello hasta que los cazadores de fósiles encuentren un esqueleto más completo de este enorme saurópodo.

ARGENTINOSAURUS

SEIS CAMIONES DE BOMBEROS

Peso titánico

Es evidente que *Argentinosaurus* era muy pesado. Los científicos que han analizado los pocos huesos descubiertos han calculado que pudo pesar entre 60 y 100 toneladas, es decir, tanto como seis o más camiones de bomberos: un peso colosal para sus cuatro patas.

Pies raros

Los titanosaurios tenían unos pies delanteros muy extraños: eran manos modificadas, aunque no poseían dedos. Esto significa que caminaban sobre los metacarpianos, los mismos huesos que en los humanos forman la palma de la mano.

| ARGENTINOSAURUS 35 m | JIRAFA 6 m | ELEFANTE AFRICANO 3,1 m | HUMANO 1,83 m |

Tamaño formidable

Como uno de los mayores saurópodos gigantes, *Argentinosaurus* debió de empequeñecer a la mayoría de los dinosaurios que habitaban América del Sur por la misma época. Ciertamente convertiría en enanos a los mayores animales terrestres que viven hoy, como la jirafa o el elefante africano.

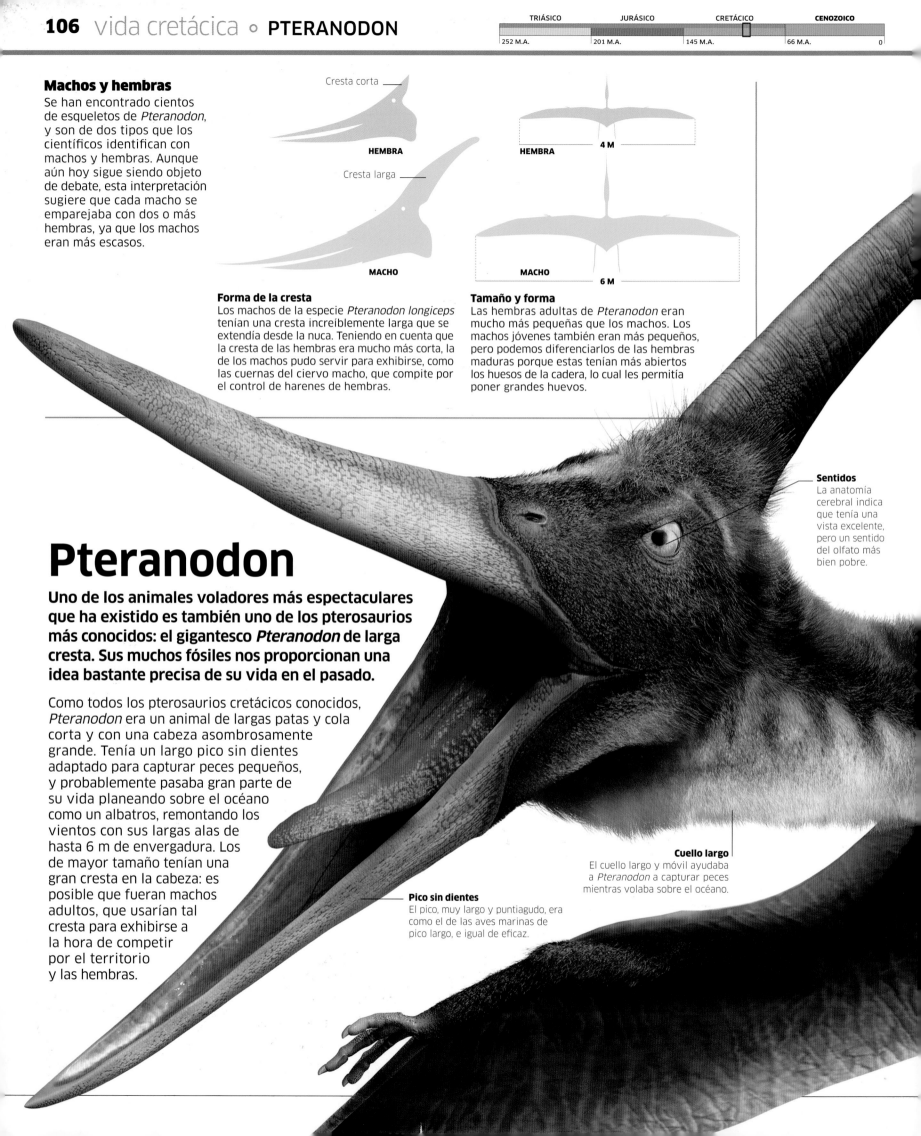

Machos y hembras

Se han encontrado cientos de esqueletos de *Pteranodon*, y son de dos tipos que los científicos identifican con machos y hembras. Aunque aún hoy sigue siendo objeto de debate, esta interpretación sugiere que cada macho se emparejaba con dos o más hembras, ya que los machos eran más escasos.

Cresta corta

HEMBRA

Cresta larga

MACHO

4 M

HEMBRA

MACHO

6 M

Forma de la cresta

Los machos de la especie *Pteranodon longiceps* tenían una cresta increíblemente larga que se extendía desde la nuca. Teniendo en cuenta que la cresta de las hembras era mucho más corta, la de los machos pudo servir para exhibirse, como las cuernas del ciervo macho, que compite por el control de harenes de hembras.

Tamaño y forma

Las hembras adultas de *Pteranodon* eran mucho más pequeñas que los machos. Los machos jóvenes también eran más pequeños, pero podemos diferenciarlos de las hembras maduras porque estas tenían más abiertos los huesos de la cadera, lo cual les permitía poner grandes huevos.

Pteranodon

Uno de los animales voladores más espectaculares que ha existido es también uno de los pterosaurios más conocidos: el gigantesco *Pteranodon* de larga cresta. Sus muchos fósiles nos proporcionan una idea bastante precisa de su vida en el pasado.

Como todos los pterosaurios cretácicos conocidos, *Pteranodon* era un animal de largas patas y cola corta y con una cabeza asombrosamente grande. Tenía un largo pico sin dientes adaptado para capturar peces pequeños, y probablemente pasaba gran parte de su vida planeando sobre el océano como un albatros, remontando los vientos con sus largas alas de hasta 6 m de envergadura. Los de mayor tamaño tenían una gran cresta en la cabeza: es posible que fueran machos adultos, que usarían tal cresta para exhibirse a la hora de competir por el territorio y las hembras.

Sentidos

La anatomía cerebral indica que tenía una vista excelente, pero un sentido del olfato más bien pobre.

Cuello largo

El cuello largo y móvil ayudaba a *Pteranodon* a capturar peces mientras volaba sobre el océano.

Pico sin dientes

El pico, muy largo y puntiagudo, era como el de las aves marinas de pico largo, e igual de eficaz.

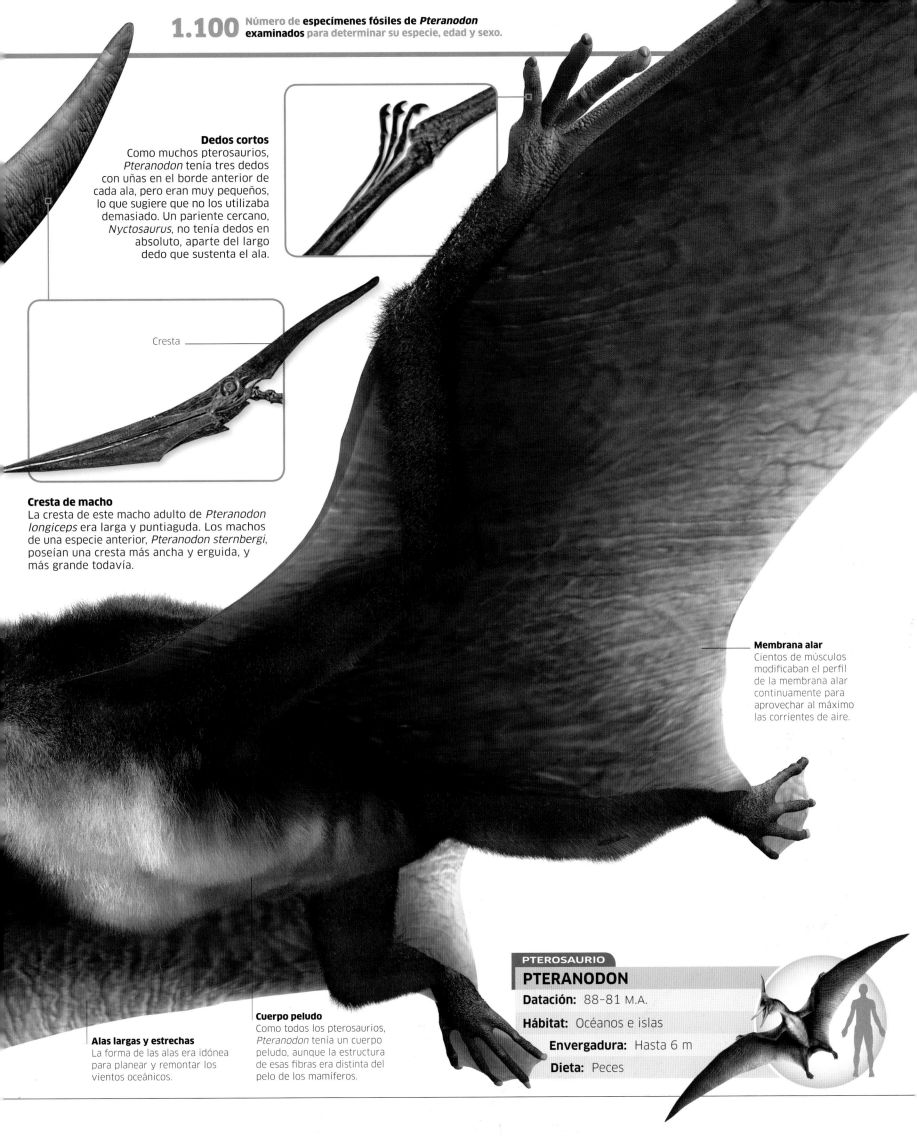

Dedos cortos
Como muchos pterosaurios, *Pteranodon* tenía tres dedos con uñas en el borde anterior de cada ala, pero eran muy pequeños, lo que sugiere que no los utilizaba demasiado. Un pariente cercano, *Nyctosaurus*, no tenía dedos en absoluto, aparte del largo dedo que sustenta el ala.

Cresta

Cresta de macho
La cresta de este macho adulto de *Pteranodon longiceps* era larga y puntiaguda. Los machos de una especie anterior, *Pteranodon sternbergi*, poseían una cresta más ancha y erguida, y más grande todavía.

Membrana alar
Cientos de músculos modificaban el perfil de la membrana alar continuamente para aprovechar al máximo las corrientes de aire.

Alas largas y estrechas
La forma de las alas era idónea para planear y remontar los vientos oceánicos.

Cuerpo peludo
Como todos los pterosaurios, *Pteranodon* tenía un cuerpo peludo, aunque la estructura de esas fibras era distinta del pelo de los mamíferos.

PTEROSAURIO
PTERANODON
Datación: 88-81 M.A.
Hábitat: Océanos e islas
Envergadura: Hasta 6 m
Dieta: Peces

Constitución atlética
Su cuerpo esbelto y ligero le daba una gran agilidad, más que fuerza bruta.

Cuchillas de afeitar
Su largo hocico estaba dotado de hasta 56 dientes. Cada diente era una navaja curva de afilados bordes serrados, idóneo a la hora de separar la carne de los huesos.

Velociraptor

Ligero, rápido y muy ágil, *Velociraptor* fue uno de los dromeosáuridos más pequeños: cazadores parecidos a aves, armados con unas afiladas uñas realmente letales.

En la actualidad, sabemos que *Velociraptor* estuvo cubierto por un denso plumaje, que incluía unas largas plumas barbadas en sus poderosos brazos. Pariente cercano de los primeros dinosaurios similares a aves como *Archaeopteryx* (pp. 76–77), *Velociraptor* no podía volar, pero en muchos otros aspectos se parecería e incluso se comportaría de forma muy parecida a un águila, y atacaría a sus presas con sus garras especializadas antes de inmovilizarlas y usar sus cortantes dientes curvos para desgarrarlas.

Garras
Velociraptor tenía unas grandes garras prensiles con tres uñas muy fuertes y afiladas.

Los grandes ojos de *Velociraptor* podrían ayudarle a divisar las presas pequeñas o incluso a cazar de noche para evitar el abrasador calor diurno del desierto.

12 o más: **especímenes fósiles de** *Velociraptor* **hallados**, todos ellos en **desiertos de Mongolia**.

Es posible que **heredase las largas plumas de sus alas** de **ancestros más pequeños**, capaces de volar.

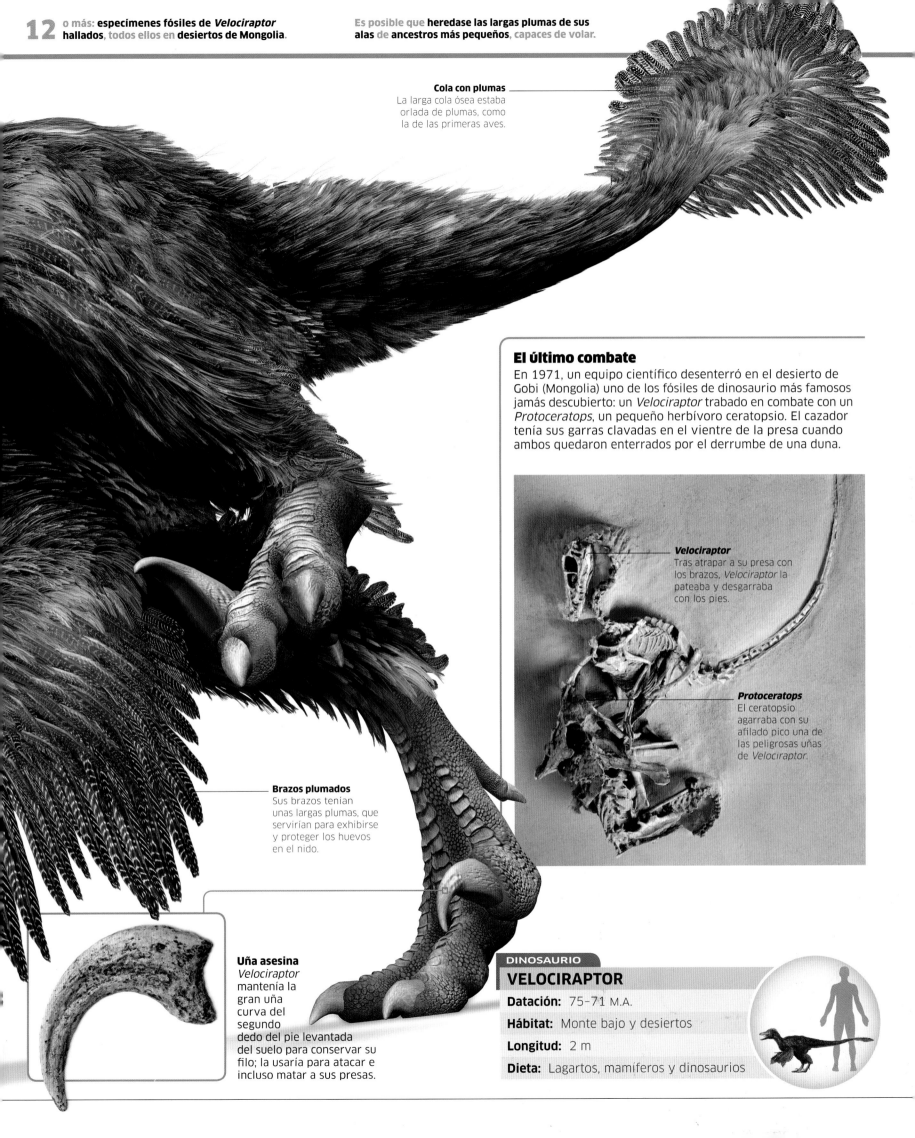

Cola con plumas
La larga cola ósea estaba orlada de plumas, como la de las primeras aves.

El último combate

En 1971, un equipo científico desenterró en el desierto de Gobi (Mongolia) uno de los fósiles de dinosaurio más famosos jamás descubierto: un *Velociraptor* trabado en combate con un *Protoceratops*, un pequeño herbívoro ceratopsio. El cazador tenía sus garras clavadas en el vientre de la presa cuando ambos quedaron enterrados por el derrumbe de una duna.

Velociraptor
Tras atrapar a su presa con los brazos, *Velociraptor* la pateaba y desgarraba con los pies.

Protoceratops
El ceratopsio agarraba con su afilado pico una de las peligrosas uñas de *Velociraptor*.

Brazos plumados
Sus brazos tenían unas largas plumas, que servirían para exhibirse y proteger los huevos en el nido.

Uña asesina
Velociraptor mantenía la gran uña curva del segundo dedo del pie levantada del suelo para conservar su filo; la usaría para atacar e incluso matar a sus presas.

DINOSAURIO
VELOCIRAPTOR

Datación: 75-71 M.A.

Hábitat: Monte bajo y desiertos

Longitud: 2 m

Dieta: Lagartos, mamíferos y dinosaurios

Albertonectes

El cuello de este impresionante reptil marino era más largo que el resto de su cuerpo, y tenía más huesos que el de cualquier otro animal conocido. Aún no está clara la razón de que necesitara un cuello tan largo.

Entre los reptiles marinos más espectaculares de la era mesozoica destacan los plesiosaurios: grandes criaturas que se desplazaban por el agua impulsándose gracias a cuatro largas aletas laterales. Algunos, conocidos como pliosaurios, tenían la cabeza grande y el cuello corto; otros, como *Albertonectes*, tenían la cabeza pequeña y el cuello muy largo. Esta parece ser una adaptación para recoger marisco y animales similares del lecho marino mientras el reptil nadaba lentamente, pero es probable que también capturase calamares, peces y otras presas.

76 **Número de huesos del cuello de este inmenso plesiosaurio.**

Larguísimo cuello
Albertonectes tenía el cuello más largo que cualquier plesiosaurio descubierto hasta ahora, aunque su pariente *Elasmosaurus* lo seguía de cerca.

Pequeñas escamas
La piel estaba protegida por pequeñas escamas lisas que hacían el cuerpo hidrodinámico.

Aleta pectoral
Cada aleta pectoral era un brazo modificado con los huesos de cinco «dedos» sustentando el enorme remo.

Cabeza pequeña
La cabeza y las mandíbulas pequeñas eran típicas de los plesiosaurios de cuello largo.

Cola corta
La cola de este reptil era mucho más corta que su cuello. La estructura de los fósiles de vértebras de la cola sugiere que podría estar dotada de una aleta que le ayudara a maniobrar en el agua, pero no existe prueba fósil de ello.

Aleta ventral
Las aletas ventrales tenían la misma forma básica que las pectorales.

Estilo de natación
Albertonectes nadaba batiendo las aletas arriba y abajo, como alas.

TRIÁSICO	JURÁSICO	CRETÁCICO	CENOZOICO
252 M.A.	201 M.A.	145 M.A.	66 M.A.	0

Albertonectes **tragaba piedras** que ayudaban a **triturar la comida** dentro de su **estómago**.

111

No tan flexible

Al descubrir los primeros plesiosaurios de cuello largo, se pensó que estos animales eran capaces de atrapar peces retorciendo su cuello como las serpientes, como muestra esta ilustración. Sin embargo, un estudio detallado de los huesos del cuello demostró que eso era imposible. Es probable que el cuello de *Albertonectes* no fuera más flexible que el de cualquier dinosaurio de cuello largo.

ELASMOSAURUS EN UNA ILUSTRACIÓN DE 1897

LIOPLEURODON

ALBERTONECTES

Plesiosaurios y pliosaurios

Los plesiosaurios como *Albertonectes* tenían un cuello larguísimo y mandíbulas pequeñas. Los pliosaurios como *Liopleurodon* (pp. 56–57) poseían una estructura corporal idéntica, pero su corto cuello sostenía una gran cabeza con mandíbulas enormes para atrapar y devorar a otros reptiles marinos.

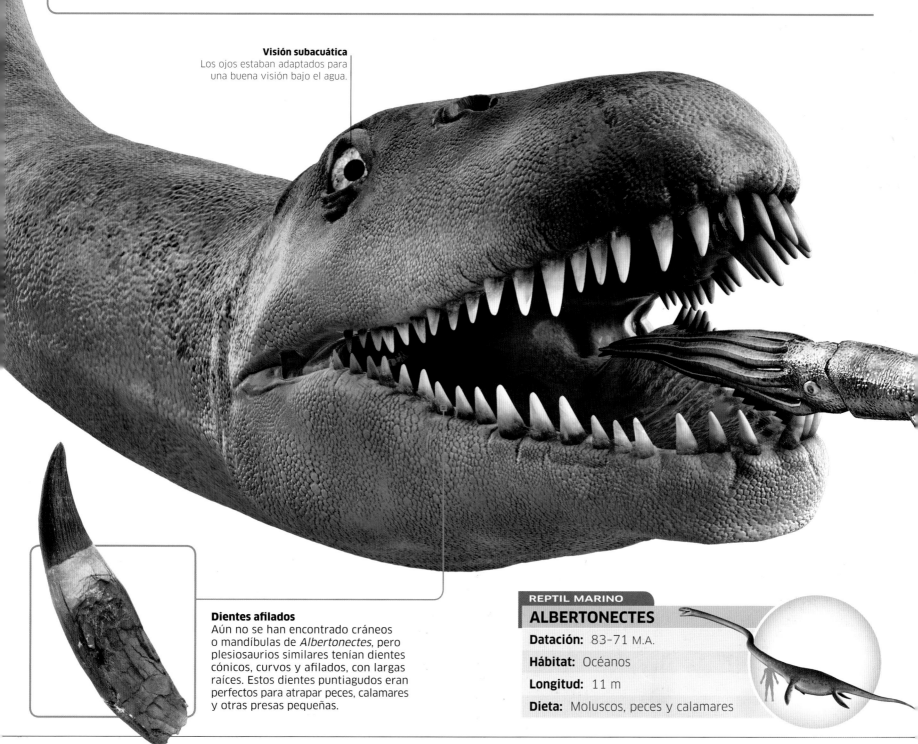

Visión subacuática
Los ojos estaban adaptados para una buena visión bajo el agua.

Dientes afilados

Aún no se han encontrado cráneos o mandíbulas de *Albertonectes*, pero plesiosaurios similares tenían dientes cónicos, curvos y afilados, con largas raíces. Estos dientes puntiagudos eran perfectos para atrapar peces, calamares y otras presas pequeñas.

REPTIL MARINO

ALBERTONECTES

Datación: 83–71 M.A.

Hábitat: Océanos

Longitud: 11 m

Dieta: Moluscos, peces y calamares

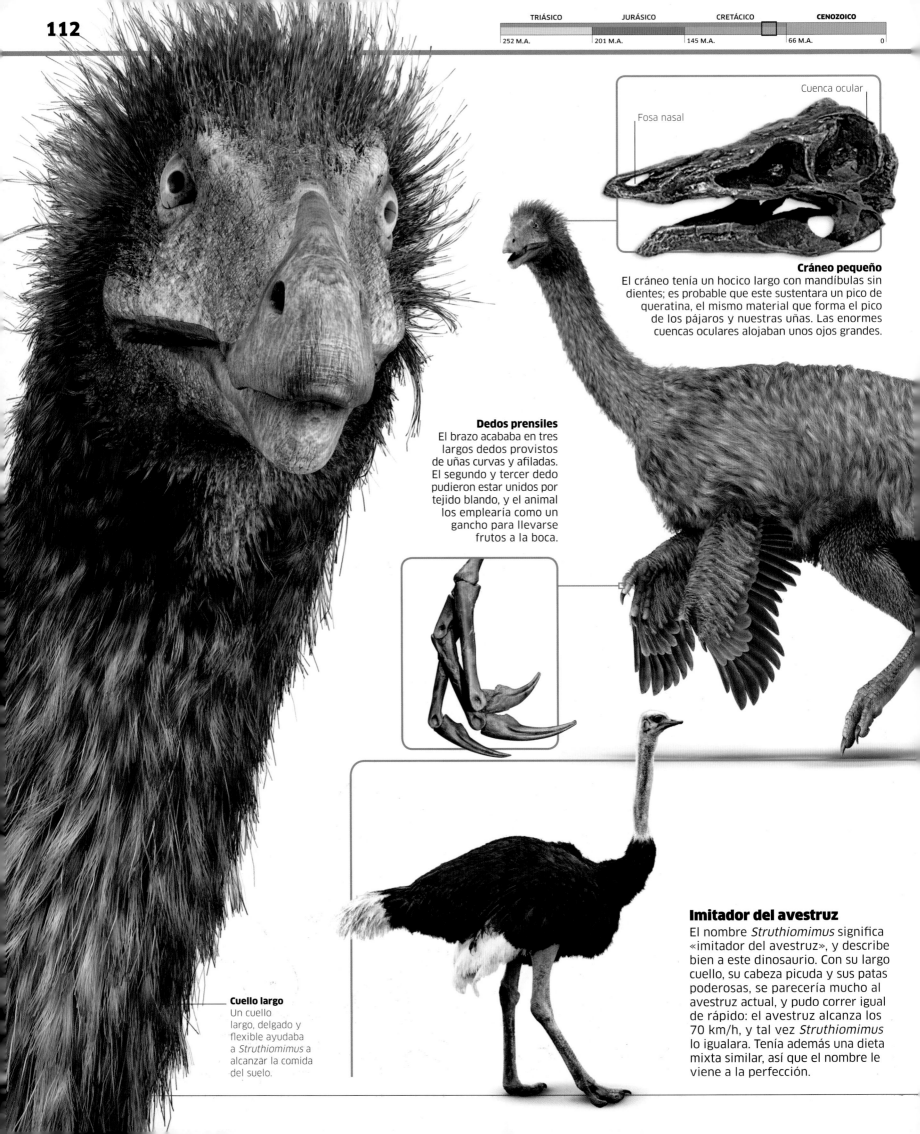

Cráneo pequeño

Fosa nasal

Cuenca ocular

El cráneo tenía un hocico largo con mandíbulas sin dientes; es probable que este sustentara un pico de queratina, el mismo material que forma el pico de los pájaros y nuestras uñas. Las enormes cuencas oculares alojaban unos ojos grandes.

Dedos prensiles

El brazo acababa en tres largos dedos provistos de uñas curvas y afiladas. El segundo y tercer dedo pudieron estar unidos por tejido blando, y el animal los emplearía como un gancho para llevarse frutos a la boca.

Cuello largo

Un cuello largo, delgado y flexible ayudaba a *Struthiomimus* a alcanzar la comida del suelo.

Imitador del avestruz

El nombre *Struthiomimus* significa «imitador del avestruz», y describe bien a este dinosaurio. Con su largo cuello, su cabeza picuda y sus patas poderosas, se parecería mucho al avestruz actual, y pudo correr igual de rápido: el avestruz alcanza los 70 km/h, y tal vez *Struthiomimus* lo igualara. Tenía además una dieta mixta similar, así que el nombre le viene a la perfección.

Struthiomimus

Con sus largas patas y su cuerpo estilizado, este ágil terópodo estaba hecho para la velocidad. Convivió con poderosos dinosaurios depredadores, y probablemente necesitó esa velocidad para sobrevivir.

Los ornitomimosaurios eran terópodos que evolucionaron al mismo tiempo que los tiranosaurios, pero eran muy distintos. A diferencia de sus parientes de inmensas fauces, eran animales esbeltos y veloces de cabeza pequeña, y los especializados como *Struthiomimus* tenían pico en lugar de dientes. *Struthiomimus* pudo tener una dieta mixta de pequeños animales, frutos y semillas. Sus largas patas le daban la velocidad necesaria para capturar presas pequeñas, pero seguramente evolucionaron para permitirle escapar de los depredadores.

Cuerpo plumado
Una cálida capa de plumas suaves y mullidas, parecidas a las del avestruz, cubría su cuerpo.

Ojos grandes
Los grandes ojos se hallaban bastante retrasados en el cráneo y le proporcionaban una buena visión periférica.

Plumas llamativas
Fósiles descubiertos recientemente indican que *Struthiomimus* tenía largas plumas en la cola.

Pico sin dientes
Su pico no poseía dientes, como los de las aves modernas.

Patas poderosas
Los pies y las patas estaban adaptados para correr a gran velocidad.

DINOSAURIO
STRUTHIOMIMUS

Datación: 83-71 M.A.

Hábitat: Llanuras arbustivas

Longitud: 4,3 m

Dieta: Animales pequeños y plantas

Esqueleto fósil
Descubierto en Alberta (Canadá) en 1914, este esqueleto de *Struthiomimus* es uno de los fósiles de dinosaurio más completos hallados hasta el momento. Su extraña postura podría indicar que el animal murió ahogado.

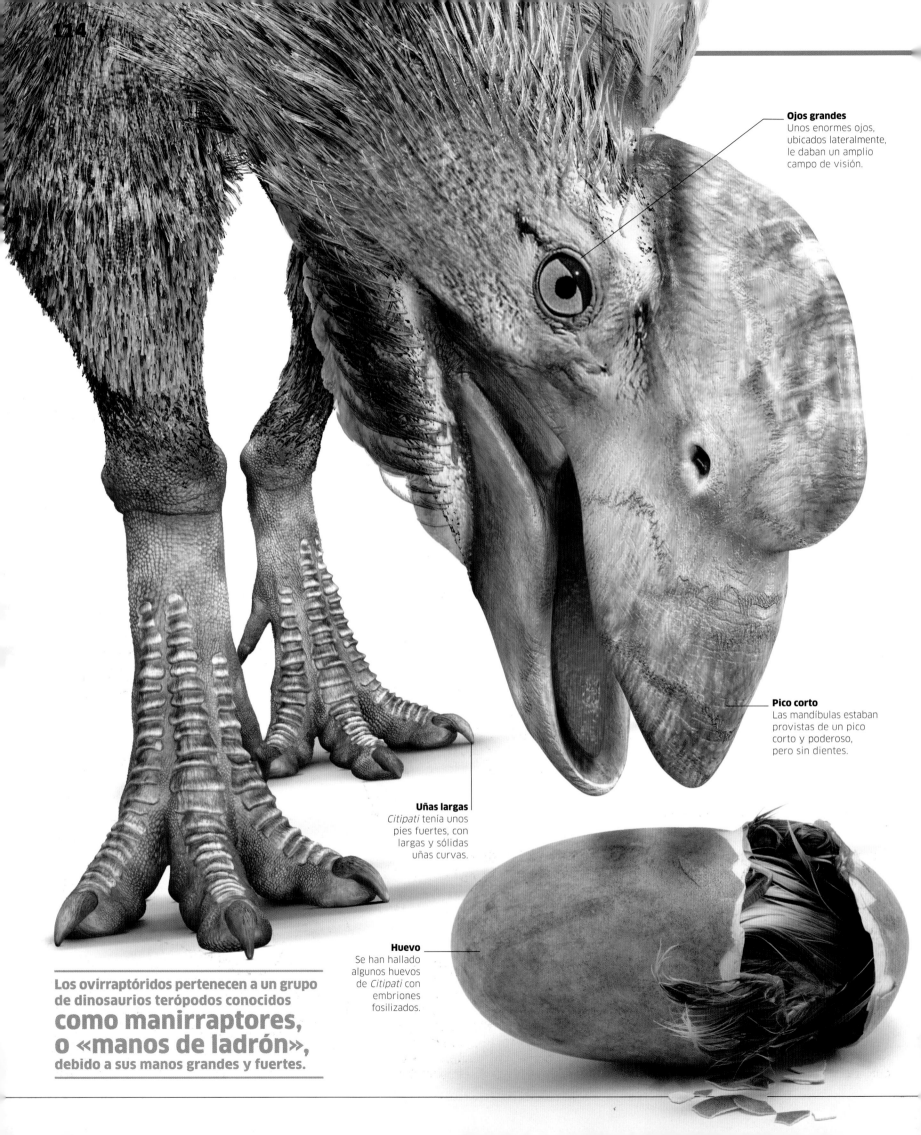

Ojos grandes
Unos enormes ojos, ubicados lateralmente, le daban un amplio campo de visión.

Pico corto
Las mandíbulas estaban provistas de un pico corto y poderoso, pero sin dientes.

Uñas largas
Citipati tenía unos pies fuertes, con largas y sólidas uñas curvas.

Huevo
Se han hallado algunos huevos de *Citipati* con embriones fosilizados.

Los ovirraptóridos pertenecen a un grupo de dinosaurios terópodos conocidos **como manirraptores, o «manos de ladrón»,** debido a sus manos grandes y fuertes.

TRIÁSICO	JURÁSICO	CRETÁCICO	CENOZOICO
252 M.A.	201 M.A.	145 M.A.	66 M.A.	0

Los alargados y enormes **huevos de *Citipati*** eran **más grandes que la mano de un hombre**.

115

DINOSAURIO

CITIPATI

Datación: 83-71 M.A.

Hábitat: Llanuras y desiertos

Longitud: 3 m

Dieta: Animalillos, huevos, semillas y hojas

Cresta impresionante
El corto cráneo de *Citipati* tenía una arista ósea que sustentaba una cresta de dura queratina, el mismo material que formaba su pico. Era como la cresta de este casuario, ave no voladora nativa de Nueva Guinea y Australia.

Plumas cálidas
Su cuerpo estaba cubierto por mullidas plumas que parecían pelo.

Penacho caudal
La larga cola pudo estar adornada con un penacho de plumas.

Brazos plumados
Los brazos tenían flecos de largas plumas barbadas, similares a las alas de los pájaros.

Patas poderosas
Como todos los terópodos, *Citipati* se sostenía sobre sus fuertes patas traseras, equilibrándose con la cola.

Madre empollando
Los cazadores de fósiles encontraron al menos cuatro especímenes de *Citipati* sentados sobre sus nidos, con los brazos extendidos sobre los huevos. Las largas plumas de los brazos cubrían los huevos para mantenerlos calientes, como hacen las aves con las alas. Pero esta madre no pudo salvarse ni salvar sus huevos de la tormenta de arena que los mató.

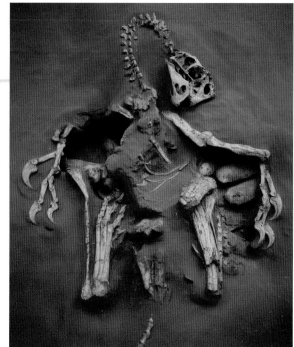

Citipati

Este raro dinosaurio era un ovirraptórido: un terópodo con pico y sin dientes adaptado a una amplia dieta de pequeños animales, huevos, frutos, semillas y otros alimentos. Estaba estrechamente emparentado con las aves, pero también con depredadores tan feroces como *Velociraptor* (pp. 108-109).

Los ovirraptóridos son así llamados por un animal similar llamado *Oviraptor*, o «ladrón de huevos», que a su vez recibió ese nombre porque su fósil se halló cerca de un nido de huevos de dinosaurio y sus descubridores pensaron que los estaba robando cuando murió. En realidad, eran sus propios huevos; pero tanto *Oviraptor* como *Citipati* tienen una protuberancia ósea sobre el pico que sería idónea para cascar huevos. Los cuervos actuales roban los huevos de otras aves, y es probable que *Citipati* hiciera lo mismo. También sabemos que cuidaba muy bien los suyos, empollándolos en el nido hasta que eclosionaban.

Cuello largo
Su largo cuello permitiría a *Therizinosaurus* alimentarse de árboles altos.

Brazos como alas
Los brazos estaban provistos de largas plumas parecidas a plumas de vuelo.

Uñas largas
Cada mano estaba armada con tres temibles uñas como espadas curvas, que *Therizinosaurus* debió de usar como armas defensivas.

Piel con plumas
A juzgar por animales similares, es probable que su cuerpo estuviera cubierto de plumas.

Penacho caudal
La larga cola ósea pudo estar adornada con un penacho de plumas.

Patas robustas
Como todos los terópodos conocidos, *Therizinosaurus* caminaba sobre sus poderosas patas traseras.

Cuerpo grande
El voluminoso cuerpo de *Therizinosaurus* alojaba el gran sistema digestivo de un herbívoro.

Garras
Cuatro robustos dedos provistos de uñas soportaban su gran peso.

Therizinosaurus

Uno de los dinosaurios más extraños es este enorme terópodo plumado, armado con las uñas más grandes que se conocen. Y más extraño aún es que pudo ser herbívoro.

Existieron muchos dinosaurios herbívoros, pero muy pocos de ellos eran terópodos. La mayoría de estos eran poderosos depredadores de dientes afilados que cazaban y desgarraban a sus presas. Pero *Therizinosaurus* era diferente: al parecer estaba adaptado para comer plantas, que recogería con el pico y digeriría en su gran estómago. Era asombrosamente alto –quizá para alcanzar las copas de los árboles–, y se defendía con unas uñas como cuchillas, increíblemente largas.

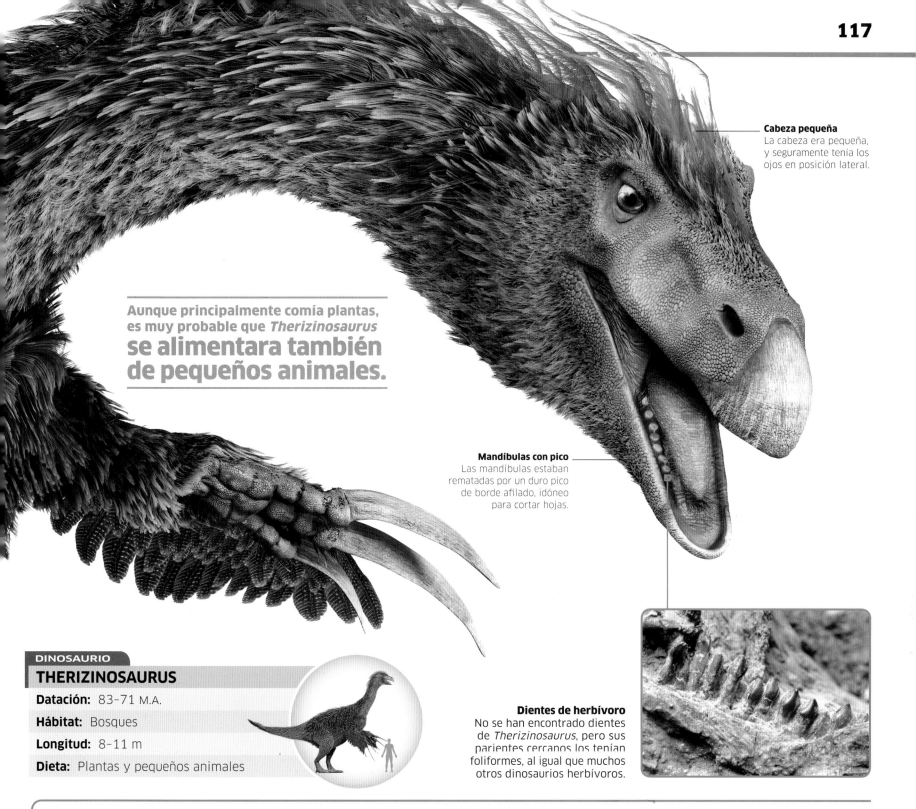

Cabeza pequeña
La cabeza era pequeña, y seguramente tenía los ojos en posición lateral.

Aunque principalmente comía plantas, es muy probable que *Therizinosaurus* se alimentara también de pequeños animales.

Mandíbulas con pico
Las mandíbulas estaban rematadas por un duro pico de borde afilado, idóneo para cortar hojas.

DINOSAURIO
THERIZINOSAURUS

Datación: 83-71 M.A.

Hábitat: Bosques

Longitud: 8-11 m

Dieta: Plantas y pequeños animales

Dientes de herbívoro
No se han encontrado dientes de *Therizinosaurus*, pero sus parientes cercanos los tenían foliformes, al igual que muchos otros dinosaurios herbívoros.

Uñas asombrosas

Las uñas de *Therizinosaurus* medían hasta 76 cm de largo: mucho más que una espada romana. En vida, además, cada uña tenía una vaina córnea que la hacía aún más larga.

UÑA DE *THERIZINOSAURUS*
76 CM

ESPADA CORTA ROMANA
50 CM

| 0 CM | 20 CM | 40 CM | 60 CM | 80 CM |

Oso panda

Si *Therizinosaurus* estaba realmente adaptado para comer plantas, tenía algo en común con el actual panda gigante: los osos acostumbran a ser carnívoros, pero los pandas se han adaptado a comer brotes de bambú y solo se alimentan de carne raramente.

PANDA GIGANTE

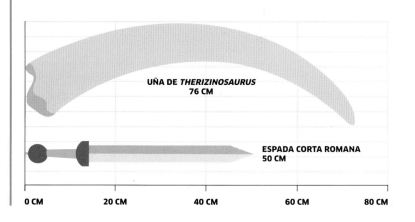

Tácticas de emboscada

Caimanes y cocodrilos están especializados para cazar en el agua. Se tienden a la espera, alzando sobre la superficie del agua solo los ojos y la nariz, y llegado el momento se lanzan impulsados por su gran cola para atrapar a su presa con las fauces. El cocodrilo del Nilo suele cazar así a presas como el ñu cuando se acercan a la orilla. *Deinosuchus* pudo usar las mismas tácticas para cazar dinosaurios.

Crocodiliano gigante

Comparado con los caimanes y cocodrilos actuales, *Deinosuchus* era monstruoso. Alcanzaba al menos 12 m de longitud, casi el doble que el cocodrilo marino, que es el mayor crocodiliano vivo, y pudo superar los 8.000 kg, bastante más que muchos de los dinosaurios que compartieron su hábitat en América del Norte. En algunas zonas de su rango de distribución fue probablemente el depredador más poderoso, ya que en las cercanías no vivieron dinosaurios terópodos de tamaño comparable.

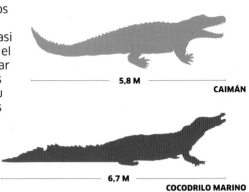

5,8 M
CAIMÁN

6,7 M
COCODRILO MARINO

12 M
DEINOSUCHUS

Deinosuchus

Este pariente gigante de los caimanes fue uno de los depredadores más poderosos de esta era. Cazaba en los ríos, emboscándose y matando a los dinosaurios que se acercaban a beber a la orilla.

Con su pesado cuerpo y sus cortísimas patas, *Deinosuchus* debió de ser bastante torpe en tierra firme, y no tan ágil como los caimanes y cocodrilos modernos; pero una vez en el agua se transformaba en un cazador rápido y letal. Probablemente sus presas principales fueron peces y tortugas: tenía unos fuertes dientes posteriores para triturar presas blindadas. Pero también vigilaría a cualquier animal terrestre que se acercara al agua, y tenía el vigor suficiente para atrapar y ahogar a un dinosaurio de tamaño medio.

Las temibles fauces de *Deinosuchus* eran extraordinariamente poderosas, con una fuerza de mordida similar a la de ***Tyrannosaurus rex.***

88 o más: **dientes** que armaban las **fauces de *Deinosuchus*.

Algunos huesos de dinosaurio encontrados en Texas (EE UU) muestran **marcas de dientes de *Deinosuchus*.**

Aunque era antepasado del caimán, su **nombre** significa **«cocodrilo terrible».**

119

Cráneo reconstruido
Solo se han encontrado fragmentos del cráneo de *Deinosuchus*, y se usaron para crear esta reconstrucción. Hoy los científicos creen que *Deinosuchus* tenía el hocico más ancho, como los caimanes modernos.

CROCODILIANO
DEINOSUCHUS

Datación: 80-71 M.A.

Hábitat: Ríos y pantanos

Longitud: 12 m

Dieta: Peces, tortugas y dinosaurios

Ojos altos
Este rasgo permitía a *Deinosuchus* acechar con el cuerpo sumergido en el agua.

Hocico ancho
El ancho hocico en forma de U estaba adaptado para atrapar presas bajo el agua.

Dientes puntiagudos
Los puntiagudos dientes frontales aseguraban el agarre de los peces resbaladizos.

Uña gruesa

Manos pequeñas
Las pequeñas manos, con cinco dedos, habrían estado parcialmente palmeadas para evitar hundirse en el lodo y para ser más útiles en el agua.

Coraza
El cuerpo estaba acorazado por gruesas y pesadas placas óseas.

Patas cortas
Las patas eran muy cortas, lo que indica que *Deinosuchus* viviría principalmente en el agua.

Longitud
De la cabeza a la cola, *Deinosuchus* eran tan largo como *Tyrannosaurus rex*.

Cola larga
El reptil usaba su larga y musculosa cola para impulsarse por el agua.

ROMPER EL CASCARÓN

Tras haber pasado la fría noche del desierto conservando el calor de los huevos en su nido, una madre *Citipati* aprovecha el sol matutino para salir a buscar algo de comida.

Al levantarse, unas débiles llamadas desde el interior de los huevos le indican que están a punto de eclosionar. Al cabo de unos minutos, los polluelos están picando los cascarones y, al poco, uno de ellos está a punto de salir. Cubiertos de mullidas plumas, pronto serán capaces de seguir a su madre entre la maleza del desierto para buscar su primer alimento.

Nemegtbaatar

Este pequeño mamífero peludo fue uno de los muchos que correteaban entre los pies de los dinosaurios del Cretácico superior. Parece un roedor, pero se trataba de otro tipo de mamífero que se extinguió hace 35 millones de años.

Nemegtbaatar perteneció a un grupo de pequeños mamíferos llamados multituberculados, nombre que alude a sus muelas especializadas, que tenían muchos pequeños bultos parecidos a tubérculos. En la mandíbula inferior tenía además unos grandes molares afilados, que usaba para cortar materia vegetal dura. Seguramente su dieta era amplia, e incluía pequeños animales.

Pelaje cálido
Un denso pelaje conservaba el calor corporal de *Nemegtbaatar*, algo vital para un mamífero tan pequeño.

Porte bajo
Probablemente *Nemegtbaatar* mantenía el cuerpo cerca del suelo, pero hay quien piensa que se sostenía sobre las patas erguidas.

Fauces cortadoras

Como muchos de sus parientes, *Nemegtbaatar* estaba provisto de unos enormes y afilados dientes serrados a cada lado de la mandíbula inferior, y podía retraer esta mientras masticaba, deslizando los afilados dientes a lo largo de la comida. Esto le resultaría muy útil para cortar tallos duros y semillas grandes.

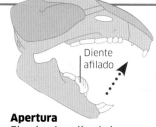

Apertura
El animal podía abrir la boca completamente, tomaba un bocado de comida y volvía a cerrarla.

Diente afilado

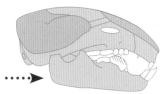

Cierre
Cuando cerraba la boca, la peculiar articulación de la mandíbula permitía que el maxilar inferior se deslizara hacia delante, uniendo los dientes delanteros.

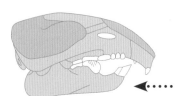

Corte
Unos músculos especiales retraían la mandíbula y los dientes afilados cortaban la comida, como lo haría un cuchillo de sierra.

Nemegtbaatar debe su **nombre a la formación rocosa de Nemegt**, en Mongolia, donde **se hallaron sus fósiles**.

Como muchos pequeños mamíferos actuales, es probable que *Nemegtbaatar* **se alimentara de noche para evitar a sus enemigos**.

123

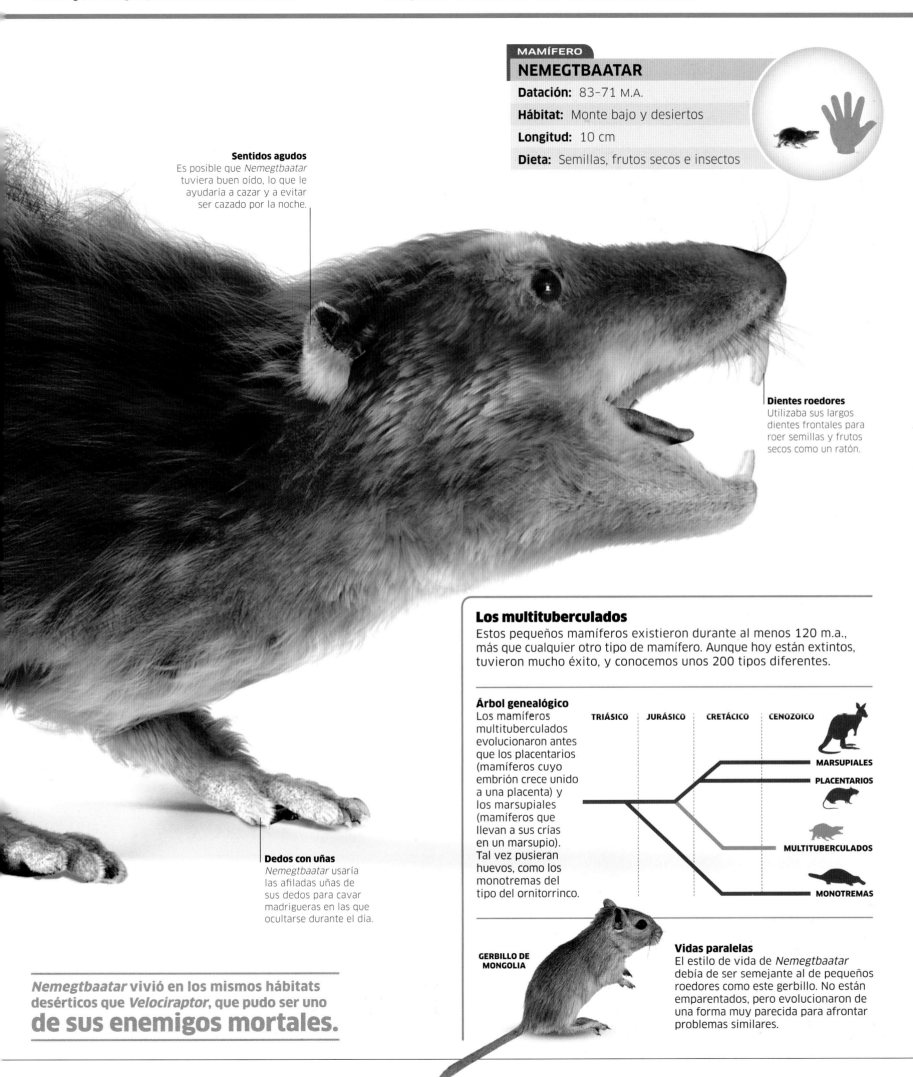

MAMÍFERO

NEMEGTBAATAR

Datación: 83-71 M.A.

Hábitat: Monte bajo y desiertos

Longitud: 10 cm

Dieta: Semillas, frutos secos e insectos

Sentidos agudos
Es posible que *Nemegtbaatar* tuviera buen oído, lo que le ayudaría a cazar y a evitar ser cazado por la noche.

Dientes roedores
Utilizaba sus largos dientes frontales para roer semillas y frutos secos como un ratón.

Dedos con uñas
Nemegtbaatar usaría las afiladas uñas de sus dedos para cavar madrigueras en las que ocultarse durante el día.

Los multituberculados
Estos pequeños mamíferos existieron durante al menos 120 m.a., más que cualquier otro tipo de mamífero. Aunque hoy están extintos, tuvieron mucho éxito, y conocemos unos 200 tipos diferentes.

Árbol genealógico
Los mamíferos multituberculados evolucionaron antes que los placentarios (mamíferos cuyo embrión crece unido a una placenta) y los marsupiales (mamíferos que llevan a sus crías en un marsupio). Tal vez pusieran huevos, como los monotremas del tipo del ornitorrinco.

TRIÁSICO   JURÁSICO   CRETÁCICO   CENOZOICO

MARSUPIALES

PLACENTARIOS

MULTITUBERCULADOS

MONOTREMAS

GERBILLO DE MONGOLIA

Vidas paralelas
El estilo de vida de *Nemegtbaatar* debía de ser semejante al de pequeños roedores como este gerbillo. No están emparentados, pero evolucionaron de una forma muy parecida para afrontar problemas similares.

Nemegtbaatar **vivió en los mismos hábitats desérticos que** *Velociraptor*, **que pudo ser uno**

de sus enemigos mortales.

Euoplocephalus

Los tiranosáuridos de enormes mandíbulas que merodeaban por América del Norte durante el Cretácico superior pudieron haber luchado con dinosaurios blindados como *Euoplocephalus*.

Euoplocephalus, uno de los anquilosaurios más grandes e inexpugnables, estaba protegido por un grueso blindaje y era mucho más grande y pesado que los rinocerontes actuales. Su lomo estaba protegido por bandas de piel dura salpicadas de protuberancias y púas óseas que podían romper incluso los dientes de un tiranosaurio. Además, su cola estaba armada con una pesada maza que podía infligir daños atroces a cualquier enemigo lo bastante imprudente para arriesgarse a atacarlo.

Púas óseas
El lomo estaba salpicado de protuberancias y púas óseas.

Lomo blindado
Cientos de pequeños nódulos óseos formaban una especie de armadura.

Maza caudal
Cuatro pesadas placas óseas en el extremo de la cola se unían en una enorme masa de hueso similar a una porra. *Euoplocephalus* era capaz de balancearla de lado a lado con una fuerza demoledora, y la usaría para ahuyentar a grandes depredadores como *Albertosaurus*.

Cola
Los huesos del extremo de la cola estaban fusionados y formaban una barra rígida como el mango de un martillo.

Cuerpos blindados

La armadura de *Euoplocephalus* era similar a la de los armadillos actuales, compuesta por bandas más o menos rígidas unidas por secciones flexibles para permitir el movimiento. Algunos armadillos pueden plegarse sobre sí mismos para formar una bola prácticamente impenetrable, pero sin duda *Euoplocephalus* no tenía esta opción.

La amplia coraza ofrece una buena protección.

Las bandas estrechas aportan flexibilidad.

ARMADILLO

Cuerpo ancho
El cuerpo, sumamente ancho, alojaba un gran sistema digestivo para procesar la materia vegetal.

Uñas romas
Cada dedo tenía una uña roma similar a una pezuña.

La **complejidad de su nariz** podría indicar que *Euoplocephalus* tenía un **agudo sentido del olfato**.

Ataque arriesgado
Atacar a *Euoplocephalus* podía suponer una pata rota —y por tanto una muerte segura— incluso para un gran depredador.

Cabeza blindada
La parte superior del ancho cráneo estaba recubierta por pequeñas placas óseas trabadas entre sí que protegían el escaso cerebro del animal. Incluso los párpados estaban blindados con pequeños huesos móviles. Un complejo sistema de conductos nasales llenaba su hocico bulboso.

Dientes pequeños
Euoplocephalus masticaba su alimento vegetal, duro y fibroso, con unos dientes muy pequeños.

Pico ancho
Este dinosaurio recogía plantas con su ancho pico córneo.

Patas robustas
Las cuatro patas tenían huesos muy sólidos para soportar el considerable peso del animal.

DINOSAURIO
EUOPLOCEPHALUS
Datación: 76-74 M.A.

Hábitat: Bosques

Longitud: 7 m

Dieta: Plantas de porte bajo

En la década de 1930, al menos un científico consideraba que *Parasaurolophus* buscaba alimento bajo el agua usando su cresta como **si fuera un esnórquel.**

Pico ancho
El duro pico de borde afilado era perfecto para recoger alimento vegetal.

Lomo alto
La prolongación vertical de las vértebras elevaba el lomo más de lo habitual.

Cola pesada
La cola larga y pesada ayudaba al dinosaurio a equilibrarse sobre las patas traseras.

Patas robustas
Las patas de *Parasaurolophus* tenían potentes músculos unidos a una cadera grande y sólida.

Cuadrúpedo
Sus fuertes brazos le permitían caminar a cuatro patas cuando buscaba comida.

Pequeñas escamas
Las impresiones fosilizadas de la piel de *Parasaurolophus* muestran pequeñas escamas redondeadas.

Parasaurolophus

La impresionante cresta ósea de este elegante herbívoro alojaba una serie de conductos que debieron de tener una función especial. Parece probable que funcionaran como una trompeta para producir resonantes sonidos.

Hacia el final del Mesozoico, una rama de ornitópodos relacionada con *Iguanodon* (pp. 82-83) evolucionó en un grupo de herbívoros de hocico ancho, los hadrosaurios. Conocidos también como dinosaurios de pico de pato, tenían dientes trituradores especializados para machacar las fibras vegetales y facilitar su digestión. Algunos tenían llamativas crestas que se extendían desde la bóveda del cráneo; *Parasaurolophus* ostentaba una de las más largas, que usaría para exhibirse e incluso para llamar a otros de su especie.

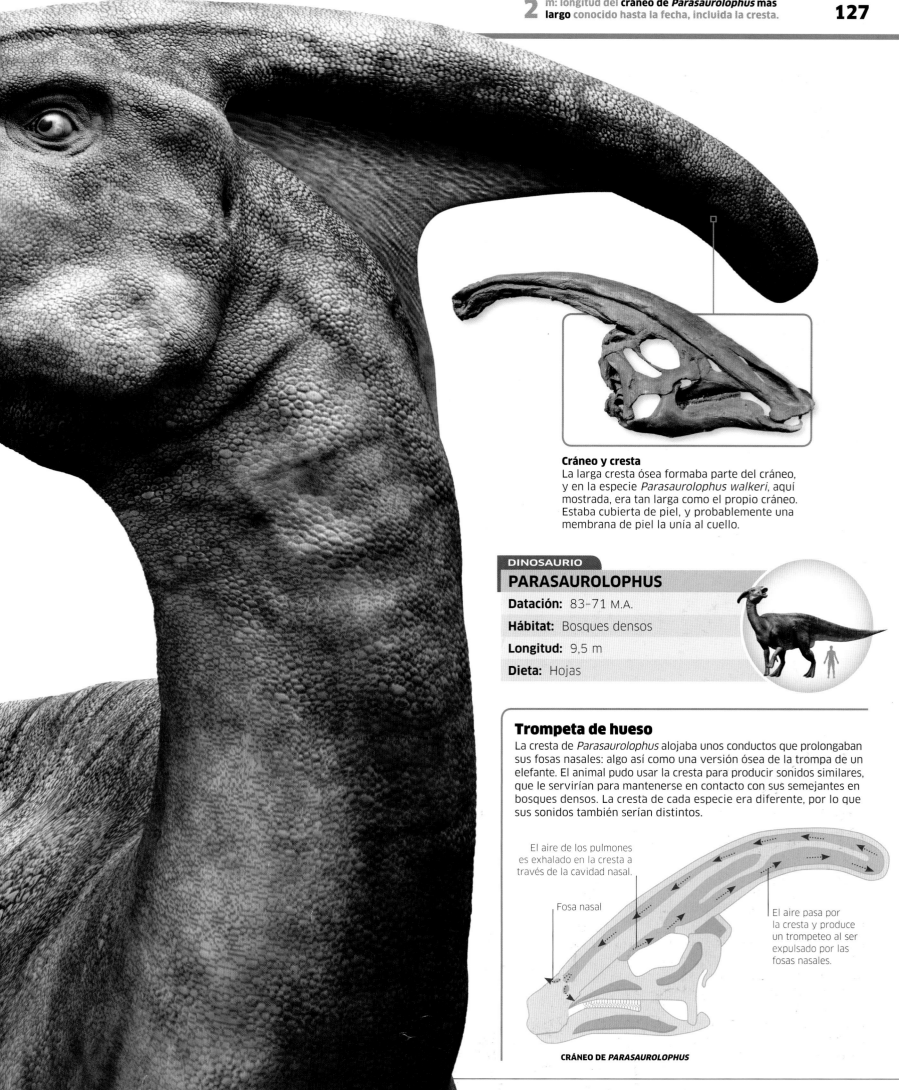

2 m: longitud del **cráneo de** *Parasaurolophus* **más largo** conocido hasta la fecha, incluida la cresta.

127

Cráneo y cresta
La larga cresta ósea formaba parte del cráneo, y en la especie *Parasaurolophus walkeri*, aquí mostrada, era tan larga como el propio cráneo. Estaba cubierta de piel, y probablemente una membrana de piel la unía al cuello.

DINOSAURIO

PARASAUROLOPHUS

Datación: 83-71 M.A.

Hábitat: Bosques densos

Longitud: 9,5 m

Dieta: Hojas

Trompeta de hueso

La cresta de *Parasaurolophus* alojaba unos conductos que prolongaban sus fosas nasales: algo así como una versión ósea de la trompa de un elefante. El animal pudo usar la cresta para producir sonidos similares, que le servirían para mantenerse en contacto con sus semejantes en bosques densos. La cresta de cada especie era diferente, por lo que sus sonidos también serían distintos.

El aire de los pulmones es exhalado en la cresta a través de la cavidad nasal.

Fosa nasal

El aire pasa por la cresta y produce un trompeteo al ser expulsado por las fosas nasales.

CRÁNEO DE *PARASAUROLOPHUS*

El **principal enemigo** de *Saltasaurus* fue un feroz
terópodo carnívoro conocido como *Abelisaurus*.

25 Número de **huevos en un
nido típico** de *Saltasaurus*.

Visión panorámica
Los ojos en posición
lateral le proporcionaban
un buen campo de visión.

Al igual que los demás titanosaurios, este animal
carecía de dedos en los pies
delanteros: no los necesitaba para soportar su
peso, por lo que fueron desapareciendo a lo
largo de millones de años de evolución.

Fosas nasales
Las fosas nasales
se abrían en la
punta del hocico.

Cuello móvil
Como todos los
saurópodos, *Saltasaurus*
poseía un cuello largo y
móvil que sostenía una
cabeza pequeña.

Mandíbulas
Saltasaurus no tenía
molares, por lo que
tragaba su alimento
de hojas sin masticar.

**Mandíbulas
redondeadas**
No se han hallado cráneos de *Saltasaurus*, pero
se parecería mucho a este de *Nemegtosaurus*:
maxilares anchos y redondeados, y unos dientes
frontales cortos en forma de clavija, adecuados
para rastrillar hojas de las ramas de los árboles.

Hocico ancho
El hocico era más ancho
hacia la punta, lo que le daba
una ligera forma de cuchara.

Huevos esféricos

Los huevos de *Saltasaurus* eran
prácticamente esféricos y del
tamaño de pomelos: enormes
comparados con los de una
gallina, pero diminutos si se
comparan con el dinosaurio
adulto. Probablemente los
enterraba bajo un montón
de materia vegetal, que al
descomponerse producía
calor y los mantenía en todo
momento calientes.

**RECONSTRUCCIÓN DE
UN HUEVO DE *SALTASAURUS***

Área de nidificación

En 1997 se descubrió
cerca de Auca Mahuevo
(Argentina) un inmenso
terreno de nidificación de
Saltasaurus. Conservaba los
restos de miles de huevos
puestos hace unos 80 m.a.:
tantos que el suelo estaba
cubierto de fragmentos
de cáscaras. Debieron de
ponerlos varios cientos
de hembras, reunidas
en esta zona de cría.

TRIÁSICO	JURÁSICO	CRETÁCICO	CENOZOICO
252 M.A.	201 M.A.	145 M.A.	66 M.A. 0

Algunos huevos de *Saltasaurus* contenían **embriones fosilizados** completos, con unas **placas defensivas diminutas como cuentas**.

129

DINOSAURIO

SALTASAURUS

Datación: 80-66 M.A.

Hábitat: Bosques y llanuras abiertas

Longitud: 12 m

Dieta: Hojas

Saltasaurus

Pequeño al compararlo con alguno de sus parientes gigantes, este saurópodo resulta interesante porque tenía el cuerpo salpicado de unas placas óseas que lo protegían de los depredadores.

Saltasaurus era un titanosaurio, un grupo de saurópodos que evolucionó ya avanzado el Mesozoico y prosperó hasta el final de la era. Vivió en América del Sur, donde los titanosaurios fueron muy comunes durante el Cretácico superior. Tenía la cadera ancha y las patas muy separadas, lo que le confería una postura muy estable que le ayudaba a alcanzar las hojas altas alzándose sobre las patas traseras. Es probable que otros muchos titanosaurios estuvieran blindados como él.

Blindaje corporal
Las placas óseas ovales incrustadas en la piel pudieron estar rematadas con cortas espinas.

Patas como pilares
Las patas, asombrosamente fuertes, eran parecidas a las del elefante.

Cola flexible
Dada la forma de los huesos de la cola, esta sería sumamente flexible.

Pies simples
Los pies delanteros no tenían dedos.

Huevos
Saltasaurus ponía los huevos en hoyos poco profundos y luego los tapaba.

TRIÁSICO	JURÁSICO	CRETÁCICO	CENOZOICO
252 M.A.	201 M.A.	145 M.A.	66 M.A.	0

Mosasaurus

Armado con unas largas mandíbulas y afilados dientes puntiagudos como los del cocodrilo, este poderoso cazador oceánico fue uno de los últimos reptiles marinos gigantes.

Los mosasaurios surgieron hacia el final de la era mesozoica y se convirtieron en los depredadores marinos dominantes del Cretácico superior, ocupando el lugar de los pliosaurios de grandes fauces como *Liopleurodon* (pp. 56-57). *Mosasaurus* fue uno de los mayores, llegando a los 15 m de longitud. Sus mandíbulas eran enormes, como las del pliosaurio, pero su cuerpo era mucho más esbelto y flexible y tenía una larga cola con una aleta vertical que usaba para propulsarse en el agua. Sus presas eran moluscos nadadores, reptiles marinos y peces.

Ojos grandes
Sus enormes ojos estaban adaptados para ver en la penumbra submarina.

Dientes puntiagudos
Los dientes de *Mosasaurus* eran como clavos afilados, adaptados para atrapar y sujetar a sus presas.

Presa
Uno de sus bocados favoritos era el amonites, pariente del calamar, con un tamaño que oscilaba entre los 20 cm y los 2 m de diámetro.

Cráneo robusto
Tanto el cráneo como las mandíbulas de *Mosasaurus* eran de construcción más sólida que los de la mayoría de los mosasaurios. Es posible que con frecuencia atacara a presas grandes y poderosas.

1,8 m: longitud del cráneo de los mayores mosasaurios.

Se han hallado **caparazones de tortuga marina gigante** con **marcas de dientes de** *Mosasaurus*.

131

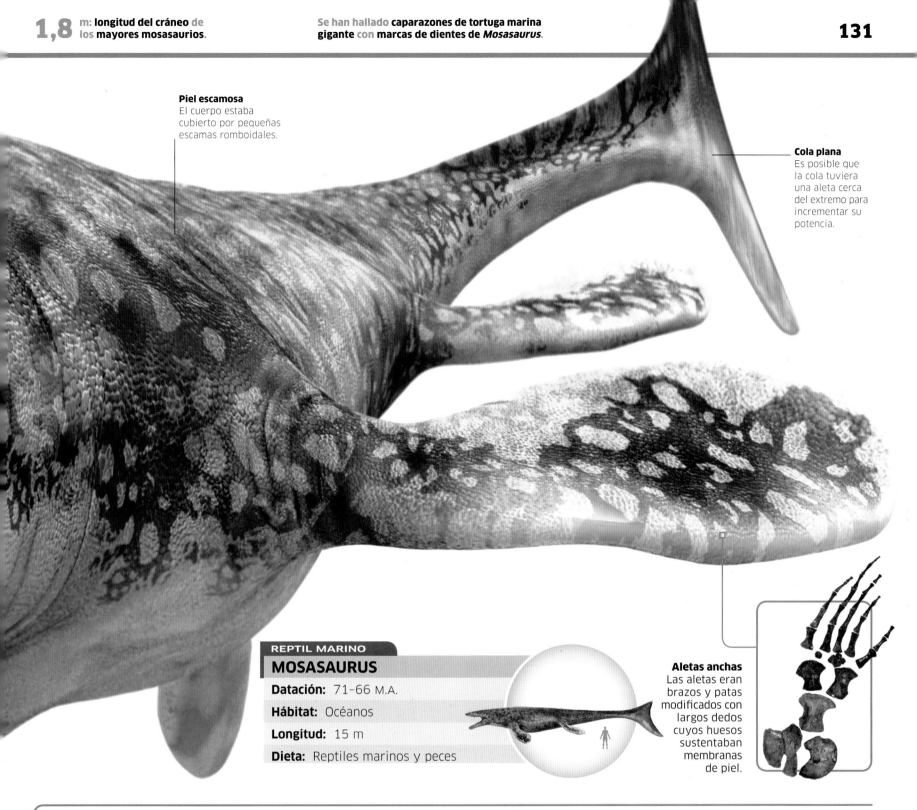

Piel escamosa
El cuerpo estaba cubierto por pequeñas escamas romboidales.

Cola plana
Es posible que la cola tuviera una aleta cerca del extremo para incrementar su potencia.

REPTIL MARINO

MOSASAURUS

Datación: 71-66 M.A.

Hábitat: Océanos

Longitud: 15 m

Dieta: Reptiles marinos y peces

Aletas anchas
Las aletas eran brazos y patas modificados con largos dedos cuyos huesos sustentaban membranas de piel.

Descubrimiento holandés

Mosasaurus fue uno de los primeros animales prehistóricos en ser reconocido como lo que era. Su cráneo fósil se encontró en una cantera de caliza en Holanda en 1764, como ilustra este grabado del siglo XVIII. Al principio se pensó que era de ballena o de cocodrilo, pero en 1822 fue identificado como *Mosasaurus*.

Parientes vivos

Los mosasaurios fueron parientes marinos de los poderosos varánidos, que cazan otros animales en los trópicos y que incluyen al temible dragón de Komodo, uno de los reptiles vivos de mayor tamaño. Los varanos guardan un estrecho parentesco con las serpientes y poseen una lengua bífida; es probable que *Mosasaurus* también la tuviera, pero no habría sido sensible a sabores y olores.

VARANO

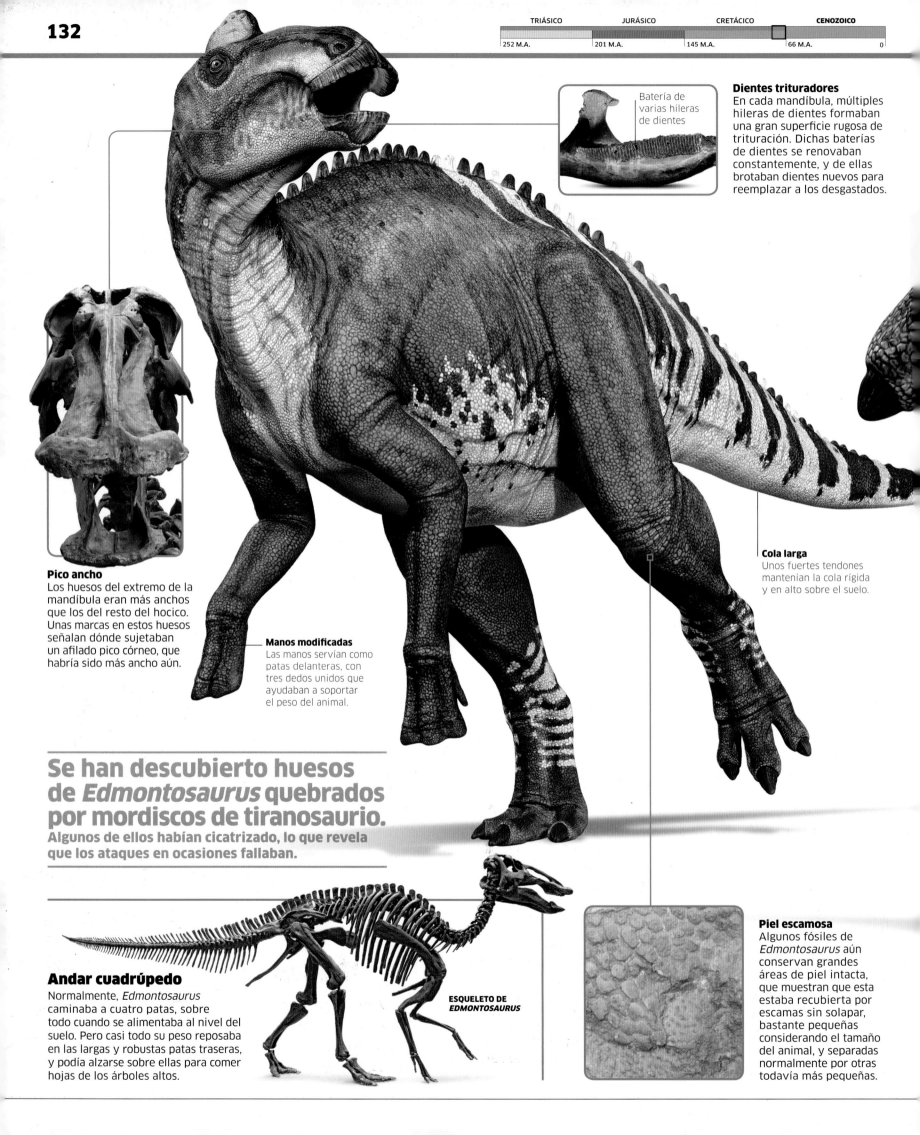

Dientes trituradores
En cada mandíbula, múltiples hileras de dientes formaban una gran superficie rugosa de trituración. Dichas baterías de dientes se renovaban constantemente, y de ellas brotaban dientes nuevos para reemplazar a los desgastados.

Batería de varias hileras de dientes

Pico ancho
Los huesos del extremo de la mandíbula eran más anchos que los del resto del hocico. Unas marcas en estos huesos señalan dónde sujetaban un afilado pico córneo, que habría sido más ancho aún.

Manos modificadas
Las manos servían como patas delanteras, con tres dedos unidos que ayudaban a soportar el peso del animal.

Cola larga
Unos fuertes tendones mantenían la cola rígida y en alto sobre el suelo.

Se han descubierto huesos de *Edmontosaurus* quebrados por mordiscos de tiranosaurio.
Algunos de ellos habían cicatrizado, lo que revela que los ataques en ocasiones fallaban.

Andar cuadrúpedo
Normalmente, *Edmontosaurus* caminaba a cuatro patas, sobre todo cuando se alimentaba al nivel del suelo. Pero casi todo su peso reposaba en las largas y robustas patas traseras, y podía alzarse sobre ellas para comer hojas de los árboles altos.

ESQUELETO DE *EDMONTOSAURUS*

Piel escamosa
Algunos fósiles de *Edmontosaurus* aún conservan grandes áreas de piel intacta, que muestran que esta estaba recubierta por escamas sin solapar, bastante pequeñas considerando el tamaño del animal, y separadas normalmente por otras todavía más pequeñas.

Patas largas
Las patas traseras, con huesos gruesos y fuertes, eran mucho más largas que los brazos.

Tyrannosaurus
El enemigo mortal de tantos animales era también un voraz depredador de *Edmontosaurus*.

Dedos fuertes
Cada pata trasera tenía tres dedos de sólida estructura con uñas romas y redondeadas.

Edmontosaurus

Equipado con un pico afilado y unas de las dentaduras más eficientes que se conocen, *Edmontosaurus* fue uno de los herbívoros de mayor éxito del Cretácico superior. Pero también fue víctima habitual del asesino más célebre de la época: *Tyrannosaurus* (pp. 140-141).

Los hadrosaurios, también denominados dinosaurios de pico de pato por la forma de su pico, que variaba en función de su dieta, se cuentan entre los más especializados de los ornitópodos. *Edmontosaurus* fue uno de los más grandes, y tenía un fuerte pico inusitadamente ancho, apropiado para recoger mucha comida de una sola vez. Su voluminoso cuerpo alojaba un enorme sistema digestivo que podía procesar cualquier cosa que ingiriera, sobre todo cuando la comida había sido previamente triturada por sus dientes, que actuaban como piedras de moler. *Edmontosaurus* compartió hábitat en América del Norte con *Tyrannosaurus rex*... tal y como testifican algunos de sus restos fósiles.

DINOSAURIO
EDMONTOSAURUS

Datación: 71-66 M.A.

Hábitat: Llanuras y pantanos

Longitud: 13 m

Dieta: Hojas y frutos

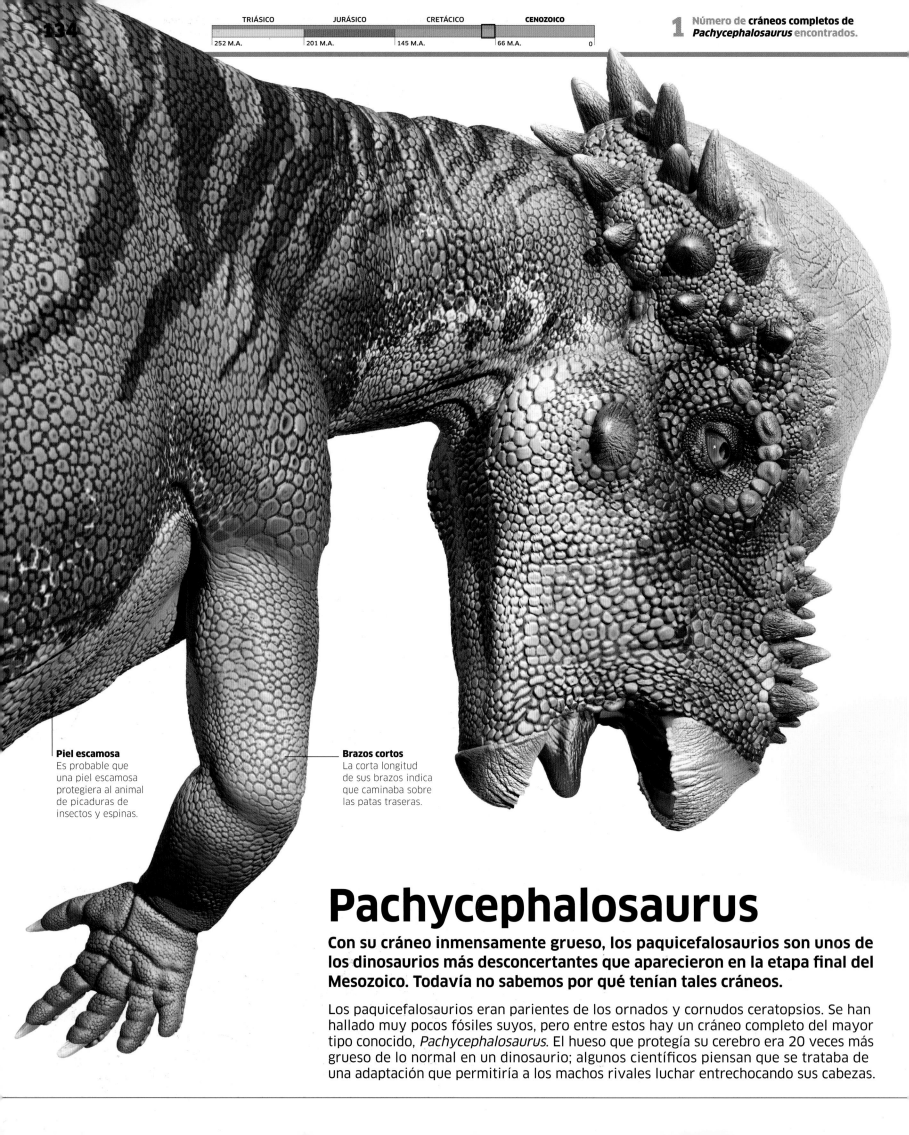

Piel escamosa
Es probable que
una piel escamosa
protegiera al animal
de picaduras de
insectos y espinas.

Brazos cortos
La corta longitud
de sus brazos indica
que caminaba sobre
las patas traseras.

Pachycephalosaurus

Con su cráneo inmensamente grueso, los paquicefalosaurios son unos de los dinosaurios más desconcertantes que aparecieron en la etapa final del Mesozoico. Todavía no sabemos por qué tenían tales cráneos.

Los paquicefalosaurios eran parientes de los ornados y cornudos ceratopsios. Se han hallado muy pocos fósiles suyos, pero entre estos hay un cráneo completo del mayor tipo conocido, *Pachycephalosaurus*. El hueso que protegía su cerebro era 20 veces más grueso de lo normal en un dinosaurio; algunos científicos piensan que se trataba de una adaptación que permitiría a los machos rivales luchar entrechocando sus cabezas.

Algunas «especies» pequeñas de paquicefalosaurios podrían ser ejemplares de *Pachycephalosaurus* en fase de crecimiento.

El nombre *Pachycephalosaurus* significa «lagarto de cabeza gruesa».

135

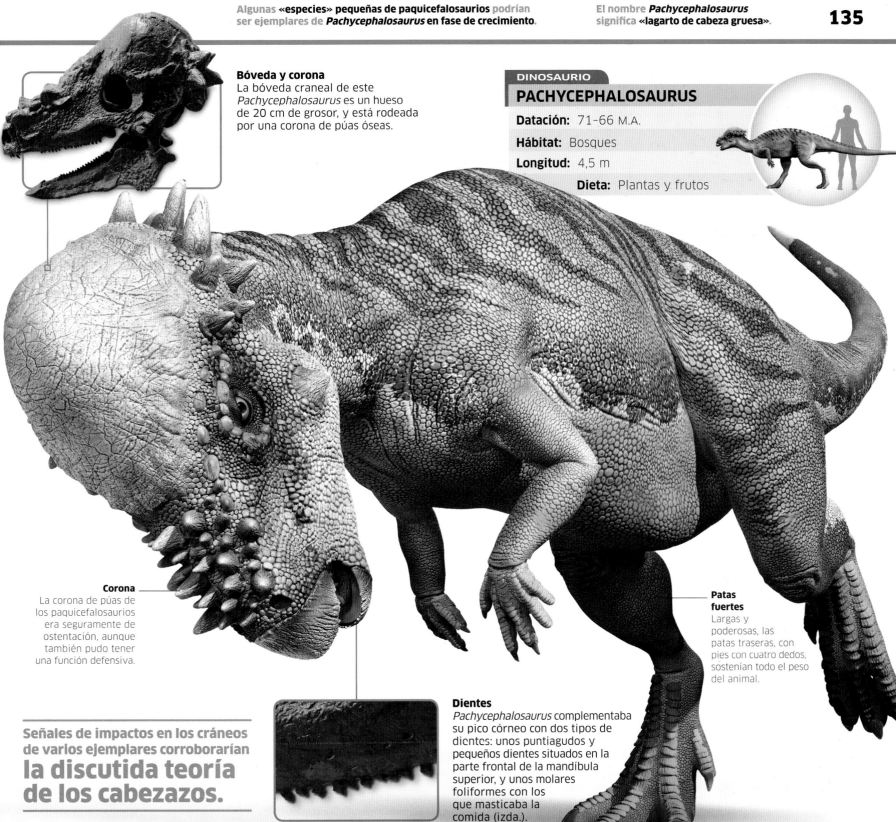

Bóveda y corona
La bóveda craneal de este *Pachycephalosaurus* es un hueso de 20 cm de grosor, y está rodeada por una corona de púas óseas.

DINOSAURIO
PACHYCEPHALOSAURUS

Datación: 71-66 M.A.

Hábitat: Bosques

Longitud: 4,5 m

Dieta: Plantas y frutos

Corona
La corona de púas de los paquicefalosaurios era seguramente de ostentación, aunque también pudo tener una función defensiva.

Patas fuertes
Largas y poderosas, las patas traseras, con pies con cuatro dedos, sostenían todo el peso del animal.

Dientes
Pachycephalosaurus complementaba su pico córneo con dos tipos de dientes: unos puntiagudos y pequeños dientes situados en la parte frontal de la mandíbula superior, y unos molares foliformes con los que masticaba la comida (izda.).

Señales de impactos en los cráneos de varios ejemplares corroborarían **la discutida teoría de los cabezazos.**

Cabezazos

Los cabezazos pueden parecer una peligrosa forma de disputa entre rivales, por lo que muchos científicos creen que el grueso cráneo de *Pachycephalosaurus* tenía otra función. Pero existen animales modernos, como estos carneros de las Rocosas, que se enfrentan dándose cabezazos; el impacto es absorbido por los cuernos, protegiendo el cerebro. Un cráneo reforzado pudo ofrecer una protección muy similar.

Dieta amplia

Los dientes de un dinosaurio típico tienen todos una forma parecida, pero los paquicefalosaurios tenían distintos tipos de dientes, lo que podría significar que comían diferentes tipos de comida. Aunque podría alimentarse de frutos con cáscara o sin ella, *Pachycephalosaurus* era básicamente folívoro, y probablemente comía hojas similares a esta, del árbol *Araliopsoides*.

HOJA DE *ARALIOPSOIDES*

Quetzalcoatlus

Con la altura de una jirafa y la envergadura de una avioneta, este colosal pterosaurio es uno de los mayores animales voladores que han existido.

Descubierto en EE UU en la década de 1970, *Quetzalcoatlus* es, seguramente, el mayor de los azdárquidos (los gigantes del mundo de los pterosaurios) del Cretácico superior. Es evidente que volaba bien, y probablemente cubriera grandes distancias con poco esfuerzo. Pero debía de cazar en el suelo: acecharía a presas como pequeños dinosaurios, las atraparía con su largo pico sin dientes y, posiblemente, se las tragaría enteras.

Gracias a la enorme potencia muscular de sus alas, es muy probable que *Quetzalcoatlus* pudiera volar a 90 km/h.

Cuadrúpedo
Como todos los pterosaurios conocidos, *Quetzalcoatlus* tenía las patas largas y probablemente era muy ágil.

Pies pequeños
Sus pies eran compactos y palmeados, bien adaptados para el movimiento rápido en tierra firme.

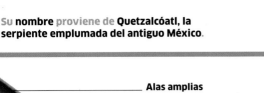

Alas amplias
Quetzalcoatlus poseía unas
alas anchas, perfectas para
remontar las corrientes de
aire de forma similar a los
buitres actuales.

Cresta ósea
La cresta ósea sobre el cráneo
estaba cubierta de queratina. Pudo
estar vivamente coloreada, y es
posible que los machos tuvieran
crestas mayores que las hembras.

PTEROSAURIO

QUETZALCOATLUS

Datación: 71-66 M.A.

Hábitat: Llanuras y bosques

Envergadura: 10 m

Dieta: Pequeños dinosaurios

Pico sin dientes
El pico largo y afilado no
tenía dientes, por lo que
Quetzalcoatlus no podía
masticar sus presas.

Enorme envergadura
La extraordinaria envergadura de
este espectacular animal, de 10 m
o más, era casi idéntica a la del
famoso caza Spitfire utilizado en
la II Guerra Mundial; con el cuello
extendido, era también casi igual
de largo. Sin embargo, debido a su
cuerpo pequeño y de constitución
ligera, pesaba menos de 250 kg.
Eso es mucho comparado con las
mayores aves actuales, pero lo
cierto es que *Quetzalcoatlus* era
un magnífico volador.

QUETZALCOATLUS **10 M**

SPITFIRE MK. IA 11,2 M

Alas plegadas
Cuando cazaba en el
suelo, *Quetzalcoatlus*
plegaba hacia arriba
las alas.

Presas pequeñas
Pequeños dinosaurios
y animales similares
pudieron ser presas
fáciles para este
pterosaurio.

Alzando el vuelo
Los pterosaurios gigantes como *Quetzalcoatlus* contaban con la
misma anatomía alar y los mismos músculos de vuelo que los más
pequeños. Despegaban impulsándose con las cuatro extremidades
y extendiendo rápidamente las alas para alzar el vuelo.

Patas
flexionadas

Patas
estiradas

Exterior del
ala desplegado

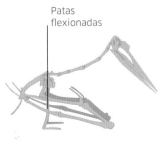

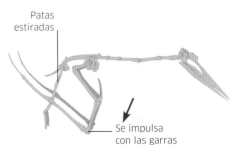

Se impulsa
con las garras

Cuerpo
impulsado
hacia arriba

FLEXIÓN
Al prepararse para despegar, el
animal se agacha con las alas
plegadas hacia delante y apoya
bien las garras sobre el suelo.

SALTO
Dándose impulso con las
cuatro extremidades, estira
las patas y salta hacia arriba
y hacia delante.

DESPEGUE
Al tiempo que despega del suelo,
extiende el exterior de las alas y
las bate para impulsarse en el
aire y alzar el vuelo.

Triceratops

***Triceratops* fue uno de los últimos y más grandes ceratopsios: un grupo de herbívoros famoso por sus espectaculares cuernos (tres en el caso de *Triceratops*) y gorgueras.**

Aunque tenía el tamaño de un elefante, la constitución de *Triceratops* era más bien la de un rinoceronte, con la cabeza baja y los cuernos amenazantes. Como otros ceratopsios, tenía una gran gorguera ósea que se extendía desde la nuca y le cubría el cuello: un útil recurso defensivo para un animal que compartió hábitat en América del Norte con el temible *Tyrannosaurus* (pp. 140-141). Con su ribete de púas, este adorno del cuello le daba un aspecto impresionante, y pudo tener un papel importante en la competencia entre machos por el territorio o por las hembras.

Gorguera
La gorguera era de hueso sólido, cubierta de piel escamosa.

Púas óseas
Un ribete de púas realzaba aún más el aspecto de la gorguera.

Cuernos largos
Los dos cuernos de la frente, con duros núcleos óseos y puntas afiladas, medían hasta 1,3 m de longitud.

Piel escamosa
Los fragmentos de piel fosilizada demuestran que estaba cubierta de escamas.

Dientes cortantes
Hileras de molares muy juntos cortaban la materia vegetal como tijeras.

Triceratops y *Torosaurus*

Triceratops vivió en el mismo tiempo y lugar que otro ceratopsio con una asombrosa gorguera aún mayor, *Torosaurus*. Algunos investigadores piensan que se trataba del mismo animal, y que el joven *Triceratops* se convertía en el llamado *Torosaurus* al madurar por completo; pero las pruebas aportadas no son concluyentes, y la mayoría de los científicos disienten.

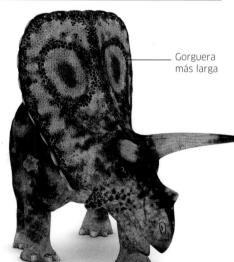

Gorguera más larga

TOROSAURUS

Algunos huesos de *Triceratops* presentan heridas de dientes de tiranosaurio, pero también hay pruebas de un ejemplar que sobrevivió a un ataque... y que **pudo matar al tiranosaurio.**

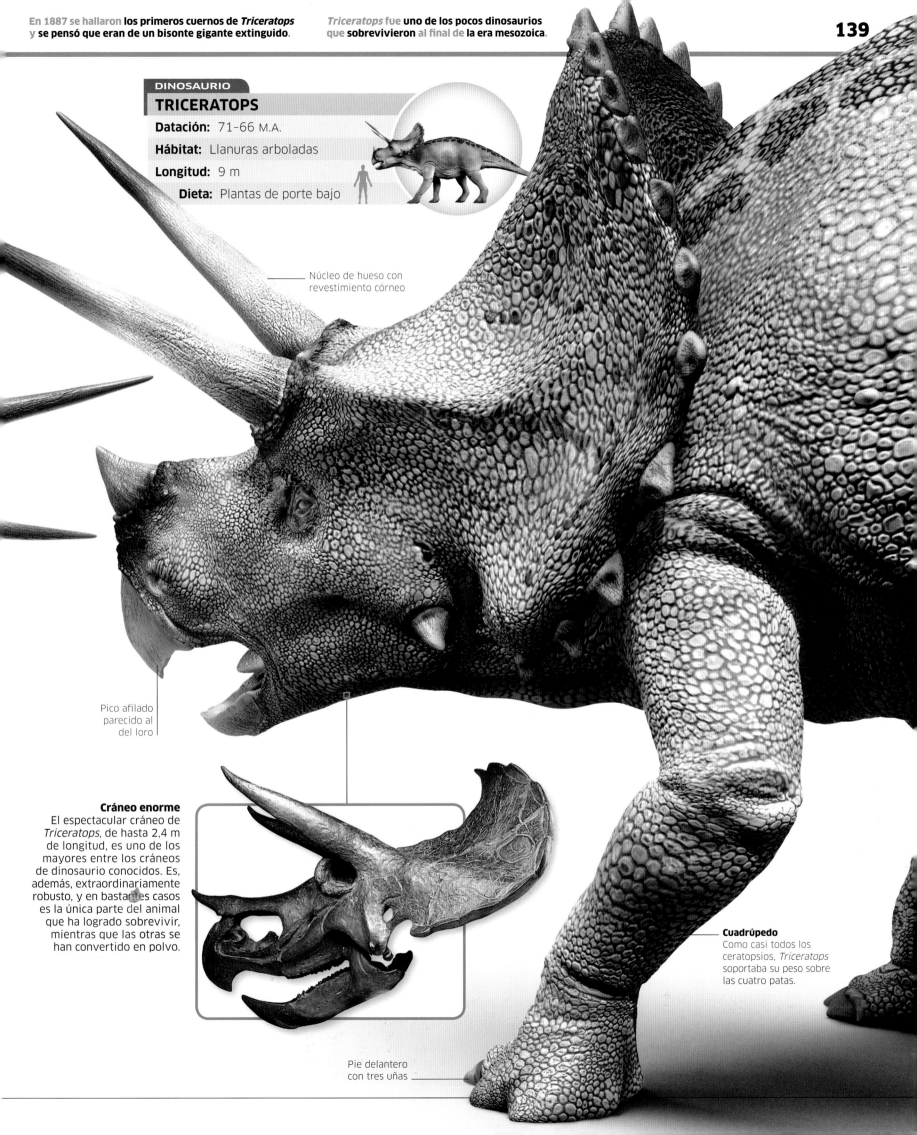

En 1887 se hallaron **los primeros cuernos de *Triceratops*** y **se pensó que eran de un bisonte gigante extinguido**.

Triceratops fue **uno de los pocos dinosaurios** que **sobrevivieron** al final de **la era mesozoica**.

TRICERATOPS

Datación: 71-66 M.A.

Hábitat: Llanuras arboladas

Longitud: 9 m

Dieta: Plantas de porte bajo

Núcleo de hueso con revestimiento córneo

Pico afilado parecido al del loro

Cráneo enorme
El espectacular cráneo de *Triceratops*, de hasta 2,4 m de longitud, es uno de los mayores entre los cráneos de dinosaurio conocidos. Es, además, extraordinariamente robusto, y en bastantes casos es la única parte del animal que ha logrado sobrevivir, mientras que las otras se han convertido en polvo.

Cuadrúpedo
Como casi todos los ceratopsios, *Triceratops* soportaba su peso sobre las cuatro patas.

Pie delantero con tres uñas

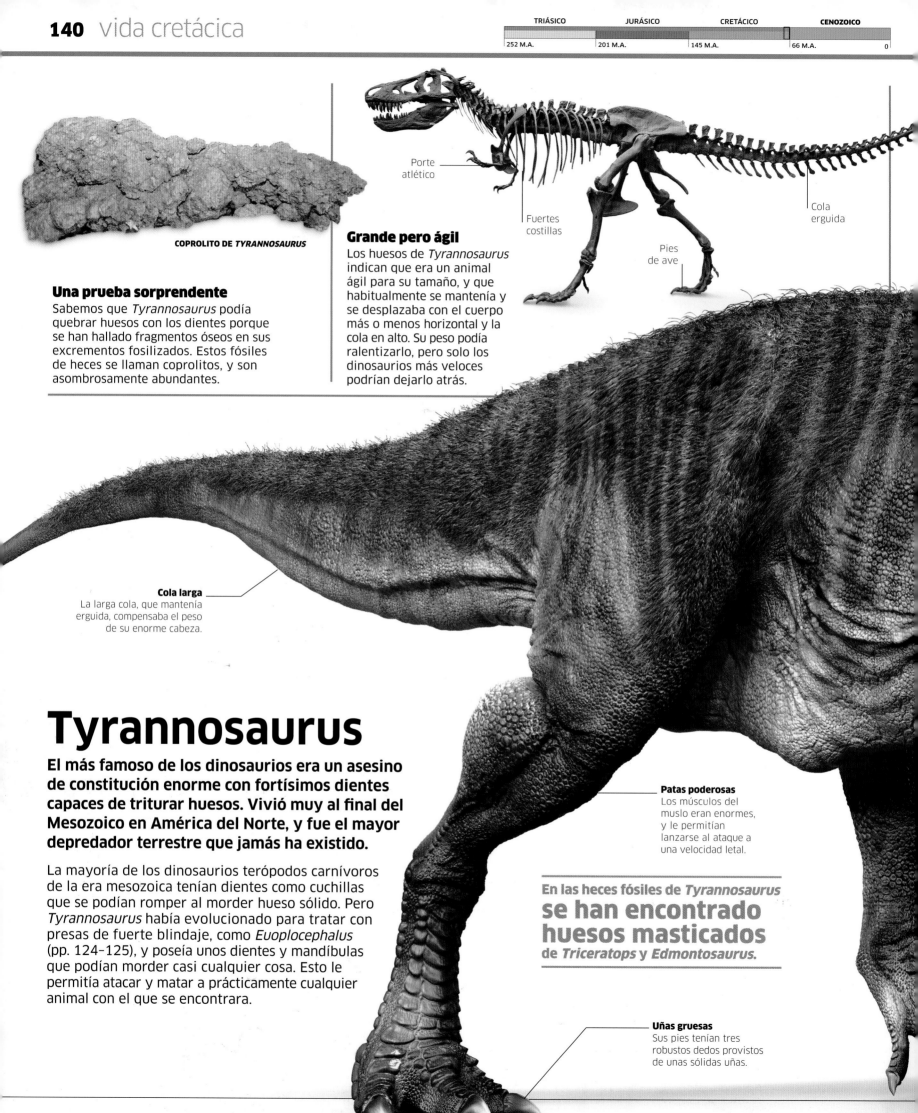

COPROLITO DE *TYRANNOSAURUS*

Porte atlético

Fuertes costillas

Cola erguida

Pies de ave

Una prueba sorprendente

Sabemos que *Tyrannosaurus* podía quebrar huesos con los dientes porque se han hallado fragmentos óseos en sus excrementos fosilizados. Estos fósiles de heces se llaman coprolitos, y son asombrosamente abundantes.

Grande pero ágil

Los huesos de *Tyrannosaurus* indican que era un animal ágil para su tamaño, y que habitualmente se mantenía y se desplazaba con el cuerpo más o menos horizontal y la cola en alto. Su peso podía ralentizarlo, pero solo los dinosaurios más veloces podrían dejarlo atrás.

Cola larga
La larga cola, que mantenía erguida, compensaba el peso de su enorme cabeza.

Tyrannosaurus

El más famoso de los dinosaurios era un asesino de constitución enorme con fortísimos dientes capaces de triturar huesos. Vivió muy al final del Mesozoico en América del Norte, y fue el mayor depredador terrestre que jamás ha existido.

La mayoría de los dinosaurios terópodos carnívoros de la era mesozoica tenían dientes como cuchillas que se podían romper al morder hueso sólido. Pero *Tyrannosaurus* había evolucionado para tratar con presas de fuerte blindaje, como *Euoplocephalus* (pp. 124–125), y poseía unos dientes y mandíbulas que podían morder casi cualquier cosa. Esto le permitía atacar y matar a prácticamente cualquier animal con el que se encontrara.

Patas poderosas
Los músculos del muslo eran enormes, y le permitían lanzarse al ataque a una velocidad letal.

En las heces fósiles de *Tyrannosaurus*
se han encontrado
huesos masticados
de *Triceratops* y *Edmontosaurus*.

Uñas gruesas
Sus pies tenían tres robustos dedos provistos de unas sólidas uñas.

Un fósil de *Tyrannosaurus rex* apodado «Sue» se convirtió en el **fósil más caro de la historia** cuando fue subastado en 1997.

141

DINOSAURIO
TYRANNOSAURUS

Datación: 67-66 M.A.

Hábitat: Bosques y pantanos

Longitud: 12 m

Dieta: Grandes dinosaurios

Dientes terroríficos
Los afilados dientes eran lo bastante fuertes como para atravesar el duro blindaje de sus presas.

Escamas y plumas
Tyrannosaurus debía de tener la piel cubierta de escamas y probablemente tenía algunas plumas en la espalda.

Rivales mortales
Los tiranosaurios podían luchar a muerte entre sí por el territorio y por la comida.

Tobillos delgados
Las patas y los tobillos esbeltos sugieren que *Tyrannosaurus* podía correr a gran velocidad.

Brazos pequeños
Los brazos de *Tyrannosaurus* eran diminutos comparados con su cuerpo, pero tenían músculos fuertes para aferrar a las presas.

Uña afilada

Dedos aptos para agarrar a las presas

UNA NUEVA ERA

El mundo cretácico fue destruido por una catástrofe global que cambió por completo la vida en la Tierra. El Mesozoico estuvo dominado por dinosaurios gigantes, pero la nueva era cenozoica vería el ascenso de los mamíferos. Las aves, a diferencia de los demás dinosaurios, lograron sobrevivir y prosperaron.

EL MUNDO CENOZOICO

La era mesozoica terminó con una extinción masiva que eliminó a la mayor parte de los animales dominantes, terrestres y marinos: los grandes dinosaurios, los alados pterosaurios y la mayoría de los reptiles marinos. Al tiempo que el mundo se recuperaba, los animales supervivientes fueron evolucionando hacia nuevas formas que ocuparon el lugar de los desaparecidos. Así, los primeros grandes mamíferos reemplazaron a los dinosaurios como principales animales terrestres. El Cenozoico contemplaría también la aparición de los humanos.

OCÉANOS Y CONTINENTES

En el Cenozoico inferior, hace 50 m.a., los continentes ya se habían fragmentado en los que conocemos hoy, pero sus formas y posiciones eran distintas. Grandes zonas del suroeste de Asia todavía estaban inundadas por el mar, India era una isla a la deriva, y América del Sur no estaba unida a América del Norte. Sin embargo, en los 50 m.a. siguientes, el mundo moderno se configuró gradualmente.

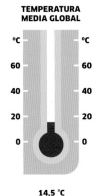

OCÉANO PACÍFICO

AMÉRICA DEL NORTE

OCÉANO ATLÁNTICO NORTE

En el Cenozoico inferior había un mar abierto entre las dos Américas. La actividad volcánica creó un estrecho puente terrestre hace tan solo 4 m.a.

AMÉRICA DEL SUR

Por esta época la Antártida ya se había separado de Australia y derivaba hacia el Polo Sur. Mientras, Australia y Nueva Guinea se desplazaban hacia el norte.

OCÉANO ATLÁNTICO SUR

CONTINENTES Y OCÉANOS EN EL CENOZOICO INFERIOR

MEDIOAMBIENTE

En contraste con el cálido y relativamente estable Mesozoico, el Cenozoico ha sido un tiempo de cambios dramáticos. Algunos periodos han sido gélidos, otros calurosos. Pero las condiciones han sido muy distintas en las diferentes masas continentales, proporcionando refugio a gran diversidad de plantas, animales y otras formas de vida.

Clima

La era empezó con un periodo frío, pero hace 56 m.a. la temperatura en el planeta se elevó de modo espectacular. Tras 7 m.a., el mundo se empezó a enfriar hasta entrar en un periodo de glaciaciones, hace unos 2,5 m.a. Hoy vivimos en una fase cálida de una de esas glaciaciones.

TEMPERATURA MEDIA GLOBAL

°C — 60 — 40 — 20 — 0

°C — 60 — 40 — 20 — 0

14,5 °C

Praderas
Al inicio del Cenozoico, el calor y la lluvia crearon vastas selvas. Cuando el clima se hizo más frío y seco, grandes regiones se convirtieron en praderas.

Glaciación
Durante las glaciaciones del final del Cenozoico, grandes zonas de las regiones polares estaban cubiertas de hielo, como ocurre aún en Groenlandia y la Antártida.

ERA		ERA MESOZOICA	
PERIODO	PERIODO TRIÁSICO	PERIODO JURÁSICO	
MILLONES DE AÑOS ATRÁS	252	201	145

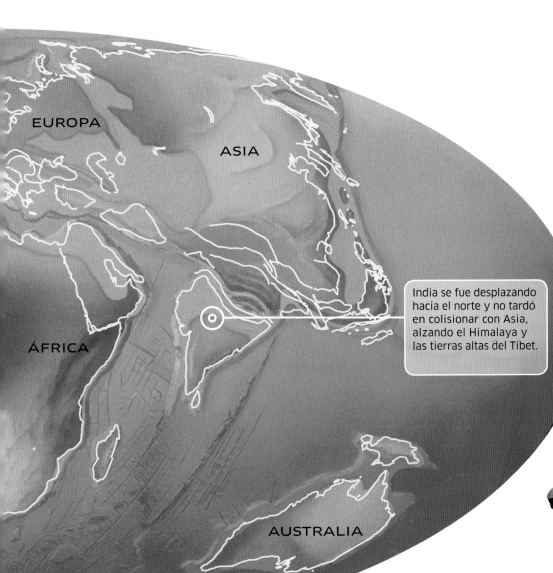

EUROPA

ASIA

ÁFRICA

India se fue desplazando hacia el norte y no tardó en colisionar con Asia, alzando el Himalaya y las tierras altas del Tíbet.

AUSTRALIA

ANTÁRTIDA

⊙ CLAVE

■ ANTIGUA MASA CONTINENTAL

MASA CONTINENTAL ACTUAL

⊙ ANIMALES

La desaparición de los dinosaurios gigantes tuvo un efecto espectacular en la vida animal, sobre todo entre los mamíferos que ocuparon su lugar. Pero las aves también sobrevivieron, y prosperaron. Insectos y animales similares también evolucionaron de diversos modos para adaptarse a los nuevos hábitats.

Invertebrados terrestres
Polinizadores como las mariposas medraron en bosques ricos en flores. Las amplias praderas fueron colonizadas por cantidades ingentes de saltamontes y escarabajos.

ESCARABAJO FÓSIL

TERATORNIS

Aves
La mayoría de los tipos modernos de aves evolucionaron en el Cenozoico medio. Algunas eran gigantes, como *Gastornis* o la posterior *Teratornis*, similar al cóndor.

THYLACOSMILUS

Mamíferos
Los mamíferos aumentaron increíblemente en tamaño y variedad. Depredadores como *Thylacosmilus*, un marsupial de dientes de sable, cazaban grandes herbívoros, pero los mamíferos pequeños también tuvieron mucho éxito.

Orígenes humanos
Este podría ser el cráneo fósil de uno de nuestros primeros ancestros. *Sahelanthropus* vivió hace 6 m.a., 2 m.a. antes que el primer ser humano que caminó erguido. La evolución de los humanos modernos tuvo lugar hace unos 350.000 años.

Plantas

Durante el Cenozoico, las herbáceas y las plantas con flor que ya habían evolucionado al final de la era anterior devinieron dominantes en casi todo el planeta. Aunque las glaciaciones destruyeron gran parte de la vida vegetal en el extremo norte, desde entonces ha logrado recuperarse.

Caducifolios
Las nuevas formas vegetales que prosperaron en el Cenozoico incluyen muchos árboles de hoja ancha que se pierde en invierno.

Helechos
El éxito de nuevos árboles forestales generó hábitats muy variados para los helechos, que en respuesta crearon nuevas formas.

Flores fragantes
Rápidamente las flores evolucionaron para atraer tanto insectos como otros polinizadores, con coloridos pétalos y dulce néctar.

Herbáceas
Un cambio muy significativo en la flora fue la difusión de las herbáceas, principal fuente de alimentación de algunos animales.

PERIODO CRETÁCICO

ERA CENOZOICA

Lengua bífida
Al igual que las serpientes actuales, *Titanoboa* podría detectar y rastrear a sus presas usando su lengua bífida: la agitaría en el aire para captar rastros olorosos y a continuación la retraería para transmitir esos olores a un órgano sensorial del paladar.

Presa
Su principal presa eran peces, pero fácilmente *Titanoboa* se alimentaría también de crocodilianos pequeños.

Cuerpo musculoso
El gran cuerpo de *Titanoboa* eran 15 m de sólido músculo.

Titanoboa

Los fósiles de esta serpiente gigantesca, hallados en rocas de Colombia, muestran que fue una de las más grandes, pesadas y largas que han existido. Probablemente pesaba tanto como un coche pequeño.

Las primeras serpientes evolucionaron a partir de lagartos en el periodo cretácico, y sobrevivieron a la extinción masiva con la que acabó el Mesozoico. Durante el periodo cálido que siguió, algunas de ellas, como *Titanoboa*, crecieron hasta alcanzar unas proporciones colosales. Esta constrictora gigante mataba a sus presas enrollándose en torno a ellas para impedirles respirar, como las boas actuales. *Titanoboa* habitaba en pantanos, donde cazaba peces y otros reptiles.

Titanoboa **vivía en selvas tropicales** similares **a la actual selva amazónica**.

Ingenieros canadienses crearon una *Titanoboa* robótica **de tamaño natural** para poder estudiar su movimiento.

Sus huesos son tan grandes que al principio se pensó que pertenecían a **cocodrilos extintos**.

147

Gran elasticidad

Como sucede con todas las serpientes, *Titanoboa* se tragaría enteras a sus presas. La piel elástica de una serpiente y su flexible maxilar inferior han evolucionado para permitirle tragar presas varias veces mayores que el diámetro de la propia serpiente. Tras una ingesta, *Titanoboa* no necesitaría comer durante varios días.

Un buen bocado

Esta voraz serpiente comedora de huevos africana ha distendido sus mandíbulas hasta abarcar un huevo de pájaro. Acto seguido lo estrujará, extraerá el líquido y, por último, regurgitará la cáscara.

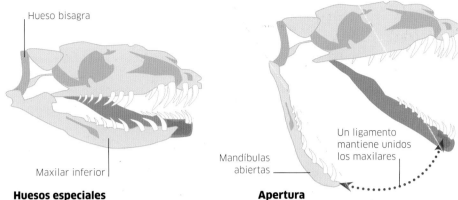

Hueso bisagra

Maxilar inferior

Mandíbulas abiertas

Un ligamento mantiene unidos los maxilares

Huesos especiales

La asombrosa capacidad de deglución de la serpiente es posible porque los maxilares están unidos por un ligamento elástico, y articulados holgadamente con el cráneo.

Apertura

El hueso bisagra y el ligamento elástico permiten que los maxilares se abran increíblemente, y estos empujan hacia atrás para introducir la presa en la boca.

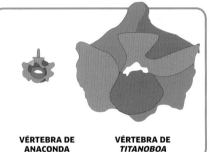

VÉRTEBRA DE ANACONDA

VÉRTEBRA DE *TITANOBOA*

Huesos gigantes

La anaconda es la serpiente actual más grande, pero sus vértebras resultan diminutas al lado de las de *Titanoboa*.

Titanoboa era tan larga como un
autobús escolar
y alcanzaba 1 m de diámetro.

Patrón de escamas

Su piel escamosa mostraba probablemente un patrón, como la de la anaconda.

Piel coloreada

El diseño de su piel escamosa sería similar al de la anaconda.

SERPIENTE

TITANOBOA

Datación: 60-58 M.A.

Hábitat: Pantanos tropicales

Longitud: 15 m

Dieta: Peces y reptiles

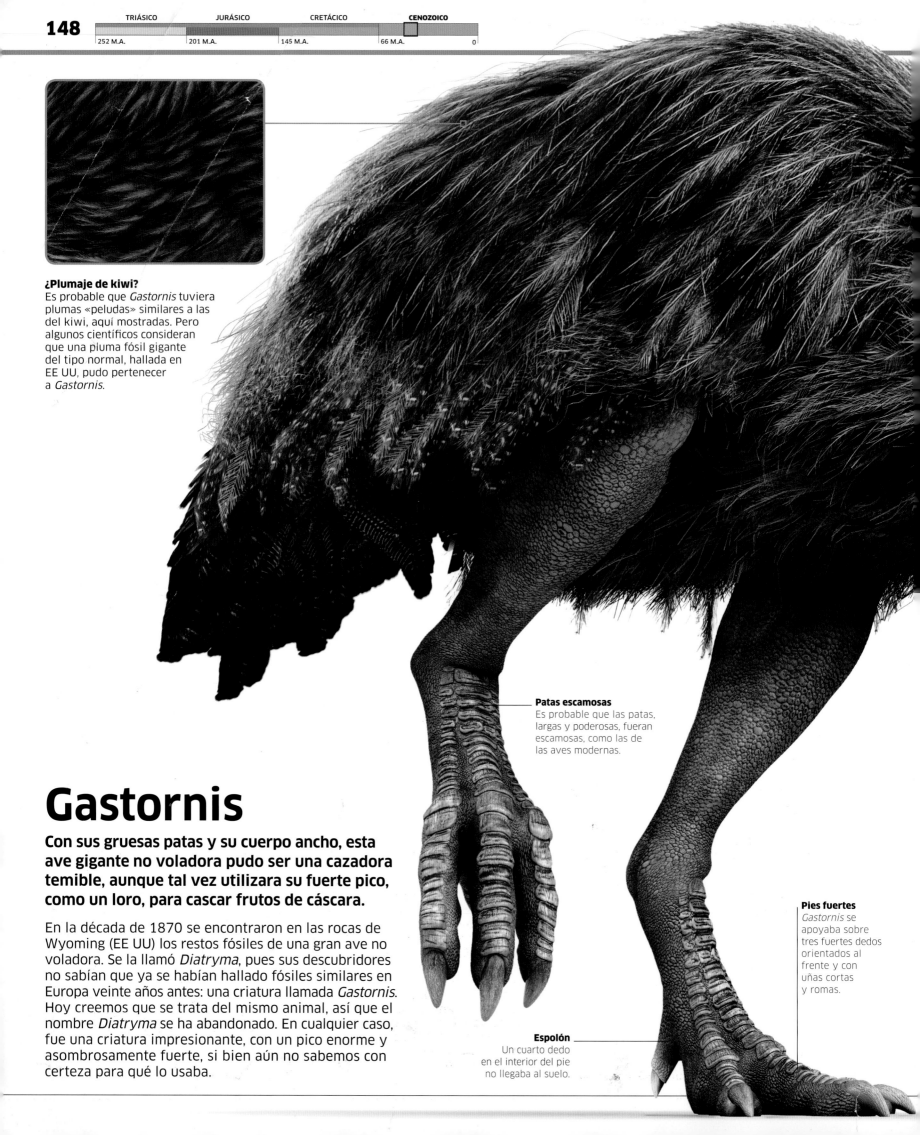

¿Plumaje de kiwi?
Es probable que *Gastornis* tuviera plumas «peludas» similares a las del kiwi, aquí mostradas. Pero algunos científicos consideran que una pluma fósil gigante del tipo normal, hallada en EE UU, pudo pertenecer a *Gastornis*.

Patas escamosas
Es probable que las patas, largas y poderosas, fueran escamosas, como las de las aves modernas.

Gastornis

Con sus gruesas patas y su cuerpo ancho, esta ave gigante no voladora pudo ser una cazadora temible, aunque tal vez utilizara su fuerte pico, como un loro, para cascar frutos de cáscara.

En la década de 1870 se encontraron en las rocas de Wyoming (EE UU) los restos fósiles de una gran ave no voladora. Se la llamó *Diatryma*, pues sus descubridores no sabían que ya se habían hallado fósiles similares en Europa veinte años antes: una criatura llamada *Gastornis*. Hoy creemos que se trata del mismo animal, así que el nombre *Diatryma* se ha abandonado. En cualquier caso, fue una criatura impresionante, con un pico enorme y asombrosamente fuerte, si bien aún no sabemos con certeza para qué lo usaba.

Pies fuertes
Gastornis se apoyaba sobre tres fuertes dedos orientados al frente y con uñas cortas y romas.

Espolón
Un cuarto dedo en el interior del pie no llegaba al suelo.

2009 Año en que un desprendimiento de tierra cerca de **Seattle (EE UU)** expuso un **rastro de pisadas**, probablemente de *Gastornis*.

149

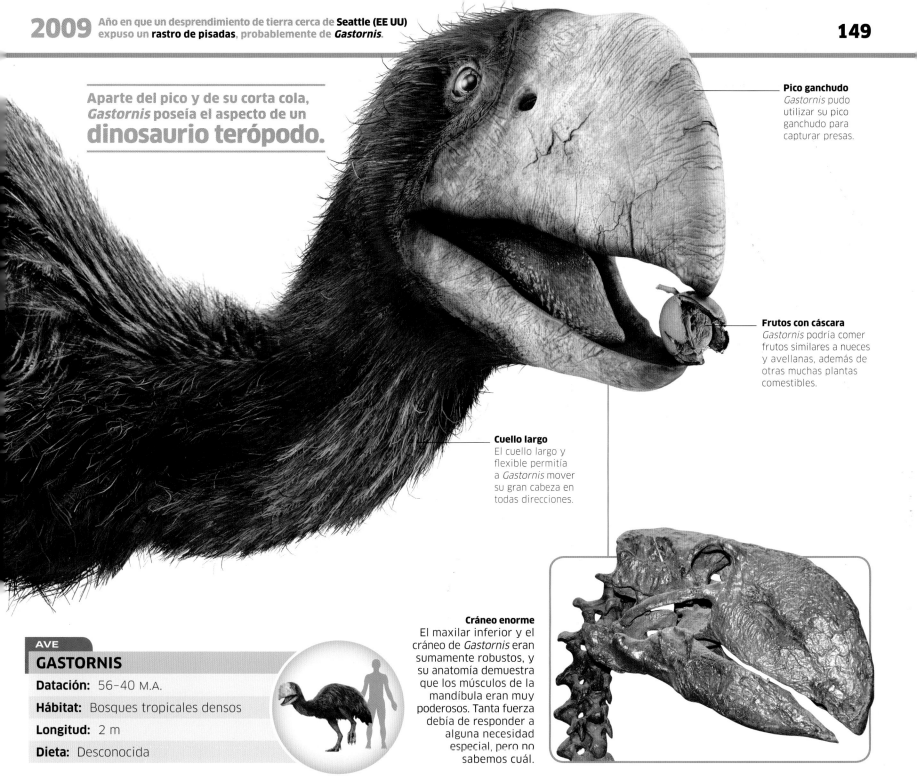

Aparte del pico y de su corta cola, *Gastornis* poseía el aspecto de un
dinosaurio terópodo.

Pico ganchudo
Gastornis pudo utilizar su pico ganchudo para capturar presas.

Frutos con cáscara
Gastornis podría comer frutos similares a nueces y avellanas, además de otras muchas plantas comestibles.

Cuello largo
El cuello largo y flexible permitía a *Gastornis* mover su gran cabeza en todas direcciones.

Cráneo enorme
El maxilar inferior y el cráneo de *Gastornis* eran sumamente robustos, y su anatomía demuestra que los músculos de la mandíbula eran muy poderosos. Tanta fuerza debía de responder a alguna necesidad especial, pero no sabemos cuál.

AVE
GASTORNIS

Datación: 56–40 M.A.

Hábitat: Bosques tropicales densos

Longitud: 2 m

Dieta: Desconocida

Huevos gigantescos

Se han descubierto fragmentos de huevos fósiles que pudieron pertenecer a *Gastornis*. Su reconstrucción muestra que medían más de 23 cm de altura pero solo 10 cm de diámetro, por lo que eran más alargados que los huevos de aves actuales como el avestruz o la gallina. De hecho, se parecen más a los de sus ancestros mesozoicos: dinosaurios terópodos como *Citipati* (pp. 114-115).

HUEVO DE *GASTORNIS*   **HUEVO DE AVESTRUZ**   **HUEVO DE GALLINA**

Pico cascanueces

En las selvas tropicales de América del Sur, grandes loros como el guacamayo azul (foto) usan su fuerte pico para romper la dura cáscara de los frutos que constituyen su dieta principal. Son frutos muy nutritivos, y es razonable pensar que el enorme pico de *Gastornis* le sirviera para cascar frutos todavía mayores que crecían en los bosques de la época. Pero también pudo usar el pico para romper los huesos de animales muertos y acceder a la médula, para matar presas vivas o para todas esas cosas.

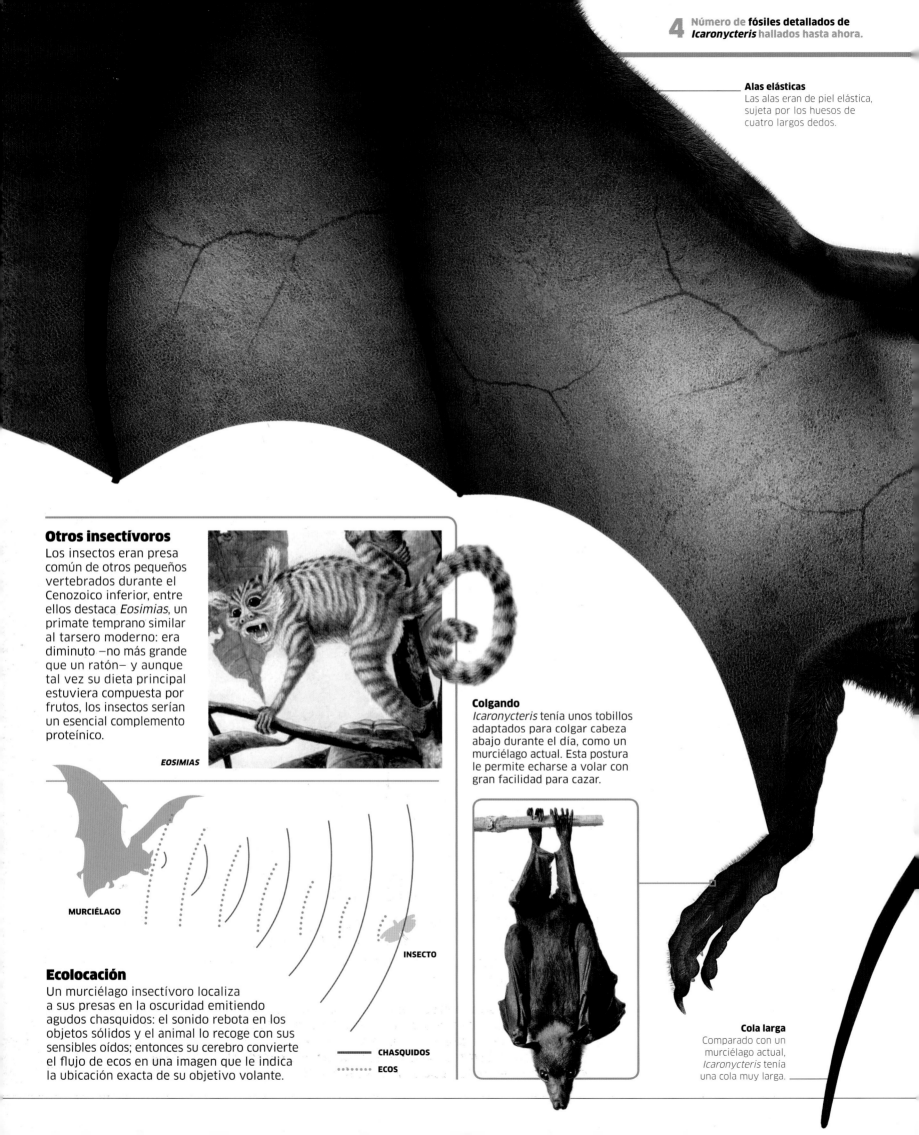

Alas elásticas
Las alas eran de piel elástica, sujeta por los huesos de cuatro largos dedos.

Otros insectívoros

Los insectos eran presa común de otros pequeños vertebrados durante el Cenozoico inferior, entre ellos destaca *Eosimias*, un primate temprano similar al tarsero moderno: era diminuto —no más grande que un ratón— y aunque tal vez su dieta principal estuviera compuesta por frutos, los insectos serían un esencial complemento proteínico.

EOSIMIAS

MURCIÉLAGO

INSECTO

Ecolocación

Un murciélago insectívoro localiza a sus presas en la oscuridad emitiendo agudos chasquidos: el sonido rebota en los objetos sólidos y el animal lo recoge con sus sensibles oídos; entonces su cerebro convierte el flujo de ecos en una imagen que le indica la ubicación exacta de su objetivo volante.

CHASQUIDOS

ECOS

Colgando

Icaronycteris tenía unos tobillos adaptados para colgar cabeza abajo durante el día, como un murciélago actual. Esta postura le permite echarse a volar con gran facilidad para cazar.

Cola larga
Comparado con un murciélago actual, *Icaronycteris* tenía una cola muy larga.

TRIÁSICO	JURÁSICO	CRETÁCICO	CENOZOICO
252 M.A.	201 M.A.	145 M.A.	66 M.A. 0

Este animal **vivió** al parecer
en **Europa y América del Norte.**

151

MAMÍFERO

ICARONYCTERIS

Datación: 52 M.A.

Hábitat: Bosques

Longitud: 14 cm

Dieta: Insectos

Fósil detallado
Los fósiles de *Icaronycteris*
que se hallaron en Wyoming
(EE UU) están asombrosamente
bien conservados. Muestran cada
mínimo detalle del esqueleto, y
algunos tienen restos incluso de
los tejidos blandos del animal.

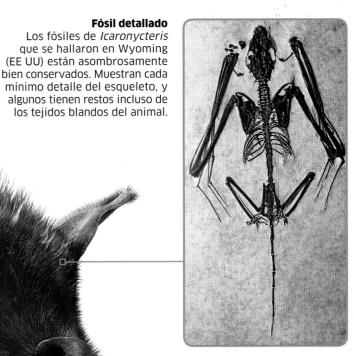

Dientes de musaraña
Los dientes eran muy parecidos a los
de la musaraña actual, otro insectívoro.

Presa
Algunos fósiles de *Icaronycteris*
tienen escamas de ala de polilla
en el estómago: esta sería una
de sus presas habituales.

Libre de alerón
A diferencia de los
murciélagos modernos,
Icaronycteris carecía de
uropatagio: el alerón de piel
que une el cuerpo y la cola.

Icaronycteris

**Se parece tanto a un murciélago actual que
es difícil creer que vivió hace más de 50 millones
de años. Compartía incluso la capacidad de cazar insectos
al vuelo durante la noche.**

Icaronycteris recibió su
nombre del mítico joven
griego Ícaro,
que voló usando unas
alas atadas a sus brazos.

Los huesos de murciélago son tan frágiles que pocos han sobrevivido como
fósiles. *Icaronycteris* es uno de los más antiguos hallados hasta ahora, y su
anatomía deja claro que estaba bien adaptado al vuelo. Sus dientes indican que
fue insectívoro, y la forma de los huesos de su oído interno sugiere que cazaba
por la noche mediante ecolocación, igual que sus descendientes modernos.

Uintatherium

Con una constitución enorme y un apetito probablemente en consonancia, este pesado herbívoro fue uno de los mamíferos que llenaron el hueco dejado por los dinosaurios gigantes.

Durante la era mesozoica, la vida terrestre estuvo dominada por dinosaurios herbívoros gigantes. Tras su extinción, los pequeños mamíferos empezaron a evolucionar hacia formas cada vez más grandes que vivían del mismo modo. A lo largo de millones de años, este proceso resultó en grandes herbívoros como *Uintatherium*: un «megaherbívoro» descomunal especialmente adaptado para recoger y digerir cantidades ingentes de materia vegetal.

Cola fina
La cola delgada y flexible pudo servir al animal para ahuyentar a las moscas.

Megaherbívoros extintos

Uintatherium solo fue uno de los muchos megaherbívoros (herbívoros gigantes) que proliferaron a partir del Cenozoico medio. Hoy únicamente sobreviven unos pocos, como los elefantes y rinocerontes de África y Asia.

Paraceratherium
Este pariente de los rinocerontes, de hace 20 m.a., es el mayor mamífero terrestre que jamás ha existido. Con 5,5 m de altura hasta la cruz, podía alcanzar la copa de un árbol para alimentarse como una jirafa.

Deinotherium
Pariente del elefante, pero mayor que cualquiera de los actuales, tenía en la mandíbula inferior unos insólitos colmillos curvados hacia abajo. Se extinguió hace ya un millón de años.

Gran barriga
Un gran sistema digestivo permitía a *Uintatherium* extraer todos los nutrientes de su poco nutritivo alimento vegetal.

Pies de elefante
Los huesos de los pies se apoyaban en unas cuñas de tejido esponjoso situadas detrás de los dedos.

Sus fósiles se han hallado en lugares tan alejados como **América del Norte y China**.

1 **m: longitud del enorme cráneo** de *Uintatherium*.

Algunos cráneos tienen **cuernos más grandes**: estos pudieron pertenecer a **machos**, que los **utilizarían para luchar entre sí**.

153

Piel gruesa
Es probable que *Uintatherium* tuviera una piel muy gruesa, como el rinoceronte, para así protegerse de los depredadores.

MAMÍFERO
UINTATHERIUM

Datación: 45-37 M.A.

Hábitat: Bosques

Longitud: 4 m

Dieta: Plantas

Cráneo y cuernos
El cráneo tenía una forma muy extraña, con grandes rebordes óseos y tres pares de cuernos nudosos; la caja craneana era inusualmente gruesa, con cavidades para reducir su peso, y poseía un cerebro muy pequeño.

Patas robustas
Uintatherium se sostenía sobre unas enormes y pesadas patas como pilares.

Gruesos colmillos
Los caninos superiores se prolongaban en largos colmillos, que pudieron ser más grandes en los machos.

Los cuernos de *Uintatherium* estaban totalmente cubiertos **de piel, al igual que los de la jirafa actual.**

Dientes irregulares
El cráneo y la mandíbula
presentan tanto dientes
de leche como dientes
permanentes que aún no
habían brotado al morir el
animal. La forma irregular de
los dientes posteriores sería
idónea para cortar hojas y
cascar semillas y frutos.

Cuerpo peludo
El fósil conserva clara
evidencia de un denso
pelaje que cubría la piel.

Hallado en 1983, el fósil estuvo **24 años oculto en una colección privada**, hasta que se vendió.

El **fósil fue apodado «Ida»** por los científicos que lo compraron.

Darwinius fue **nombrado en honor al gran naturalista Charles Darwin** en el 200 aniversario de su nacimiento.

155

Darwinius

Hace unos 47 millones de años, los árboles de Europa estaban habitados por pequeños mamíferos que eran claramente primates: el grupo que incluye a lémures, monos, simios y humanos.

Hallado en 1983 en una losa de esquisto de una cantera alemana, el asombrosamente detallado fósil de *Darwinius* conserva casi cada hueso de su esqueleto, así como trazos de su piel y su pelaje. Se identificó como una hembra, de tan solo nueve meses y aún con los dientes de leche. La forma de los dientes indica que era herbívora, y de hecho el fósil conserva en el estómago su última comida de frutos y hojas, que recogería subiéndose a los árboles, como muchos primates modernos.

Manos prensiles
Darwinius tenía unas manos prensiles con pulgares oponibles –que pueden cruzar la palma de la mano para tocar las yemas de los otros dedos–, como las nuestras. Esto le permitía agarrarse bien a las ramas para trepar por los árboles. Tenía además unas largas uñas.

Cola larga
Como muchos otros primates modernos, tenía una cola mucho más larga que el resto del cuerpo.

Visión binocular
Gracias a unos ojos orientados al frente podía valorar con gran precisión las distancias al saltar de rama en rama.

Pies hábiles
Los dedos gordos eran oponibles al igual que los pulgares de sus manos, de modo que usaba los pies como manos.

Detalle exquisito
Cuando este animal murió, se hallaba en el entorno de un lago en una región con actividad volcánica. Es posible que resultara asfixiado por gases volcánicos tóxicos, cayera al lago y quedase enterrado en el lodo, el cual evitó la descomposición del cuerpo. Con el tiempo, el lodo se convirtió en roca, conservando sus restos con un detalle exquisito.

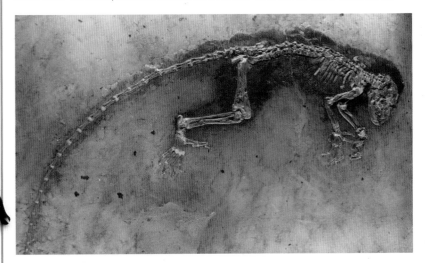

¿Un ancestro lejano?
En 2009 *Darwinius* saltó a los titulares de prensa como el «eslabón perdido» entre la especie humana y el resto del reino animal. Se decía que su fósil era el primero que presentaba una serie de rasgos típicos de monos, grandes simios y humanos; de ser así, estaría relacionado con nuestros antepasados lejanos. Sin embargo, otros científicos han señalado rasgos que lo identifican como antecesor de animales como el lémur, lo cual implica que no se hallaría en nuestra rama del árbol genealógico.

MAMÍFERO
DARWINIUS
Datación: 47 M.A.

Hábitat: Bosques

Longitud: 58 cm

Dieta: Hojas, frutos y semillas

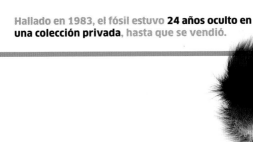

PELIGRO EN EL BOSQUE

Unos 65 millones de años después de que el último dinosaurio caminara sobre la Tierra, un *Megatherium* se alimenta entre enormes secuoyas. Sin embargo, la amenaza acecha entre la maleza: un temible *Smilodon* de dientes de sable se acerca sigiloso.

Megatherium no es agresivo, pero está armado con larguísimas uñas y poderosos músculos. Si tiene que defenderse, puede infligir graves daños al fiero felino. *Smilodon* se agazapa nervioso y valora su ataque, pues sabe que, pese a sus enormes caninos como puñales, no es rival para el perezoso gigante.

Andrewsarchus

El gigantesco cráneo de este formidable depredador, desenterrado en los desiertos de Mongolia, pudo pertenecer al mayor mamífero carnívoro que jamás ha existido.

Las largas mandíbulas y los afilados dientes frontales de *Andrewsarchus* recuerdan a los de una hiena gigante; con todo, y aunque posiblemente se comportó como una hiena, sus parientes vivos más cercanos son ungulados como los cerdos. Es probable que tuviera anchas pezuñas en cada pie en lugar de garras, y muelas romas, aptas para triturar más que para cortar. Aun así, fue un temible depredador para otros animales.

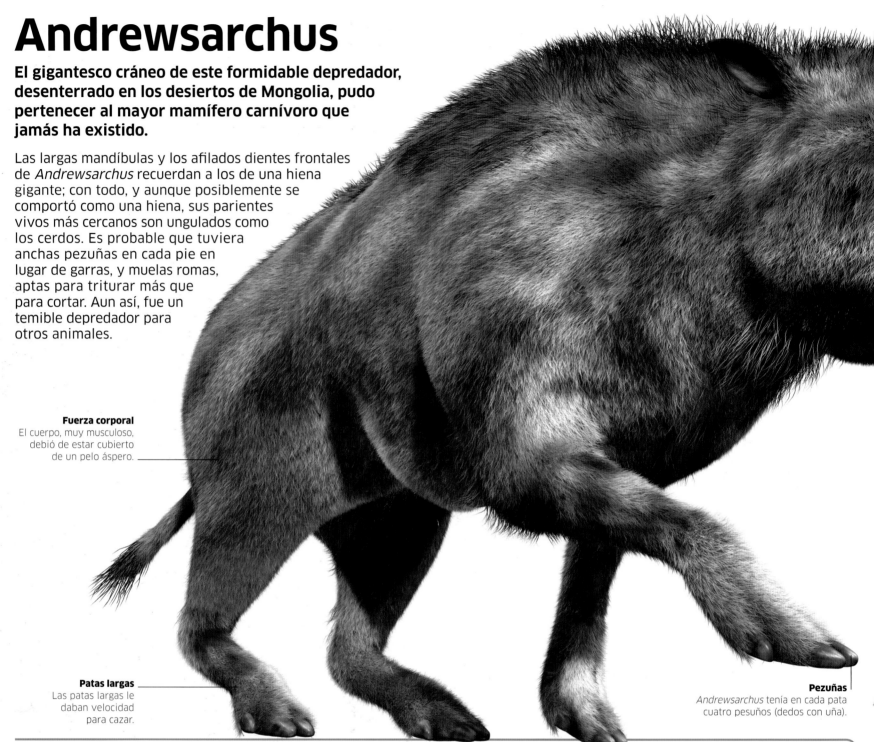

Fuerza corporal
El cuerpo, muy musculoso, debió de estar cubierto de un pelo áspero.

Patas largas
Las patas largas le daban velocidad para cazar.

Pezuñas
Andrewsarchus tenía en cada pata cuatro pesuños (dedos con uña).

Roy Chapman Andrews

Andrewsarchus recibió el nombre de su descubridor, un cazador de fósiles estadounidense que en la década de 1920 dirigió varias expediciones en China y Mongolia, donde descubrió abundantes fósiles de dinosaurios. Andrews comenzó su carrera como un humilde ayudante de laboratorio en el Museo de Historia Natural de Nueva York, y llegó a convertirse en su presidente.

Cerdos carnívoros

Los parientes más próximos de *Andrewsarchus* fueron los extintos entelodontos: ungulados carroñeros y depredadores de tremendas fauces. La idea de un cerdo carnívoro puede resultar extraña pero, de hecho, los cerdos salvajes comen casi de todo. Un jabalí como este puede ser un animal feroz y tan peligroso como un lobo.

Las **únicas pruebas de la existencia** de este animal son **un cráneo y unos pocos dientes**.

Sorprendentemente, *Andrewsarchus* puede relacionarse con los **ancestros del hipopótamo e incluso de la ballena**.

159

El único cráneo de *Andrewsarchus* conocido duplica en tamaño el cráneo **de un oso Kodiak,** el mayor depredador terrestre vivo.

MAMÍFERO
ANDREWSARCHUS

Datación: 45-36 M.A.

Hábitat: Llanuras

Longitud: 4 m

Dieta: Principalmente carne

Cráneo y dientes
Su cráneo tiene una mandíbula estrecha y unos molares muy anchos. Aunque las piezas posteriores eran romas, los caninos afilados eran de cazador.

Fauces trituradoras
Los animales emparentados con *Andrewsarchus* tienen maxilares inferiores profundos y poderosos, capaces de triturar hueso.

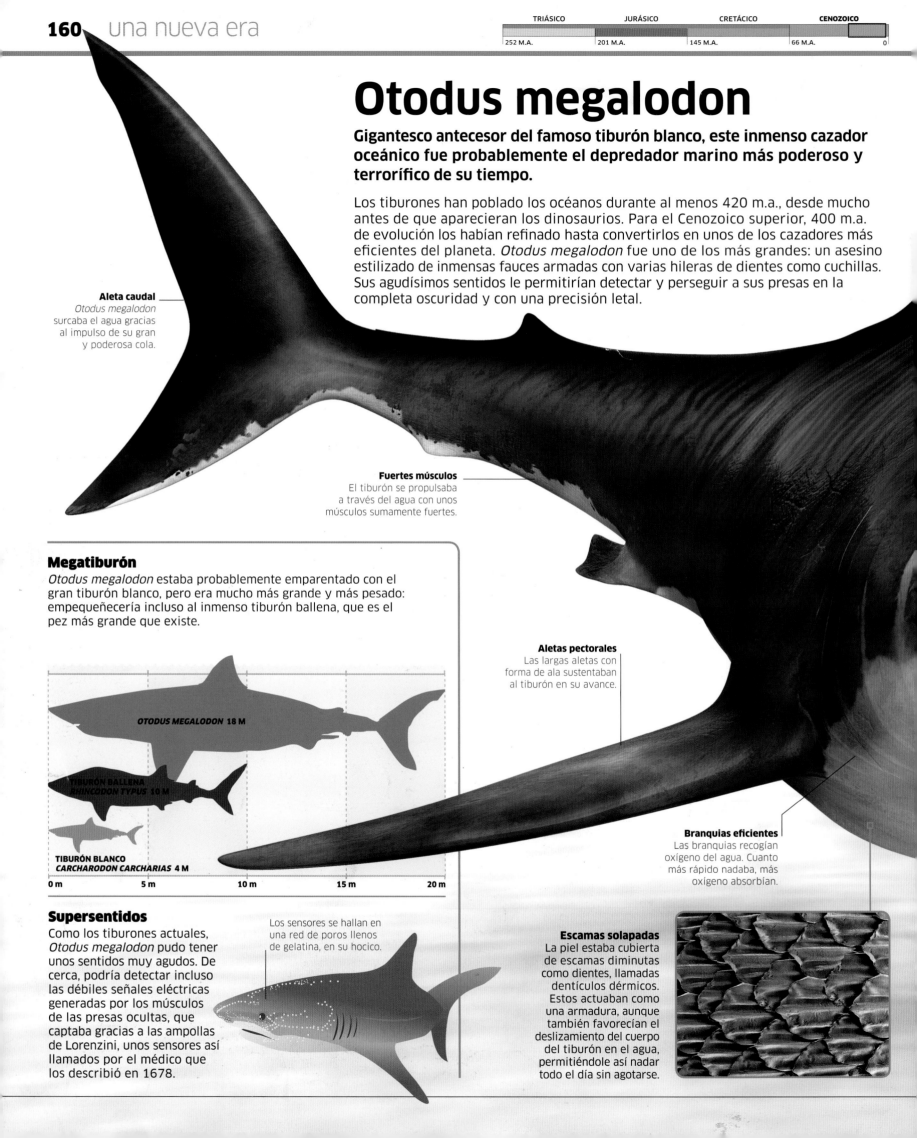

Otodus megalodon

Gigantesco antecesor del famoso tiburón blanco, este inmenso cazador oceánico fue probablemente el depredador marino más poderoso y terrorífico de su tiempo.

Los tiburones han poblado los océanos durante al menos 420 m.a., desde mucho antes de que aparecieran los dinosaurios. Para el Cenozoico superior, 400 m.a. de evolución los habían refinado hasta convertirlos en unos de los cazadores más eficientes del planeta. *Otodus megalodon* fue uno de los más grandes: un asesino estilizado de inmensas fauces armadas con varias hileras de dientes como cuchillas. Sus agudísimos sentidos le permitirían detectar y perseguir a sus presas en la completa oscuridad y con una precisión letal.

Aleta caudal
Otodus megalodon surcaba el agua gracias al impulso de su gran y poderosa cola.

Fuertes músculos
El tiburón se propulsaba a través del agua con unos músculos sumamente fuertes.

Megatiburón
Otodus megalodon estaba probablemente emparentado con el gran tiburón blanco, pero era mucho más grande y más pesado: empequeñecería incluso al inmenso tiburón ballena, que es el pez más grande que existe.

Aletas pectorales
Las largas aletas con forma de ala sustentaban al tiburón en su avance.

OTODUS MEGALODON 18 M

TIBURÓN BALLENA *RHINCODON TYPUS* 10 M

TIBURÓN BLANCO *CARCHARODON CARCHARIAS* 4 M

| 0 m | 5 m | 10 m | 15 m | 20 m |

Branquias eficientes
Las branquias recogían oxígeno del agua. Cuanto más rápido nadaba, más oxígeno absorbían.

Supersentidos
Como los tiburones actuales, *Otodus megalodon* pudo tener unos sentidos muy agudos. De cerca, podría detectar incluso las débiles señales eléctricas generadas por los músculos de las presas ocultas, que captaba gracias a las ampollas de Lorenzini, unos sensores así llamados por el médico que los describió en 1678.

Los sensores se hallan en una red de poros llenos de gelatina, en su hocico.

Escamas solapadas
La piel estaba cubierta de escamas diminutas como dientes, llamadas dentículos dérmicos. Estos actuaban como una armadura, aunque también favorecían el deslizamiento del cuerpo del tiburón en el agua, permitiéndole así nadar todo el día sin agotarse.

19 cm: longitud del mayor diente de *Otodus megalodon* conocido.

50 toneladas: peso máximo estimado del gigantesco *Otodus megalodon*.

276 Número de dientes en sus monstruosas mandíbulas.

161

TIBURÓN

OTODUS MEGALODON

Datación: 28-2,6 M.A.

Hábitat: Océanos

Longitud: 18 m

Dieta: Grandes animales marinos

Aleta dorsal
Esta aleta le ayudaba a mantener el rumbo mientras nadaba.

Pequeña presa
Esta tortuga marina no sería más que un mero aperitivo para el enorme tiburón.

El mordisco del *Otodus megalodon* era al menos seis veces

más potente que el del tiburón blanco, el tiburón depredador más poderoso que existe.

Dentadura renovable
En el interior de su mandíbula de *Otodus megalodon* se formaban continuamente nuevos dientes, que empujaban hacia fuera a los viejos y los reemplazaban antes de que estos perdieran completamente el filo.

Dientes cortantes
Los dientes de bordes afilados no trituraban la vegetación, sino que la cortaban. Eran muy grandes, así que tardaban mucho en desgastarse.

Megatherium

Tan grande como un elefante, el perezoso terrestre *Megatherium* fue un pariente gigante de los perezosos arborícolas que todavía hoy habitan en las selvas de América del Sur.

Los perezosos actuales son trepadores especializados que cuelgan de ramas altas, pero *Megatherium* pesaba demasiado para subir a los árboles. Aunque vivía en el suelo, podía comer de las copas de los árboles alzándose sobre las patas traseras y apoyándose en su fuerte cola. Con sus larguísimas uñas, similares a las de los perezosos actuales, tiraba de las ramas altas para acercarlas a su boca. Pero esas uñas lo obligaban a caminar sobre el dorso de las manos, pese a su tremendo peso.

MAMÍFERO
MEGATHERIUM
Datación: 2 M.A.–10.000 años
Hábitat: Bosques
Longitud: 6 m
Dieta: Plantas

Apoyo dorsal
La longitud de las uñas le obligaba a caminar sobre el dorso de las manos.

Gran alcance
Su gran tamaño permitía a *Megatherium* alcanzar la parte alta de los árboles para recoger las hojas más tiernas y nutritivas, que serían su alimento principal. Cuando se erguía, podía descansar parte de su considerable peso sobre su poderosa cola, que actuaba como la tercera pata de un trípode.

Enorme cráneo

Una cola corta, pesada y poderosa sostenía al perezoso gigante mientras se erguía para recoger hojas de los árboles.

Amplia caja torácica

Patas cortas

Uña fosilizada
Este fósil muestra parte de un dedo y el núcleo óseo de una uña de *Megatherium*. Las fundas córneas de las uñas pudieron ser al menos tres veces más largas.

El célebre naturalista **Charles Darwin** encontró fósiles de **megaterios** cuando visitó **América del Sur en 1832**.

163

Cuerpo enorme
El voluminoso cuerpo de *Megatherium* alojaba un estómago proporcional a su inmenso apetito.

Ojos pequeños
Relativamente
pequeños, los
ojos de *Smilodon*
sugieren que
cazaba de día.

Cuello fuerte
Los grandes
músculos del
cuello le daban la
potencia necesaria
para acuchillar y
desgarrar a sus
víctimas con
sus dientes.

Patas poderosas
Sus poderosas
patas delanteras
estaban adaptadas
para aferrar a las
presas y sujetarlas
contra el suelo.

TRIÁSICO	JURÁSICO	CRETÁCICO	CENOZOICO
252 M.A.	201 M.A.	145 M.A.	66 M.A.	0

2.000 Cantidad de **esqueletos de *Smilodon*** encontrados **en el Rancho La Brea**.

165

Smilodon

Sumamente fuerte y poderosamente armado, *Smilodon* fue el mayor de los temibles felinos de dientes de sable que poblaron las praderas y los bosques de finales del Cenozoico. *Smilodon* era un depredador experto que cazaba principalmente herbívoros más grandes que él.

MAMÍFERO
SMILODON

Datación: 2,5 M.A.-10.000 años
Hábitat: Bosques abiertos y llanuras
Longitud: 2 m
Dieta: Grandes herbívoros

Las armas principales de *Smilodon* eran sus poderosas patas delanteras y sus enormes caninos, tan largos que quedaban siempre a la vista, incluso con la boca cerrada: eran dos cuchillos serrados y curvos con los que podía matar grandes animales infligiéndoles heridas muy profundas que segaban vasos sanguíneos vitales.

Dientes de sable
Los caninos superiores medían unos 18 cm de longitud, sin contar las profundas raíces. Tenían afilados bordes serrados para cortar el tejido blando, pero eran finos, y podrían quebrarse al impactar con hueso duro.

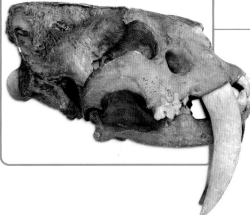

Un mordisco inmenso

Un felino de dientes de sable podía abrir las fauces de modo increíble: al bostezar, un tigre puede abrir la mandíbula en un arco de 70°, pero *Smilodon* podía alcanzar los 90° o incluso los 120°. Esto le permitía clavar sus punzantes dientes a una gran profundidad en el vientre o la garganta de su presa, sin verse obstaculizado por la mandíbula inferior.

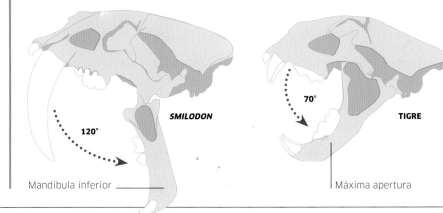

120°

SMILODON

70°

TIGRE

Mandíbula inferior

Máxima apertura

Trampa mortal

Miles de fósiles de *Smilodon* se han hallado en California (EE UU) en el Rancho La Brea, una agrupación de pozos de alquitrán. Este constituía una trampa viscosa para los animales, y muchos dientes de sable, atraídos por la perspectiva de una comida fácil, quedarían atrapados ellos mismos. La foto muestra parte de un cráneo de *Smilodon* ennegrecido por el alquitrán.

Mamut lanudo

Durante la última glaciación, impresionantes manadas de magníficos mamuts lanudos vagaban, en busca de alimento, por los herbazales que bordeaban las vastas capas de hielo de los continentes septentrionales.

Parientes próximos de los actuales elefantes asiáticos, los mamuts vivieron hace unos 5 m.a. en África, Europa, Asia y América del Norte. Existieron al menos diez especies, pero el más célebre es el mamut lanudo, adaptado al frío de la última glaciación. Vivió muy al norte, hasta en las costas siberianas del océano Ártico, en las llanuras herbosas que llamamos «estepa del mamut». Junto con ciervos, bisontes y caballos, fue una de las presas favoritas de los cazadores humanos del periodo glacial.

Abrigo espeso
Tras mucho tiempo, este mechón de pelo de mamut ha adquirido un tinte rojizo. En vida, los mamuts eran de color marrón muy oscuro, claro o incluso jaspeados.

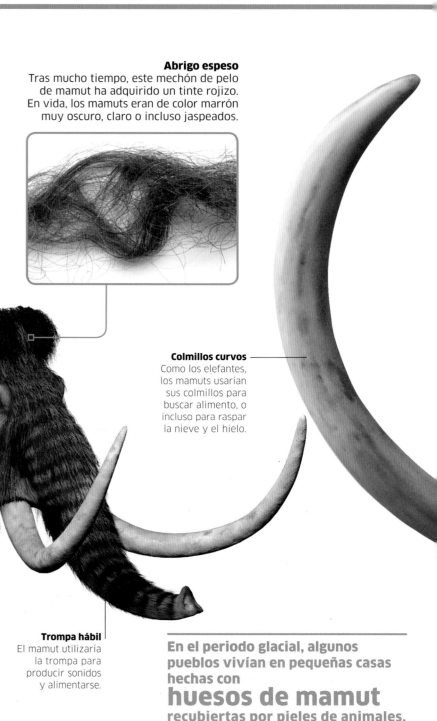

Capa de grasa
Una gruesa capa de grasa bajo la piel aislaba del frío al mamut.

Colmillos curvos
Como los elefantes, los mamuts usarían sus colmillos para buscar alimento, o incluso para raspar la nieve y el hielo.

Cola corta
La cola era más corta que la de un elefante, con lo que se reducía el riesgo de congelación.

Trompa hábil
El mamut utilizaría la trompa para producir sonidos y alimentarse.

En el periodo glacial, algunos pueblos vivían en pequeñas casas hechas con **huesos de mamut** recubiertas por pieles de animales.

Restos congelados

Asombrosamente, algunos mamuts caídos en ciénagas en la época glacial sufrieron una congelación profunda y se han conservado intactos durante miles de años. Esta cría, hallada en Siberia en 2007, tenía solo un mes cuando murió, hace 42.000 años. Aunque ha perdido casi todo el pelo que cubría su cuerpo, todavía guarda trazas de leche materna en su estómago.

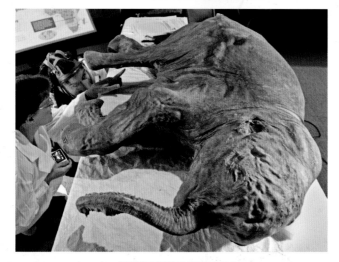

MAMUT LANUDO CONGELADO

Caminar de puntillas

Al igual que los elefantes modernos, los mamuts caminaban sobre las puntas de los dedos. Pero no tenían que hacer equilibrios como una bailarina. Los huesos del pie se apoyaban sobre una cuña de tejido esponjoso que hacía de amortiguador y repartía sobre unas amplias almohadillas circulares el peso del mamut, lo que le permitía atravesar terrenos blandos sin hundirse.

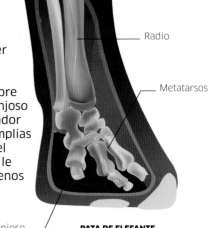

Radio

Metatarsos

Cuña de tejido esponjoso

PATA DE ELEFANTE

Los mamuts pudieron **extinguirse como resultado de la caza humana**.

4,2 m: longitud del **colmillo de mamut más largo** conocido.

167

MAMUT LANUDO

Datación: 200.000-4.000 años

Hábitat: Llanuras abiertas

Longitud: 3,4 m

Dieta: Herbáceas y hojas

Diente acanalado
El mamut masticaba la dura fibra vegetal con cuatro inmensos molares acanalados. A medida que se gastaban, eran empujados hacia delante y afuera y finalmente eran reemplazados por un juego nuevo.

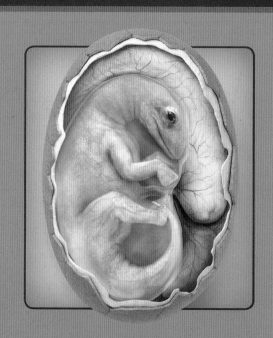

PALEONTOLOGÍA

Hoy vivimos una época apasionante para el estudio de los dinosaurios. Más del 80% de los dinosaurios conocidos se han descubierto a partir de 1990. Se han hallado fósiles asombrosos y se han analizado con más detalle que nunca, lo que nos ha dado una visión nueva sobre cómo vivieron estas criaturas.

Fosilización

La única razón por la que sabemos que los dinosaurios y otros animales hoy extintos existieron es porque sus restos se han conservado como fósiles. Normalmente, los cuerpos de los seres vivos se destruyen debido a la descomposición. Pero, a veces, las partes duras como huesos y dientes quedan enterradas de forma que este proceso se retrasa o se detiene; con el tiempo, pueden absorber minerales y petrificarse, transformándose en lo que conocemos como fósiles.

⊙ TIPOS DE FÓSIL

Los fósiles típicos son las conchas o los huesos convertidos en piedra: son los llamados cuerpos fósiles. Pero un fósil también puede conservar la impresión o el molde de un organismo. Los llamados subfósiles se crean cuando animales o plantas se conservan en sustancias químicas naturales o quedan sumergidos en fluidos que se endurecen con el tiempo.

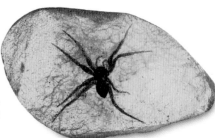

En ámbar
Insectos y otros pequeños animales pueden quedar atrapados en resina pegajosa, que luego se endurece y se convierte en ámbar. Esta araña murió así hace millones de años, pero se ha conservado cada detalle de su cuerpo.

UN LENTO PROCESO

La fosilización es un proceso gradual que puede durar millones de años. El agua que se filtra en los huesos de un animal enterrado, como un dinosaurio, contiene minerales disueltos que reemplazan poco a poco la materia original del animal, se endurecen y llenan los huecos dejados por las células muertas del animal hasta originar un fósil pétreo. Los mejores fósiles pueden reproducir el tejido vivo hasta detalles microscópicos.

Coníferas
Los pinos y otras coníferas eran abundantes en el Mesozoico, y sus hojas con forma de aguja eran el alimento principal de muchos dinosaurios.

Dinosaurio ahogado

Capas de roca
La roca cambia de color en función de la composición del barro y de la arena.

Conchas antiguas
La roca bajo el lecho del lago contiene fósiles que se formaron ya millones de años atrás.

Tyrannosaurus rex
Este célebre dinosaurio fue el cazador terrestre más poderoso que ha existido; pobló la Tierra al final de la era mesozoica.

Triceratops
Este herbívoro de constitución enorme habitó en las mismas regiones que *Tyrannosaurus*.

Terreno inundado
Mucho tiempo después de la desaparición de los dinosaurios, el terreno quedó inundado por agua marina.

Tiburón gigante
Hace 20 m.a., el colosal tiburón *Carcharodon megalodon* era el depredador marino más poderoso.

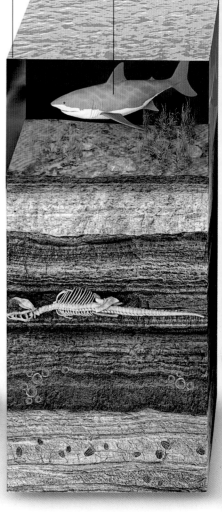

1 Dinosaurio muerto
Hace 67 m.a., un *Tyrannosaurus rex* herido durante el combate con una presa fuertemente armada cae en un lago y se ahoga. Su cuerpo se hunde y queda en el lecho del lago, donde los tejidos blandos empiezan a descomponerse.

2 Enterrado en el lodo
Las plácidas aguas del lago permiten que el lodo se asiente en torno al cadáver. Este acaba enterrándolo y así evita que los carroñeros esparzan sus huesos, de modo que el esqueleto permanece unido como en vida del animal.

3 Sube el nivel del mar
El lodo depositado en el lago se convierte poco a poco en tierra firme. Millones de años después, el mar inunda la zona y el cieno queda completamente cubierto por un claro sedimento marino.

Molde y vaciado
Una criatura marina quedó enterrada en barro que acabó convirtiéndose en roca y conservó un molde con su forma. Mucho tiempo después, el barro rellenó el molde y se endureció hasta crear un vaciado con la forma del animal.

Cuerpo fósil
Estos huesos pertenecen a la aleta de un reptil marino: quedaron enterrados y fueron absorbiendo minerales del suelo que los convirtieron en piedra. La mayoría de los fósiles de dinosaurio son de este tipo.

Impresión
Hace más de 35 m.a., una fina hoja de álamo cayó sobre el lodo en Colorado (EE UU). La hoja se pudrió, pero dejó su impresión en el lodo, que luego se endureció hasta convertirse en piedra y conservó la impresión como un fósil.

Icnofósil
Huellas de dinosaurio como estas se encuentran con frecuencia en rocas que fueron barro blando. Este tipo de rastros fósiles pueden ser muy útiles, ya que revelan información sobre el comportamiento del animal en vida.

Delfines
Nuevos seres vivos poblaron los océanos.

Enterrado en hielo
Los mamuts lanudos estaban adaptados para soportar el frío gélido de la glaciación, pero este se ahogó en una ciénaga helada.

Fósil congelado
El hielo congela el cuerpo del mamut creando un tipo de fósil llamado subfósil, debido a que no se ha convertido en piedra.

LOS FÓSILES MÁS
ANTIGUOS CONOCIDOS
SE HALLARON EN ROCAS
DE HACE CASI
3.500 MILLONES DE AÑOS.

Se han hallado varios mamuts congelados en la tundra siberiana.

Hallazgo fascinante
El fósil de dinosaurio ha quedado finalmente expuesto, y un equipo de excavación llega para desenterrarlo.

4 Filtración mineral
Los sedimentos se hacen más profundos y los minerales disueltos se convierten en roca, y se filtran asimismo entre los huesos que se hallan enterrados, petrificándolos lentamente.

5 Periodo glacial
Mucho más cerca de nuestros días, el nivel del mar baja cuando una glaciación congela gran parte del agua dulce del mundo. Los mamuts de esa época caen a veces en ciénagas, se ahogan y se congelan.

6 Gigante helado
En la Edad Media, el cuerpo del mamut congelado aflora cuando el margen de un río se hunde durante una inundación. Pero el esqueleto fosilizado de *Tyrannosaurus rex* sigue oculto más abajo.

7 Huesos fósiles
Con el paso del tiempo, un río erosiona la roca y revela parte del esqueleto del dinosaurio. Un cazador de fósiles advierte a los científicos, que inician una lenta y cuidadosa excavación.

Cazadores de fósiles

El filósofo griego Empédocles fue el primero en entender qué eran los fósiles. Pero en su época nadie sabía cómo se forman las rocas o qué antigüedad tiene el mundo, así que no podían imaginar cómo se fosilizan los huesos a lo largo de millones de años. En el siglo XVII los naturalistas comenzaron a estudiar sistemáticamente los fósiles, y no fue hasta finales del siglo XVIII cuando el científico francés George Cuvier comprendió que los fósiles son restos de seres vivos extintos. En el siglo siguiente, los cazadores de fósiles comenzaron a reunir pruebas que contribuirían a cambiar nuestra comprensión de la vida en la Tierra.

LOS PRIMEROS PALEONTÓLOGOS

Aunque los primeros cazadores de fósiles veían en ellos objetos ornamentales más que pruebas de vida en el pasado, cuando se conoció su verdadera naturaleza, pasaron a ser el objeto de una nueva ciencia: la paleontología. Los primeros científicos de este campo se esforzaron en dar un sentido a los fósiles hallados, y fueron llegando a conclusiones que revolucionarían nuestra comprensión de la vida pasada.

Georges Cuvier (1769-1832)
En 1796, Cuvier publicó las primeras descripciones de huesos fósiles que había identificado como pertenecientes a animales extintos. Esto marcó el inicio de la ciencia paleontológica.

FOLCLORE FÓSIL

Tras muchas décadas de estudio, quedó claro que los fósiles no eran simples pedazos de roca. Algunos parecían huesos, dientes o conchas, pero ¿por qué eran de piedra? Se concibieron muchas explicaciones distintas, la mayoría de ellas fantásticas; pero unas pocas se acercaron sorprendentemente a la verdad. Los antiguos chinos, por ejemplo, pensaban que los fósiles de dinosaurio eran huesos de dragón.

Abertura de la valva

Punta afilada

Pezuñas del diablo
Aunque se parecen mucho a las conchas actuales, a la gente le gustaba ver en estos fósiles las grotescas pezuñas del diablo. En realidad son unas ostras jurásicas fosilizadas, llamadas *Gryphaea arcuata*.

Rayos
Estos son huesos fosilizados de belemnites, animales emparentados con la sepia, pero se parecen más a balas, y antaño se consideraban «rayos» caídos del cielo.

Serpiente
Es fácil entender que se creyera que esto es una serpiente enrollada convertida en piedra; de hecho, el final de la espiral fue tallada en forma de cabeza. En realidad es un amonites, un tipo de concha marina.

Piedra mágica
En el norte de Europa, estos fósiles de erizo de mar eran conocidos como «piedras de rayo». Se pensaba que caían durante las tormentas, y se conservaban como amuletos contra los rayos.

MARY ANNING (1799-1847)

En 1811, con solo 12 años, Mary halló el fósil intacto de un ictiosaurio cerca de su casa, en la «costa jurásica» del suroeste de Inglaterra. Durante los siguientes 36 años encontró muchos más fósiles importantes, y llegó a convertirse en una de las mayores expertas de su tiempo. Numerosos descubrimientos de otros científicos se basaron en su trabajo, pero ella apenas recibió el reconocimiento que merecía: era una mujer en un mundo de hombres.

Cazadora de fósiles
Mary aparece retratada aquí junto a su perro, Tray, en los acantilados costeros donde encontró sus fósiles.

Dragones marinos
Los fósiles hallados por Mary Anning pronto se hicieron famosos, e inspiraron a artistas de la época para crear escenas como esta, que representa a *Ichthyosaurus* y *Plesiosaurus* como «dragones marinos» en la superficie del mar. Pero estas ilustraciones solían ser incorrectas; así, por ejemplo, estas dos criaturas vivían casi exclusivamente bajo el agua.

William Smith (1769-1839)
Trabajando como topógrafo en Inglaterra, Smith observó que la edad relativa de las capas de roca (estratos) se podía calcular identificando los fósiles que contenían, y así trazó los primeros mapas geológicos.

William Buckland (1784-1856)
Este científico inglés escribió en 1824 la primera descripción científica de un fósil de dinosaurio, que en 1827 recibió el nombre de *Megalosaurus*. Fue también el primero en reconocer heces fósiles, o coprolitos.

Gideon Mantell (1790-1852)
A principios del siglo XIX, este médico rural coleccionaba fósiles en su tiempo libre. En 1822 descubrió el dinosaurio que denominó *Iguanodon*, y comenzó el primer estudio científico intensivo sobre dinosaurios.

Richard Owen (1804-1892)
Owen fue el paleontólogo que acuñó el término «dinosaurio». Célebre en su época debido a su gran conocimiento de los fósiles, contribuyó a la creación del famoso Museo de Historia Natural de Londres.

LA GUERRA DE LOS HUESOS

En 1860 solo se conocían seis tipos de dinosaurio. Pero entonces se empezaron a descubrir increíbles huesos de dinosaurios en América. En la década de 1870, dos paleontólogos estadounidenses, Edward Drinker Cope y Othniel Charles Marsh, compitieron por el hallazgo de nuevos fósiles en la llamada «guerra de los huesos». Para 1892, entre ambos habían descubierto más de 120 dinosaurios nuevos.

Un trabajo peligroso
Estos son O. C. Marsh, con barba (centro), y su equipo, armados para protegerse en los territorios de los nativos americanos del Medio Oeste, donde se encontrarían los mejores restos fósiles.

NOMBRES DE DINOSAURIOS

Todos los seres vivos conocidos por la ciencia tienen un nombre científico; el del tigre, por ejemplo, es *Panthera tigris*. Los dinosaurios son nombrados de igual modo. Sus nombres se basan en palabras latinas o griegas que a menudo describen algún aspecto del animal.

Allo	extraño
Brachio	brazo
Brachy	corto
Cera	cornudo
Coelo	hueco
Corytho	casco
Di	dos
Diplo	doble
Hetero	distinto
Hypsi	alto
Mega	enorme
Micro	pequeño
Pachy	grueso
Plateo	liso
Poly	muchos
Ptero	alado
Quadri	cuatro
Raptor	ladrón
Rhino	nariz
Salto	saltador
Saurus	lagarto, reptil
Stego	cubierto
Thero	bestia
Tops	cabeza, rostro
Tri	tres
Tyranno	tirano
Veloci	veloz

Al revés
Si bien Marsh y Cope hallaron muchos fósiles, no siempre estuvieron seguros de lo que eran. Así, por ejemplo, Cope reconstruyó el esqueleto del plesiosaurio *Elasmosaurus* con la cabeza en el extremo equivocado... para regocijo de su rival.

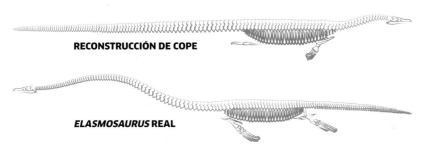

RECONSTRUCCIÓN DE COPE

***ELASMOSAURUS* REAL**

DINOSAUR PROVINCIAL PARK

Región: Canadá

Fósil famoso: *Euoplocephalus*

Durante el Cretácico superior, esta región cercana al río Red Deer, en Alberta, fue un mosaico de pantanos y bosques cálidos y húmedos. Aunque en la actualidad es seca y rocosa, las rocas contienen fósiles de al menos 40 especies distintas de dinosaurios.

YACIMIENTO FOSILÍFERO DE MESSEL

Región: Alemania

Fósil famoso: *Darwinius*

En el Paleógeno medio, los gases tóxicos expulsados en este yacimiento volcánico mataron a miles de animales. Esas condiciones tóxicas evitaron su descomposición y, como resultado, la roca extraída de esta cantera conservó sus fósiles con un detalle espectacular.

DINOSAUR NATIONAL MONUMENT

Región: EE UU

Fósil famoso: *Allosaurus*

La Formación Morrison, en el Medio Oeste de EE UU, es una masa de roca sedimentaria formada en el Jurásico superior. Un sector, que antaño fue una llanura aluvial, es tan rico en fósiles de dinosaurios jurásicos que se ha llamado Monumento Nacional del Dinosaurio.

SOLNHOFEN

Región: Alemania

Fósil famoso: *Archaeopteryx*

La caliza de grano fino extraída aquí contiene algunos de los fósiles jurásicos más perfectos que se han encontrado, entre ellos, las primeras plumas de dinosaurio conocidas, *Archaeopteryx*, y detallados fósiles de los pterosaurios *Rhamphorhynchus* y *Pterodactylus*.

HELL CREEK

Región: EE UU

Fósil famoso: *Triceratops*

En el Cretácico superior, un amplio mar cubría lo que hoy son las Grandes Llanuras. Hell Creek, en Montana, era una llanura costera entonces habitada por muchos dinosaurios cuyos fósiles se hallan hoy en roca sedimentaria.

GHOST RANCH

Región: EE UU

Fósil famoso: *Coelophysis*

Este yacimiento, en Nuevo México, es famoso por sus fósiles de un solo dinosaurio: *Coelophysis*, del Triásico superior. Se encuentran en cantidades enormes, con restos de más de mil ejemplares. Es uno de los mayores lechos de huesos conocidos.

VALLE DE LA LUNA

Región: Argentina

Fósil famoso: *Eoraptor*

Algunos de los dinosaurios más antiguos conocidos por la ciencia se descubrieron entre las rocas de esta región. En el Triásico superior era un desierto, y hoy es tan yerma que su paisaje recuerda a la superficie lunar.

Yacimientos de fósiles

La mayoría de los fósiles se hallan en rocas sedimentarias de grano fino, que en el pasado fueron capas de barro blando o similar. Se encuentran en todo el mundo, pero algunos lugares son especialmente ricos en fósiles, y se han convertido en yacimientos clave para la investigación. Una afortunada combinación de condiciones locales evitó que los restos se alteraran o descompusieran demasiado rápido, y la naturaleza del sedimento ha conservado hasta los menores detalles.

AUCA MAHUEVO

Región: Argentina

Fósil famoso: *Saltasaurus*

Este desierto seco y rocoso, llanura aluvial en el pasado, está lleno de fragmentos de huevos de dinosaurio: datados en el Cretácico superior, son probablemente los restos de una gran área de nidificación del saurópodo *Saltasaurus*.

OASIS DE BAHARIYA

Región: Egipto

Fósil famoso: *Spinosaurus*

Aunque hoy es mayormente desértico, en el Cretácico superior Egipto fue una región de marismas y bosques costeros. Era el hogar de dinosaurios gigantes como *Spinosaurus*, cuyos restos se hallaron en este oasis del desierto occidental a principios del siglo XX.

DESIERTO DE GOBI

Región: Mongolia

Fósil famoso: *Velociraptor*

Esta parte de Asia ya era un desierto en el Cretácico superior. Aun así, era hogar de muchos dinosaurios, cuyos fósiles se han conservado asombrosamente bien. Algunos de los mejores se han encontrado en la arenisca roja de los Acantilados Llameantes.

LIAONING

Región: China

Fósil famoso: *Sinosauropteryx*

Liaoning ha proporcionado fósiles extraordinarios. Enterrados en ceniza volcánica depositada en lagos durante el Cretácico inferior, revelaron que muchos dinosaurios que creíamos cubiertos de escamas en realidad tenían plumas, lo que cambió de manera radical nuestra imagen de la vida mesozoica.

CLAVE

- YAC. TRIÁSICO
- YAC. JURÁSICO
- YAC. CRETÁCICO
- YAC. CENOZOICO

TENDAGURU

Región: Tanzania

Fósil famoso: *Kentrosaurus*

Las rocas del Jurásico superior de este importante yacimiento contenían fósiles de dinosaurios espectaculares como el estegosaurio espinoso *Kentrosaurus* y el saurópodo de cuello largo *Giraffatitan*. Fueron llevados a Alemania, y muchos se perdieron en la II Guerra Mundial.

FÓSILES CONGELADOS

MONTE KIRKPATRICK

Región: Antártida

Fósil famoso: *Cryolophosaurus*

La Antártida jurásica era mucho más cálida que la actual, llena de bosques habitados por dinosaurios y otros animales. Sus fósiles se hallan bajo la capa de hielo, y este afloramiento rocoso es uno de los pocos lugares donde se puede acceder a ellos.

FOSSIL TRIANGLE

Región: Australia

Fósil famoso: *Muttaburrasaurus*

Esta región del noreste de Australia fue un mar poco profundo durante el Cretácico inferior. Sus rocas conservan fósiles de reptiles marinos e incluso de dinosaurios cuyos cuerpos fueron arrastrados al mar.

Fósiles de dinosaurio

Cuando hablamos de fósiles de dinosaurio, solemos pensar en los esqueletos montados que se yerguen en algunos museos: ciertamente, esos gigantescos huesos conforman los restos más espectaculares de estos animales, pero hay muchos otros tipos de fósiles de dinosaurio. La mayoría son mucho más pequeños, pero a menudo pueden decirnos mucho más acerca de cómo era un dinosaurio y de cómo vivió; muestran rasgos como la textura de la piel y las plumas, y en ocasiones incluso pueden conservar pruebas de su color.

DIENTES

El duro esmalte que cubre los dientes los hace muy duraderos, y los dientes son, con frecuencia, la única parte de un animal que sobrevive como fósil. Su forma es muy distintiva, y permite a los científicos identificar a qué tipo de animal pertenecieron. También pueden decir mucho sobre la dieta del animal y sobre cómo los usaba.

TYRANNOSAURUS
Los dientes puntiagudos de este poderoso cazador estaban especializados para atravesar el hueso.

ALLOSAURUS
Los dientes típicos de un dinosaurio carnívoro eran hojas serradas como cuchillos carniceros.

DIPLODOCUS
Similares a lápices partidos, sus dientes eran perfectos para arrancar hojas de las ramitas de los árboles.

IGUANODON
Los dientes foliformes (con forma de hoja) le ayudaban a masticar las hojas para que soltaran sus jugos.

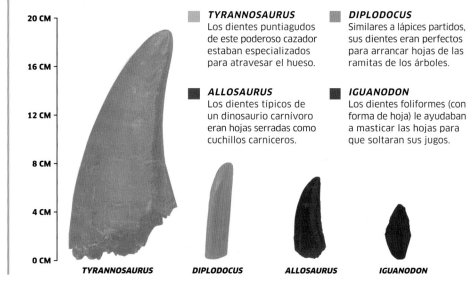

20 CM · 16 CM · 12 CM · 8 CM · 4 CM · 0 CM

TYRANNOSAURUS · DIPLODOCUS · ALLOSAURUS · IGUANODON

HUESOS

Aparte de los dientes, los huesos son la otra parte del cuerpo con más posibilidades de fosilizarse. Algunos son enormes, como estos del Monumento Nacional del Dinosaurio en Utah (EE UU), pero otros son increíblemente pequeños y delicados. Los huesos fósiles suelen aparecer rotos y dispersos, pero también se conservan esqueletos completos.

ICNOFÓSILES

Algunos de los hallazgos fósiles más interesantes no conservan realmente partes de un dinosaurio: son solo pistas fósiles que revelan la presencia de un dinosaurio y aportan información a los científicos acerca de su modo de vida, cómo se movía, qué comía e incluso cómo convivía.

Coprolitos

Sorprendentemente comunes, son excrementos (heces) fosilizados. Conservan restos de comida no digerida, que los científicos pueden aislar para saber lo que comía el dinosaurio en cuestión.

HEZ FÓSIL DE UN DINOSAURIO HERBÍVORO

Huellas

Las huellas de dinosaurio son unos de los icnofósiles más útiles, ya que revelan cómo caminaban o corrían los animales, y si se desplazaban en grupo. Algunas delatan incluso a un dinosaurio acechando a otro.

Huella de terópodo
Esta huella de pie con tres dedos es de un dinosaurio terópodo: un cazador, probablemente en busca de presa. Las huellas de los dedos y las uñas se pueden analizar para averiguar cómo se movía.

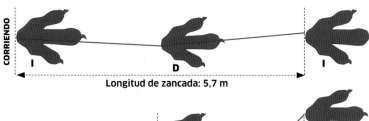

CORRIENDO

I · D · I

Longitud de zancada: 5,7 m

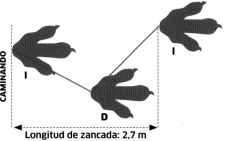

Veloz
Una línea de pisadas puede revelar la velocidad con que se movía el animal. Este terópodo, por ejemplo, comenzó caminando, pero más tarde echó a correr, aumentando su velocidad de 7 a 29 km/h.

CAMINANDO

I · I · D

Longitud de zancada: 2,7 m

ALGUNOS FÓSILES CONSERVAN INCLUSO LA ÚLTIMA
COMIDA DE UN DINOSAURIO,
Y ASÍ SABEMOS LO QUE
COMIÓ ANTES DE MORIR.

HUEVOS

Se han descubierto muchas áreas de cría de dinosaurios con huevos fosilizados en los nidos, algunos de ellos con embriones fósiles. Los huevos tenían una cáscara dura, como los de las aves, y sus formas iban de los perfectamente esféricos a los alargados, como estos de *Oviraptor*. Los huevos esféricos de saurópodos gigantes de cuello largo son sorprendentemente pequeños: del tamaño de un pomelo.

HUEVOS DE *OVIRAPTOR*

TEJIDOS BLANDOS

Solo suelen pervivir las partes duras del cuerpo, pues los tejidos blandos son devorados por otros animales o se descomponen antes de fosilizarse. Pero algunos yacimientos fósiles se formaron en condiciones especiales, como las de los lechos lacustres –sin oxígeno que sustente a carroñeros u organismos descomponedores–, donde se descubren fósiles asombrosos, que conservan piel, plumas e incluso el contorno de algunos músculos.

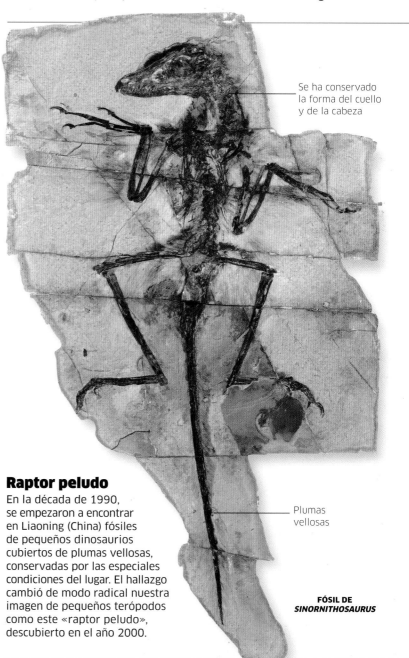

Se ha conservado la forma del cuello y de la cabeza

Plumas vellosas

FÓSIL DE *SINORNITHOSAURUS*

Raptor peludo

En la década de 1990, se empezaron a encontrar en Liaoning (China) fósiles de pequeños dinosaurios cubiertos de plumas vellosas, conservadas por las especiales condiciones del lugar. El hallazgo cambió de modo radical nuestra imagen de pequeños terópodos como este «raptor peludo», descubierto en el año 2000.

Piel escamosa

Algunos fósiles que conservan impresiones de piel, o restos de ella, demuestran que muchos dinosaurios eran escamosos, como cabría esperar en reptiles. Las escamas, en lugar de estar solapadas entre sí como las de muchos peces, formaban una superficie lisa y resistente, como un embaldosado.

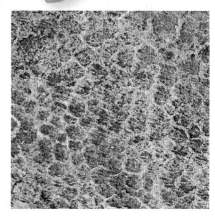

Piel de *Edmontosaurus*
Algunos fósiles de este gran hadrosaurio, muy bien conservados, incluyen grandes áreas de piel que muestran sus escamas.

Excavación y restauración

Muchos fósiles se descubren por accidente, o los encuentran cazadores de fósiles aficionados; pero su excavación es un trabajo de expertos que saben cómo recuperar los fósiles intactos. Estos expertos pueden, además, identificar rasgos menos evidentes, como rastros de plumas, piel o restos de comida que pueden estar fosilizados junto con los huesos. Luego, los fósiles excavados deben limpiarse, conservarse para evitar su deterioro, y describirse e identificarse científicamente. Los mejores especímenes se suelen usar para crear moldes que se exponen en museos.

RECUPERACIÓN

Pese a que parecen estar hechos de piedra, los huesos fosilizados son objetos frágiles que precisan una excavación cuidadosa. En primer lugar, los científicos deben registrar su ubicación exacta y examinar el suelo circundante en busca de otros rastros, como tejidos blandos, que podrían resultar dañados al extraer el fósil. Una vez hecho esto, ya puede picarse la roca para exponer los fósiles. Cuando son huesos pequeños, se pueden extraer intactos; pero si son grandes se recubren de yeso a fin de reforzarlos antes de sacarlos.

1 INICIO DE LA EXCAVACIÓN
Cuando se descubre un fósil, el equipo lo expone cuidadosamente retirando la tierra y las piedras sueltas, y examinándolas por si contienen fragmentos del fósil o evidencias sobre el remoto entorno del animal.

IDENTIFICACIÓN

Si el fósil es nuevo para la ciencia, debe ser minuciosamente descrito, con dibujos detallados como estos –realizados por el paleontólogo francés Georges Cuvier a principios del siglo XIX– o fotografías. Asimismo recibirá un nombre, normalmente elegido por el científico que lo ha descrito. Si está dañado, será reparado y reforzado con resinas especiales y otros materiales. A veces faltan fragmentos, que son reconstruidos con material nuevo. Si el fósil es de un tipo nunca visto, esta reconstrucción se basa en fósiles de animales similares.

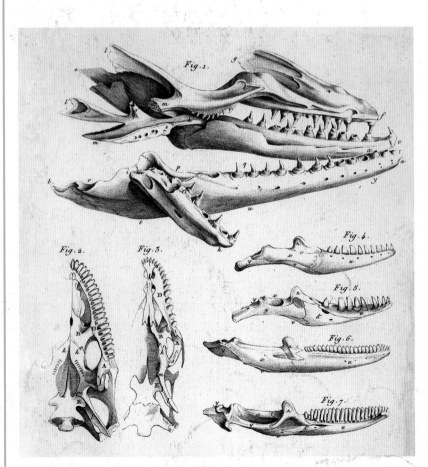

DIBUJO DE CUVIER DE UN FÓSIL DE *MOSASAURUS HOFFMANNII*, UN REPTIL MARINO

Réplica de cuerno moldeada en poliestireno

El esqueleto se presenta en una postura verosímil, de acuerdo con las últimas investigaciones.

Las distintas partes del esqueleto se montan sobre una estructura de acero y se sueldan.

RÉPLICAS DE ESQUELETOS

Los huesos fósiles son pesados, frágiles y muy valiosos para la ciencia, por lo que la mayoría de los esqueletos expuestos en los museos se montan con réplicas de los fósiles reales sobre una estructura de acero. Como reconstrucciones, estos esqueletos se presentan completos y con los huesos enteros. Unas claves inscritas en los huesos indican cómo deben ser montados, y a menudo se recolocan para adecuarlos a los resultados de las últimas investigaciones.

2 EXPOSICIÓN DEL FÓSIL
Una vez expuesto el fósil, el equipo ya puede hacerse cargo del hallazgo: su tamaño, su estado, y si hay otros fósiles próximos. En este punto, con frecuencia ya pueden determinar de qué se trata.

3 MAPA DEL YACIMIENTO
Antes de extraer cualquier resto fósil, el yacimiento se fotografía y se mapea con cuidado, señalando en el mapa la posición exacta de cada objeto visible en relación con una cuadrícula extendida sobre el terreno.

4 COBERTURA DE YESO
Los especímenes grandes y frágiles se pueden enyesar antes de sacarlos para evitar que se rompan. Antes de cubrirlo con yeso húmedo, el fósil se protege con una capa de resina y se envuelve.

5 EN EL LABORATORIO
Una vez endurecido el yeso, se puede extraer el fósil y llevarlo al laboratorio. Allí se corta el yeso y se empieza a trabajar sobre el fósil, usando herramientas especiales para retirar la roca que lo envuelve.

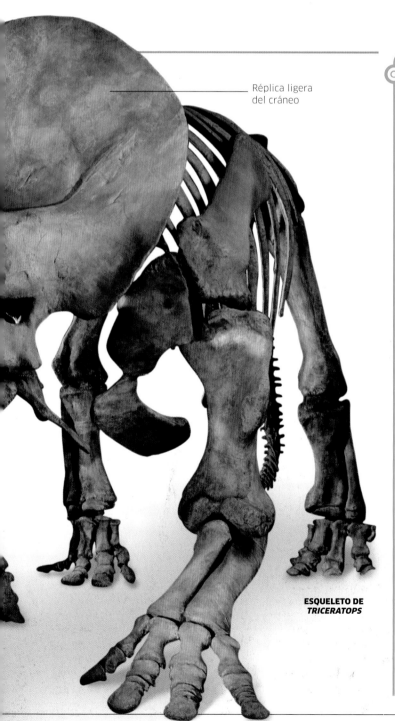

Réplica ligera
del cráneo

**ESQUELETO DE
TRICERATOPS**

DINOSAURIOS VIVIENTES

Los esqueletos fósiles pueden resultar espectaculares, pero nos gustaría saber qué aspecto tenían estos animales cuando vivían. Probablemente no quepan certezas, pero los conocimientos de anatomía combinados con un estudio cuidadoso de los huesos pueden darnos una imagen aproximada del dinosaurio vivo. Una vez conocido su aspecto, pueden usarse programas de diseño para crear imágenes 3D del animal que permiten verlo desde distintos ángulos, e incluso en movimiento.

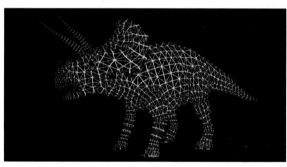

1 ARMAZÓN
Usando dibujos precisos del esqueleto del dinosaurio, el diseñador informático crea una malla, o armazón, que constituirá la base del modelo. Esta comienza como una burda rejilla, pero el ordenador la divide en unidades mucho más pequeñas que el diseñador puede «modelar».

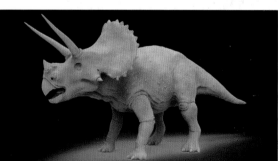

2 TEXTURA Y RASGOS EXTERNOS
Gradualmente, el diseñador puede ir estableciendo detalles como las escamas y arrugas de la piel del animal, o la forma exacta de sus ojos y su boca. Estos detalles se basan en las últimas investigaciones de los paleontólogos, en ocasiones realizadas sobre fósiles que revelan características nunca vistas antes.

3 COLOR Y POSTURA
Una técnica digital especial permite trabajar sobre la piel del animal, dándole color y textura, como si estuviera extendida en el suelo; posteriormente el ordenador «envuelve» con la piel al animal. Finalmente, se ajusta su postura; y, para hacerlo más realista, se añaden luces y sombras.

Investigación actual

En el pasado, una gran parte de la paleontología se basaba en el aspecto de los fósiles de huesos y dientes, y en cómo parecían encajar. Hoy podemos estudiar con más profundidad la naturaleza de los fósiles gracias a los microscopios, los escáneres, la datación radiométrica y otras técnicas. Además, los científicos pueden emplear las nuevas tecnologías para verificar sus teorías sobre los dinosaurios, por ejemplo, creando modelos animados por ordenador para ver cómo se moverían esos animales.

ESTUDIO DE ANIMALES

Un modo de profundizar en el conocimiento de los dinosaurios es comparándolos con animales actuales. La era mesozoica era muy distinta de la nuestra, pero entonces los animales también tenían que encontrar comida, evitar a sus depredadores y competir por las parejas para poder reproducirse. Las adaptaciones y conductas de los animales vivos pueden darnos pistas sobre cómo vivirían los dinosaurios.

Conducta

Los animales se comportan a veces de modo impredecible. Las grandes cuernas de estos ciervos parecen armas pero, aunque las usan en combates rituales, también sirven como un símbolo de estatus que indica quién manda. Muchos dinosaurios pudieron usar sus ostentosas crestas y cuernos del mismo modo.

Color

Apenas hay información certera sobre el color de los dinosaurios, pero podemos hacer conjeturas a partir del color de animales vivos. Este camaleón tiene una «vela» en el lomo, como *Spinosaurus*, que se pone colorada durante el cortejo; tal vez la de *Spinosaurus* también lo hiciera.

DATACIÓN FÓSIL

Hasta el siglo xx los científicos no tenían una idea real de la antigüedad de los fósiles. Sabían que unos eran más antiguos que otros, pero no les podían adjudicar una edad absoluta en millones de años. Hoy, la tecnología sí lo permite, y la datación fósil es cada vez más precisa.

¿Cuántos años tiene?
Algunos restos fósiles son fáciles de identificar, pero difíciles de datar. Esto es un helecho fósil, pero ¿qué edad tiene? Los científicos tienen dos métodos para averiguarlo: la estratigrafía y la datación radiométrica.

Estratigrafía

Los fósiles están en rocas que fueron sedimento blando, como barro o arena. Este se fue depositando en capas que se conservan como estratos de roca y se apilan en orden cronológico, con los más antiguos debajo. Esto permite asignar una edad relativa a los fósiles de cada capa, pero no precisa su edad exacta.

ESTRATOS VISIBLES EN EL PARQUE NACIONAL DEL BOSQUE PETRIFICADO DE ARIZONA (EE UU)

Datación radiométrica

Ciertas rocas poseen elementos radiactivos que, con los años, se transforman en otros. Por ejemplo, el uranio de una roca volcánica recién formada se convierte lentamente en plomo, y lo hace a un ritmo constante. Así, al medir la proporción de uranio y plomo en la roca, podemos averiguar cuánto tiempo hace que se formó. Esto se combina con la estratigrafía para conocer la edad del fósil.

Átomo de uranio | Átomo de plomo

Roca nueva
La roca fundida del volcán se enfría y forma cristales con átomos de uranio radiactivos.

700 m.a.
La mitad de los átomos de uranio se descomponen y forman átomos de plomo.

1.400 m.a.
La mitad de los átomos de uranio restantes se han transformado en átomos de plomo.

2.100 m.a.
Ahora hay una proporción de siete átomos de plomo por cada átomo de uranio.

DESCUBRIMIENTOS RECIENTES

Hasta hace poco, todo lo que sabíamos de los dinosaurios procedía de huesos y dientes fósiles. Pero el descubrimiento de fósiles que conservan rasgos como piel y plumas ha cambiado drásticamente nuestra visión de estos animales. Además, los científicos han hecho avances asombrosos usando nuevas técnicas de análisis.

LOS CIENTÍFICOS HAN CREADO DINOSAURIOS **ROBÓTICOS PARA PROBAR SUS TEORÍAS** SOBRE LA FUERZA, EL MOVIMIENTO, **E INCLUSO SOBRE LA POTENCIA DE MORDISCO DE *TYRANNOSAURUS*.**

Plumas conservadas
Estas plumas vellosas, selladas en una masa de ámbar de un árbol con una antigüedad de 100 m.a., pertenecieron a un dinosaurio mesozoico. Los científicos las han escaneado con rayos X de alta potencia y han creado una imagen 3D para analizar su forma.

Tejido blando
En 2004, una científica metió un fragmento de hueso de *Tyrannosaurus rex* en ácido para disolver los minerales duros... y se quedó con esta materia elástica y marrón: tejido proteínico blando que había sobrevivido 68 m.a., y que amplió nuestro conocimiento sobre el animal.

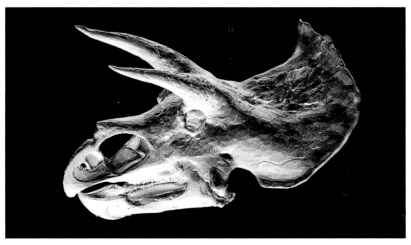

Escáner de fósiles
Los fósiles son demasiado frágiles y valiosos como para ser manipulados a menudo para su estudio. Por eso, los científicos usan escáneres médicos para mapear cada parte de un fósil y crear así increíbles y minuciosos modelos digitales, como este cráneo de *Triceratops*.

Microfósiles
Hoy podemos observar los fósiles con muchísimo más detalle: ver su estructura microscópica, e incluso células fosilizadas que formaban los tejidos vivos, como las que se examinan aquí. Asimismo, podemos estudiar los diminutos fósiles de seres unicelulares extintos.

MODELADO POR ORDENADOR

Con los datos recopilados a partir de los fósiles, los científicos pueden crear modelos informáticos de los huesos y músculos de un dinosaurio, y animarlos para ver cómo funcionaban. Estos modelos no siempre resultan muy realistas, pero proporcionan un valioso vislumbre de la mecánica de estos animales gigantes.

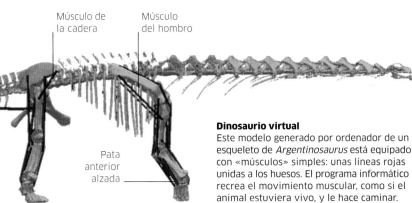

Músculo de la cadera

Músculo del hombro

Músculo de la cola

Pata anterior alzada

Dinosaurio virtual
Este modelo generado por ordenador de un esqueleto de *Argentinosaurus* está equipado con «músculos» simples: unas líneas rojas unidas a los huesos. El programa informático recrea el movimiento muscular, como si el animal estuviera vivo, y le hace caminar.

Paleobiología

Los dinosaurios del Mesozoico pertenecían al grupo de animales llamados arcosaurios, que incluye a cocodrilos y aves. En el pasado, la ciencia pensó en los dinosaurios como animales similares a los cocodrilos: monstruos escamosos de sangre fría y con muy poca actividad. Sin embargo, con el tiempo, los científicos han cambiado de perspectiva, y hoy sabemos que muchos dinosaurios eran animales activos y ágiles, a menudo con plumas y más parecidos a las aves.

HUESOS Y MÚSCULOS

Los grandes dinosaurios necesitaban un esqueleto con huesos grandes y, en efecto, algunos de estos eran realmente colosales. Tenían cavidades que reducían su peso sin afectar demasiado a su resistencia. Y tenían que ser fuertes, porque las marcas de unión de los músculos en los huesos fósiles indican que tenían que soportar la tensión de unos músculos muy poderosos.

Cuadrúpedos

Los dinosaurios herbívoros precisaban un aparato digestivo mucho más grande y pesado que los carnívoros, ya que el alimento vegetal es de digestión más lenta; y muchos de ellos soportaban ese peso extra sobre las cuatro patas. Estos cuadrúpedos desarrollaron huesos robustos y potentes músculos en las patas delanteras y los hombros. No obstante, aunque los grandes cuadrúpedos como *Iguanodon* debieron de ser muy fuertes, eran menos ágiles que los bípedos.

ALTO Y PODEROSO

Cuando se descubrieron los primeros dinosaurios, se asumió que se movían como los lagartos, con las patas extendidas a los lados del cuerpo. El estudio de sus huesos pronto reveló que caminaban con las patas erguidas bajo el cuerpo, pero sus esqueletos fósiles continuaron reconstruyéndose con la cola pegada al suelo. Hoy día, sabemos que incluso los dinosaurios gigantes tenían una postura más ágil.

Idea antigua
Muchas imágenes y reconstrucciones antiguas de grandes cazadores como *Tyrannosaurus rex* los representan apoyados sobre la cola como canguros. Esta postura de «trípode» parece hoy muy improbable.

Cola en el suelo

Cola en alto

Idea moderna
Las investigaciones sobre el movimiento de los dinosaurios indican que *Tyrannosaurus rex* adoptaría habitualmente una postura dinámica y atlética, con la cabeza baja y la cola en alto.

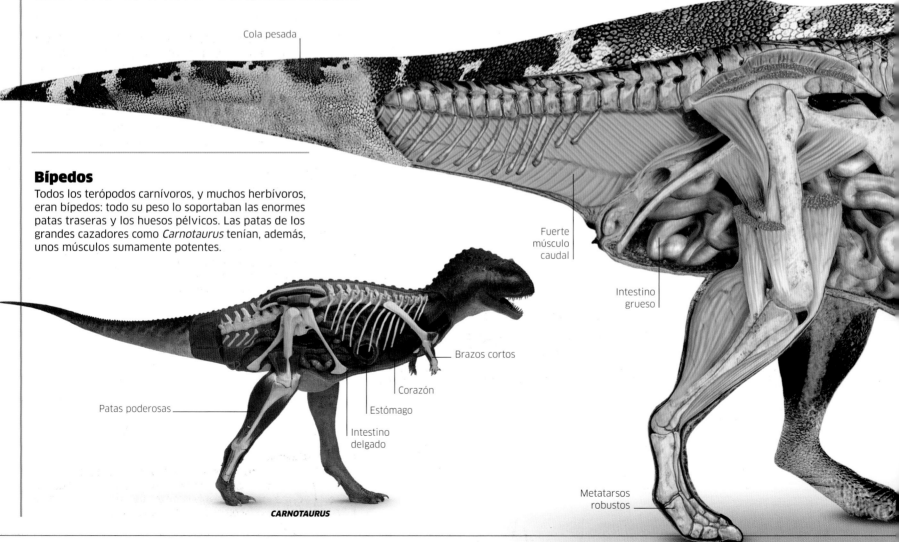

Cola pesada

Bípedos

Todos los terópodos carnívoros, y muchos herbívoros, eran bípedos: todo su peso lo soportaban las enormes patas traseras y los huesos pélvicos. Las patas de los grandes cazadores como *Carnotaurus* tenían, además, unos músculos sumamente potentes.

Fuerte músculo caudal

Intestino grueso

Brazos cortos

Corazón

Patas poderosas

Estómago

Intestino delgado

CARNOTAURUS

Metatarsos robustos

PLUMAS VELLOSAS

Las impresiones fósiles muestran que la mayoría de los grandes dinosaurios tenían una piel escamosa, reptiliana. En cambio, los fósiles de pequeños terópodos descubiertos recientemente revelan que muchos de ellos tenían plumas, casi todas muy simples, como pelo, y tendrían una función aislante, como un pelaje. Ello sugiere que, al menos estos dinosaurios, usaban la energía procedente del alimento para generar calor interno, y desarrollaron capas aislantes a fin de retener el calor y ahorrar energía.

Barbas

Las plumas de vuelo de las aves modernas tienen unas bárbulas que, entrelazadas, forman las barbas que agitan el aire. Algunos dinosaurios no voladores extintos también las tenían, pero las utilizaban como capa aislante, con objeto de exhibirse o para proteger a las crías en el nido.

EN MOVIMIENTO

Los conjuntos de huellas de dinosaurios fosilizadas indican que algunos podían moverse bastante rápido. Aunque no es un hecho verificable, es probable que los bípedos más pequeños llegaran a ser tan rápidos como un velocista humano. Los dinosaurios más grandes y pesados serían más lentos, pero incluso gigantes como *Tyrannosaurus rex* se moverían a bastante velocidad en los ataques. Sin embargo, su velocidad exacta es todavía objeto de debate.

Velocidad posible en carrera

- *Stegosaurus* – 6 km/h
- *Euoplocephalus* – 8 km/h
- *Diplodocus* – 24 km/h
- *Triceratops* – 26 km/h
- *Spinosaurus* – 30 km/h
- *Tyrannosaurus rex* – 32 km/h
- *Velociraptor* – 39 km/h
- Humano – 40 km/h

0 KM/H 4 KM/H 8 KM/H 12 KM/H 16 KM/H 20 KM/H 24 KM/H 28 KM/H 32 KM/H 36 KM/H 40 KM/H 44 KM/H

Intestino delgado

Pulmón

Corazón

Estómago

Pata anterior robusta

IGUANODON

LOS MAYORES HERBÍVOROS, LOS **SAURÓPODOS GIGANTES, PESABAN DIEZ VECES MÁS** QUE LOS CARNÍVOROS **MÁS PESADOS.**

FUERZA AÉREA

Los pulmones de los dinosaurios eran similares a los de las aves; de hecho, estas los han heredado de aquellos. El complejo sistema de circulación aérea unidireccional de los dinosaurios era –y aún es– más eficiente que el simple flujo hacia dentro y hacia fuera de los pulmones de los mamíferos. Su peculiar sistema respiratorio les permitía aspirar más oxígeno en cada inspiración y, así, generar más energía.

- Sacos aéreos
- Tejido pulmonar
- Espiración

Ave

Los pulmones de las aves son atravesados por finos conductos por los que el aire es bombeado a muchos sacos similares a globos.

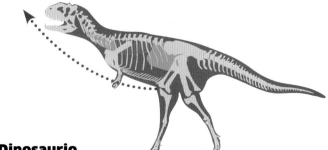

Dinosaurio

Los fósiles muestran que los dinosaurios mesozoicos tenían la misma anatomía pulmonar básica que las aves, incluidos los sacos aéreos, y es razonable suponer que tenían los mismos conductos aéreos y otros tejidos respiratorios.

Dientes y picos

Los dientes son muy importantes para el conocimiento de dinosaurios y animales extintos similares, en parte porque con frecuencia sobreviven como fósiles cuando otras partes del animal, incluidos los huesos, han desaparecido. Muchos dinosaurios del Mesozoico tenían además picos similares a los de las aves. Dientes y picos pueden arrojar luz sobre qué comían, y cómo ingerían y procesaban el alimento.

LOS DINOSAURIOS RENOVABAN SUS DIENTES **A MEDIDA QUE SE DESGASTABAN.** LOS DIENTES DE *DIPLODOCUS* **DURABAN TAN SOLO 35 DÍAS, Y ERAN REEMPLAZADOS.**

CARNÍVOROS

La carne es fácil de digerir, pero obtenerla es difícil e incluso peligroso. Así pues, los dinosaurios carnívoros no precisaban masticar mucho su comida, pero necesitaban armas eficaces y herramientas de carnicero. La mayoría usaban uñas y dientes para capturar sus presas, y luego trabajaban con sus dientes afilados como cuchillas, adaptados para cortar pieles duras y separar la carne de los huesos.

Herramientas de trabajo

Los diferentes tipos de presa o de estilo de caza exigían dientes distintos. Las presas pequeñas podían ser atrapadas y tragadas enteras, por lo que la prioridad era conseguir un agarre seguro. Las grandes debían despedazarse, así que se requerían dientes que cortaran piel y tendones. Y las mayores piezas tenían que ser reducidas con ayuda de unos dientes que eran auténticas armas especializadas.

Puntas de aguja
Los pescadores como *Baronyx*, pariente próximo de *Spinosaurus* (pp. 102-103), tenían dientes de puntas afiladas idóneos para perforar la resbaladiza piel de sus presas e impedir que se escaparan. Muchos pterosaurios ictiófagos tenían dientes aún más largos y afilados.

Cuchillos carniceros
Los dientes de muchos terópodos carnívoros como *Allosaurus* eran hojas curvas con afilados bordes serrados. Tenían la punta aguda, pero su rasgo más distintivo eran esos bordes como navajas, que usaban para sajar el cuerpo de sus presas.

Potencia de mordisco

Muchos dinosaurios carnívoros necesitaban dientes afilados para cortar sus presas en pedazos ingeribles. Pero no siempre eran los dientes sus armas principales, por lo que no todos necesitaban unas fuertes mandíbulas: el ligero y ágil *Velociraptor* dependería de sus garras tanto como de sus dientes para abatir sus presas. El enorme *Allosaurus* tendría una mandíbula más musculosa; pero el verdadero poder correspondía a *Tyrannosaurus rex*, cuyo mordisco podía incapacitar a presas increíblemente poderosas.

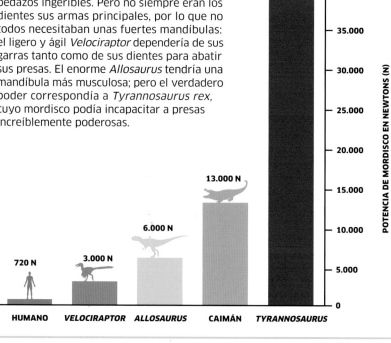

POTENCIA DE MORDISCO EN NEWTONS (N)

720 N	3.000 N	6.000 N	13.000 N	39.000 N
HUMANO	*VELOCIRAPTOR*	*ALLOSAURUS*	CAIMÁN	*TYRANNOSAURUS*

Rompehuesos
Los grandes y sólidos dientes de los tiranosaurios eran mucho más poderosos que las finas cuchillas de la mayoría de los terópodos. Adaptados para quebrar los huesos sin romperse, permitían a *Tyrannosaurus rex* infligir heridas fatales.

HERBÍVOROS

Las plantas comestibles acostumbran a ser fáciles de encontrar, y no requieren ser atrapadas, matadas ni desgarradas; pero pueden ser duras, leñosas y difíciles de digerir. Entonces deben masticarse a conciencia, por lo que, aunque muchos dinosaurios herbívoros tenían dientes y picos adaptados simplemente para recoger comida, algunos desarrollaron los dientes masticadores más especializados que se conocen.

Picos de borde afilado

Muchos dinosaurios herbívoros tenían pico para recoger alimento, entre ellos, todos los ornitisquios, como estegosaurios, ornitópodos y ceratopsios. Los picos eran de dura queratina, como los de las aves, y debieron de tener bordes afilados, apropiados para cortar los tallos de las plantas.

Iguanodon
Este gigantesco ornitópodo tenía un pico multiusos con el que podía pastar tanto en el suelo como en los árboles.

Styracosaurus
Como otros ceratopsios, *Styracosaurus* tenía un pico estrecho y ganchudo como el de un loro, para poder seleccionar los bocados más nutritivos.

Edmontosaurus
El ancho «pico de pato» de este gran hadrosaurio le permitía recoger abundante materia vegetal en muy poco tiempo.

Corythosaurus
Aunque relacionado con *Edmontosaurus*, este hadrosaurio poseía un pico más estrecho, adaptado a una alimentación más selectiva.

Dientes de poda

Los saurópodos de cuello largo y sus parientes no tenían pico; recogían alimento con los dientes frontales, que usaban para pelar las ramitas o para mordisquear los tallos de las hojas. Estos dinosaurios no tenían molares, pero muchos dinosaurios con pico sí tenían unos simples molares foliformes que les ayudaban a masticar la comida.

Forma de lápiz
Los dientes frontales de *Diplodocus* y sus parientes próximos eran como una hilera de lápices gastados. Los utilizaban para pelar de hojas las ramas y ramitas.

Forma de cuchara
Muchos saurópodos tenían dientes con una ligera forma acucharada, idóneos para coger las hojas al dar un bocado.

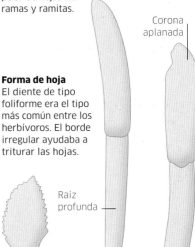

Corona aplanada

Forma de hoja
El diente de tipo foliforme era el tipo más común entre los herbívoros. El borde irregular ayudaba a triturar las hojas.

Raíz profunda

Trituradores y cortadores

Hadrosaurios y ceratopsios desarrollaron unos dientes sumamente eficientes para reducir la comida a una pulpa más digerible. Tenían cientos de dientes, que eran reemplazados continuamente a medida que se gastaban. Los de los hadrosaurios formaban unas amplias superficies trituradoras; los de los ceratopsios eran más bien cortantes.

BATERÍA DENTAL DE HADROSAURIO

PREPARADO PARA TODO

Muchos dinosaurios comían una amplia variedad de alimentos, y a ser posible elegían los más nutritivos y digeribles. Podían comer raíces jugosas, brotes tiernos, frutos e incluso animales como insectos, lagartos y pequeños mamíferos. Algunos de estos omnívoros tenían un pico sin dientes similar al de las aves, pero otros tenían varios tipos de dientes, como nosotros, para arreglárselas con los distintos tipos de alimentos que ingerían. El más famoso de estos dinosaurios con dientes diversos fue *Heterodontosaurus*, pero hubo muchos otros.

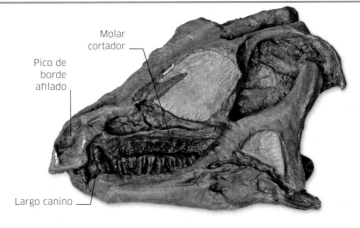

Molar cortador

Pico de borde afilado

Largo canino

Diversidad dental

Heterodontosaurus era un pequeño ornitisquio temprano que tenía unos cortos dientes frontales en el maxilar superior, molares afilados, caninos asombrosamente largos y puntiagudos, y pico. Estaba preparado para todo.

Inteligencia y sentidos

Los dinosaurios tenían un cerebro pequeño comparado con su tamaño colosal, por lo que creemos que su inteligencia era escasa. Pero si esto era cierto en el caso de muchos grandes herbívoros, el cerebro de algunos cazadores era mayor que el de la mayoría de los reptiles actuales, y algunos pudieron ser más inteligentes de lo que suponemos. Por otra parte, a juzgar por su anatomía cerebral, muchos dinosaurios gozaron de unos sentidos muy agudos... mucho más que los nuestros.

CEREBROS DE DINOSAURIO

Podemos estimar el tamaño del cerebro de un dinosaurio a partir del tamaño y la forma de la cavidad encefálica de su cráneo fósil. Eso presupone que el cerebro llenaba esta cavidad, como en las aves actuales; pero el cerebro de algunos reptiles no llena tal cavidad, y no podemos saber con certeza qué modelo usar. Con todo, una cosa está clara, y es que el cerebro de algunos dinosaurios era realmente pequeño.

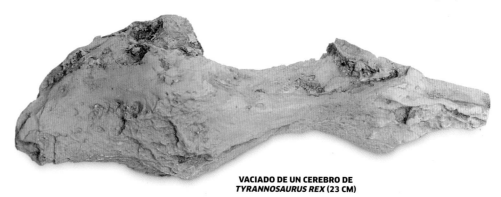

VACIADO DE UN CEREBRO DE TYRANNOSAURUS REX (23 CM)

Vaciado cerebral
La cavidad craneana de un dinosaurio puede llenarse de barro, que se endurece y crea un vaciado fósil que reproduce la forma del cerebro. Este, de *Tyrannosaurus rex*, revela que su forma era bastante distinta a la de un cerebro humano, pero similar a la de un ave.

FUNCIONES CEREBRALES

El tamaño del cerebro nos da una idea aproximada de la inteligencia de un animal, pero la forma también es importante, pues las distintas partes del encéfalo tienen funciones diferentes: el cerebro propiamente dicho se usa para pensar, pero otras partes controlan el cuerpo, o procesan datos recogidos por los sentidos.

Encéfalo humano
El encéfalo humano tiene un cerebro enorme; eso es lo que nos hace tan inteligentes. Los lóbulos occipitales (ópticos) también son relativamente grandes, porque dependemos mucho de nuestros ojos.

Encéfalo de perro
El cerebro de un perro resulta bastante pequeño comparado con el resto del encéfalo. Por contraste, su tronco encefálico y su cerebelo, que procesan señales nerviosas y controlan los movimientos, son relativamente grandes.

Encéfalo de *Citipati*
Aunque pequeño comparado con la cabeza, el encéfalo de *Citipati* tiene unos lóbulos olfatorios y ópticos relativamente grandes. Pero su pequeño cerebro indica que este dinosaurio no era muy inteligente.

▓ **LÓBULO ÓPTICO**　　▓ **LÓBULO OLFATORIO**　　▓ **CEREBRO**
▓ **CEREBELO**　　▓ **TRONCO ENCEFÁLICO**

OÍDO

El escáner de la cavidad encefálica de cráneos de dinosaurio también revela los huesos de su oído interno, y muestra que eran muy parecidos a los de animales modernos, lo que indica que probablemente los dinosaurios oían igual de bien. De hecho, algunos presentan adaptaciones para producir ruidosos sonidos, así que debían de oír lo bastante bien como para captar las llamadas y responder.

Llamada y respuesta
Algunos hadrosaurios, como *Corythosaurus*, tenían una cresta hueca, que probablemente serviría para dar resonancia a sus llamadas y hacerlas más audibles a través de los densos bosques.

INTELIGENCIA COMPARADA

Los científicos usan una medida llamada cociente de encefalización para comparar la inteligencia probable de los dinosaurios con la de animales modernos como el cocodrilo. Los resultados muestran que los saurópodos de cuello largo pudieron ser menos inteligentes que los cocodrilos, pero algunos cazadores terópodos pudieron ser mucho más listos.

AUNQUE ALGUNOS DINOSAURIOS NO ERAN TAN TONTOS COMO SOLEMOS PENSAR, LOS MÁS INTELIGENTES NO ERAN MÁS LISTOS QUE UNA GALLINA.

MENOS INTELIGENTE

MÁS INTELIGENTE

- **Saurópodos**
  Comparado con su cuerpo, el cerebro era diminuto, así que no tenían una gran inteligencia.

- **Estegosaurios**
  El estegosaurio *Kentrosaurus* tenía un cerebro del tamaño de una ciruela.

- **Ceratopsios**
  La inteligencia de ceratopsios como *Triceratops* pudo ser similar a la de un cocodrilo.

- **Cocodrilos**
  Estos cazadores, más listos de lo que suponemos, tienen agudos sentidos y muy buena memoria.

- **Carnosaurios**
  Tyrannosaurus y otros grandes depredadores necesitaban ser listos para poder aventajar a sus presas.

- **Troodóntidos**
  Los dinosaurios más inteligentes fueron pequeños terópodos como *Velociraptor* y *Troodon*.

VISTA

Las amplias cuencas oculares de muchos dinosaurios indican que tenían ojos grandes y bien desarrollados, lo cual suele ir asociado a unos enormes lóbulos ópticos. Algunos, como los tiranosaurios, tenían una vista excelente, es probable que tan aguda como la de un águila. Estos cazadores precisaban una buena vista para localizar a sus presas... y estas la necesitaban para detectar el peligro.

OLFATO

El encéfalo de *Tyrannosaurus* tenía unos grandes lóbulos olfatorios, lo que indica un agudo sentido del olfato. Esta sensibilidad la habrían compartido otros cazadores y carroñeros, pues les permitía detectar a sus presas así como el olor de la sangre que podía conducirlos hasta una comida fácil. Los herbívoros no necesitarían un olfato tan agudo, aunque también resultaba útil a la hora de advertir el peligro.

LEAELLYNASAURA

Ojos grandes
Los enormes ojos iban ligados a dos grandes lóbulos ópticos.

En la oscuridad

Uno de los dinosaurios más fascinantes fue un pequeño herbívoro del Cretácico inferior llamado *Leaellynasaura*. Vivió en una zona de Australia tan cercana al Polo Sur que todos los inviernos debía soportar tres meses sin luz solar. Tenía unos ojos inusualmente grandes, que probablemente eran una adaptación para poder ver en la oscuridad invernal, y que le ayudarían a encontrar comida y a cuidarse de sus enemigos.

Campo de visión

Casi todos los herbívoros tenían los ojos situados en lo alto y a los lados de la cabeza; esto les daba una visión periférica para detectar el peligro. Los cazadores solían tener los ojos en posición más frontal, de modo que los campos de visión de ambos ojos se solapaban; esto les permitía ver en profundidad −visión binocular− y valorar las distancias al atacar.

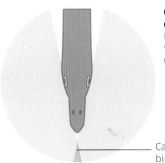

Campo de visión de *Struthiomimus*
Este herbívoro podía ver alrededor sin mover la cabeza.

Campo de visión de *Coelophysis*
Coelophysis necesitaba una buena visión binocular para estimar las distancias.

Campo de visión binocular estrecho

Campo de visión binocular amplio

PRESA

DEPREDADOR

TYRANNOSAURUS

Convivencia

A juzgar por sus huellas fosilizadas, algunos dinosaurios se desplazaban juntos en grupos compactos. Los cazadores de fósiles han hallado asimismo vastos lechos de huesos que contenían los de muchos dinosaurios de la misma especie, todos muertos aparentemente a la vez a causa de algún desastre. Este tipo de prueba fósil podría indicar que esos dinosaurios vivían en manadas. Sabemos que, al menos algunos de ellos, formaban grandes colonias de cría, por lo que es probable que muchos vivieran juntos durante todo el año, a veces en grupos enormes.

ALGUNAS AVES MODERNAS SE REÚNEN EN
COLONIAS PARA CRIAR
Y SE SEPARAN AL ACABAR EL PERIODO DE CRÍA.
CIERTOS DINOSAURIOS PUDIERON
COMPORTARSE DE IGUAL MODO.

TRABAJO EN EQUIPO

Es posible que algunos dinosaurios depredadores cazaran en grupo. Esto no significa que usaran ingeniosas tácticas de caza, como los lobos: no eran lo bastante inteligentes; pero les serviría para abatir grandes presas a las que no podrían enfrentarse solos.

Dispuestos a matar

En un yacimiento se hallaron restos de varios *Deinonychus*, cazadores de poco peso, junto con los de un *Tenontosaurus*, un gran herbívoro. Los depredadores podían ser un grupo familiar que unió fuerzas para lanzar un ataque.

MANADAS HAMBRIENTAS

Hoy, muchos grandes herbívoros viven en manadas que deambulan comiendo lo que hallan a su paso. Es probable que algunos grandes dinosaurios herbívoros hicieran lo mismo. Era más seguro, pues eran más ojos para detectar el peligro; y como el alimento vegetal era fácil de encontrar, no tenían que competir entre ellos por él.

MANADA DE *SAUROPELTA*

PRUEBAS FÓSILES

Las pruebas de que algunos dinosaurios vivían y viajaban en grupos o manadas son bastante convincentes. En varios yacimientos se han hallado juntos los huesos de muchos animales, y es casi seguro que todos murieron a la vez. Otros yacimientos conservan pisadas de muchos dinosaurios desplazándose en la misma dirección al mismo tiempo, como suele hacer una manada en busca de comida o agua fresca.

Conjuntos de huellas

Estos rastros paralelos de pisadas de dinosaurios, hallados en Colorado (EE UU), los dejó un grupo de saurópodos gigantes que bordeaban un antiguo lago. Todas ellas se produjeron al mismo tiempo y además muestran un desplazamiento en la misma dirección, lo que sugiere que estos animales vivían en manada.

Cementerios de dinosaurios

En este lecho de huesos del Dinosaur Provincial Park, en Alberta (Canadá), se han excavado los huesos de miles de *Centrosaurus*. Es probable que una inmensa manada de estos ceratopsios estuviera cruzando un río cuando una riada repentina los ahogó a todos.

COLONIAS Y PAREJAS

El descubrimiento de cientos de nidos de dinosaurio muy juntos en un mismo territorio prueba que muchos dinosaurios se reunían para criar en colonias, probablemente por razones de seguridad: algo similar a las colonias de nidificación de muchas aves marinas actuales. Los nidos de otros dinosaurios, por el contrario, aparecen aislados; estos probablemente fueran de parejas que los situaban en el centro del territorio que defendían.

EL ÁREA DE CRÍA DE *MAIASAURA* **DESCUBIERTA EN MONTANA** CONTIENE LOS RESTOS DE AL MENOS 200 DINOSAURIOS ADULTOS Y SUS CRÍAS, QUE VIVIRÍAN JUNTOS EN **UNA DENSÍSIMA COLONIA.**

Colonias de cría

Se han encontrado varias colonias de cría de dinosaurio, algunas enormes y probablemente usadas año tras año, como muchos criaderos de aves marinas. La más famosa es la de los hadrosaurios *Maiasaura* hallada en Montana (EE UU) a mediados de la década de 1970. El yacimiento conserva los restos de cientos de nidos, separados entre sí por unos 7 m (menos de lo que medía el dinosaurio adulto). Esto evidencia que *Maiasaura* tenía un sistema social bien organizado.

Parejas territoriales

En claro contraste con el sociable herbívoro *Maiasaura*, numerosos terópodos carnívoros como *Carnotaurus* defenderían un territorio frente a otros semejantes con los que competirían por el escaso alimento. Una pareja tendría su propio territorio, como los halcones actuales, y criaría en un nido bien alejado de otros de su especie. Algunos herbívoros pudieron vivir de la misma manera, si su fuente de alimento requería ser defendida.

Defensas

La vida en la naturaleza es una lucha por la supervivencia, especialmente entre los depredadores y sus presas. Con el paso del tiempo, los depredadores desarrollaron métodos de caza más eficientes, pero sus presas respondieron con unas defensas más efectivas. Durante el Mesozoico, este proceso produjo cazadores enormes y bien armados, como *Tyrannosaurus*; si bien también llevó a las presas como *Euoplocephalus* a desarrollar gruesos blindajes y armas defensivas diversas. Otros dinosaurios dependían de su habilidad para escapar u ocultarse, o de la capacidad disuasoria de su tamaño colosal.

BLINDAJE CORPORAL

Una defensa contra los afilados dientes de los depredadores es una piel gruesa. A principios del Jurásico, algunos dinosaurios desarrollaron pequeñas placas óseas en la piel, que evolucionaron hacia el grueso blindaje de los dinosaurios acorazados del Cretácico, como *Euoplocephalus*, armado además con una gran maza en la cola.

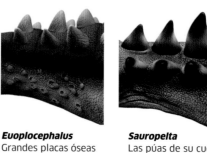

Euoplocephalus
Grandes placas óseas ovales cubiertas de un duro material córneo protegían su cuello.

Sauropelta
Las púas de su cuello, increíblemente largas, contenían a sus enemigos.

Cuello

El cuello, una de las zonas más vulnerables del cuerpo de un animal, es un objetivo habitual de los depredadores. Dinosaurios como *Euoplocephalus* desarrollaron blindajes del cuello para disuadir a los depredadores.

Placas óseas

Cuello corto y recto

Costillas curvas y gruesas

Patas delanteras robustas

Cabeza

Pocos animales pueden sobrevivir a heridas serias en la cabeza, por lo que es natural que los dinosaurios acorazados desarrollaran defensas resistentes para ella. Algunos estaban equipados también con cuernos, que usarían para defenderse.

Euoplocephalus
Las placas óseas que cubrían su cabeza se fusionaban en un escudo casi continuo que formaba un perfecto blindaje rompedientes.

Sauropelta
Un casco de placas óseas cubría el grueso cráneo de este dinosaurio espinoso, añadiendo una capa de protección extra para su cerebro.

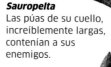

Triceratops
Este gran herbívoro posiblemente repelía a *Tyrannosaurus*, lo que podría explicar los largos y afilados cuernos que salían de su frente.

EVITAR EL ENFRENTAMIENTO

La defensa es el último recurso para muchas presas, pues es mucho más seguro evitar el enfrentamiento. Los dinosaurios no eran una excepción: si tenían la posibilidad de esconderse, lo hacían; algunos herbívoros pequeños se podrían ocultar en madrigueras, y otros se camuflaban. Muchos dinosaurios pequeños y ágiles se valían de su velocidad para huir. En el extremo opuesto de la escala del tamaño, los dinosaurios gigantes eran demasiado grandes para que un depredador se enfrentara a ellos en solitario.

El tamaño importa

Los colosales saurópodos de cuello largo empequeñecían incluso a los grandes cazadores, que no podían aspirar a enfrentarse a ellos. Depredadores hambrientos como *Mapusaurus* (izda. y centro de la imagen) podrían sentirse tentados de atacar a un joven *Cathartesaura*, pero se arriesgaban a morir aplastados bajo las patas de los gigantescos padres de su presa.

Lomo

Algunos depredadores mesozoicos atacaban saltando sobre el lomo de su presa. Así, con el tiempo, muchos dinosaurios desarrollaron sólidas armaduras en lomo y caderas. En muchos casos estas consistían en remaches óseos incrustados en la piel, pero algunos de ellos tenían púas o placas de bordes afilados.

Euoplocephalus
El lomo de este enorme animal estaba cubierto por una coraza flexible salpicada de nódulos óseos y cortas y sólidas púas.

Kentrosaurus
Puede que las largas y afiladas púas al final del lomo de este estegosaurio fueran para exhibirse, pero también serían útiles ante un depredador.

Cola

La cola de los dinosaurios herbívoros era un arma eficaz para ahuyentar depredadores. Una cola larga agitada de lado a lado podía bastar, pero algunas tenían adaptaciones especiales, como púas o incluso una dura maza ósea en el extremo.

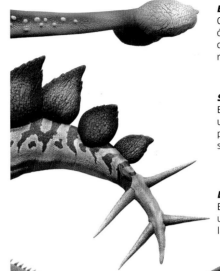

Euoplocephalus
Compuesta por cuatro placas óseas fusionadas, la maza de la cola de este anquilosaurio podía romper las patas de un cazador.

Stegosaurus
En el extremo de la cola tenía unas púas afiladas con las que podía infligir heridas fatales a sus enemigos.

Diplodocus
Este enorme saurópodo pudo usar su larguísima cola como un látigo para abatir a sus atacantes.

Maza caudal

Tramo flexible de la cola

Patas traseras poderosas

CASI TODO EL CUERPO **DE *EUOPLOCEPHALUS*** PARECE ESTAR BLINDADO **DE ALGUNA MANERA, ¡INCLUSO SUS PÁRPADOS!**

Salir corriendo

Los dinosaurios pequeños y ligeros que caminaban sobre dos patas, como *Dryosaurus*, podían correr para evitar el enfrentamiento. Muchos de ellos serían más ágiles que sus enemigos, y algunos debían de ser muy veloces. Los pequeños dinosaurios plumados podrían subir corriendo a los árboles, lo que pudo fomentar la evolución del vuelo.

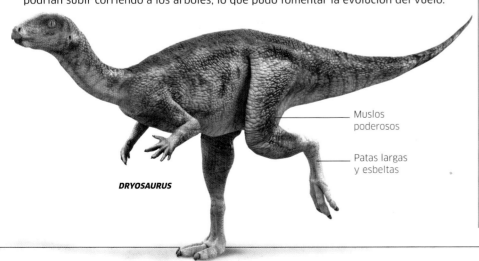

Muslos poderosos

Patas largas y esbeltas

DRYOSAURUS

Camuflaje

Es probable que muchos dinosaurios pequeños se camuflaran, lo que los haría menos visibles para los depredadores, sobre todo si estos dependían principalmente de la vista para cazar. *Hypsilophodon* pudo tener un patrón de color en la piel que lo confundiría con las sombras moteadas de su hábitat boscoso.

HYPSILOPHODON

Exhibición

Muchos animales actuales tienen elaborados cuernos u otros rasgos que parecen armas defensivas, pero que en realidad tienen otra función. Suelen observarse solo en los machos, que los usan para competir por el estatus, el territorio y las hembras. A menudo se trata de una simple cuestión de exhibición, por lo que vence el macho más impresionante, pero en ocasiones se entablan combates rituales. Es posible que las adornadas crestas, espinas y gorgueras de algunos dinosaurios tuvieran el mismo objetivo, aunque también pudieron cumplir una función defensiva.

◎ PERFIL ALTO

Algunos dinosaurios tenían placas óseas o espinas que se proyectaban en alto desde el lomo, entre ellos los estegosaurios, con sus placas y púas dorsales, y animales como *Ouranosaurus*, que tenía una alta «vela» dorsal cuya función aún se desconoce, pero que pudo emplear para exhibirse.

Ouranosaurus
La alta estructura del lomo de este herbívoro era sostenida por unas extensiones óseas de la columna vertebral.

Cresta colorida
La espectacular cresta de este pterosaurio era de ligero tejido blando.

EL PTEROSAURIO *NYCTOSAURUS* TENÍA UNA ENORME CRESTA ÓSEA, SIMILAR A UN CUERNO, DE 90 CM DE LONGITUD: EL DOBLE DE LARGA QUE SU CUERPO. NINGÚN ANIMAL MODERNO TIENE NADA PARECIDO.

TUPANDACTYLUS

CRESTAS OSTENTOSAS

Está claro que las impresionantes crestas de la cabeza de muchos dinosaurios no eran defensivas. Es casi seguro que les servían para exhibirse ante rivales de su mismo sexo o ante parejas potenciales. Hay pruebas de que la cresta de pterosaurios como *Tupandactylus* estaba vivamente coloreada, lo que aumentaba su impacto visual.

Dinosaurios crestados

La mayoría de los dinosaurios crestados hallados hasta ahora son hadrosaurios de pico de pato o terópodos carnívoros. Como en el caso de los pterosaurios, parece probable que fueran coloridas, y las ostentarían ambos sexos, o acaso solo los machos.

Lambeosaurus
La cresta ósea de este hadrosaurio era hueca, y pudo incrementar el sonido de sus llamadas.

Corythosaurus
Este hadrosaurio tenía la cresta más pequeña que *Lambeosaurus*, aunque seguramente igual de colorida.

Cryolophosaurus
Algunos terópodos carnívoros, como este, también tenían cresta, pero por lo general era bastante pequeña.

PENACHOS DE PLUMAS

Hoy sabemos que muchos pequeños terópodos como *Velociraptor* (pp. 108-109) tenían largas plumas en los brazos y la cola. Al principio de su evolución estas plumas pudieron ser apropiadas para la protección y el aislamiento, pero esto no explica por qué algunas son tan largas. Por lo demás, las plumas resultan idóneas para la exhibición, ya que pueden estar vivamente coloreadas y alargarse hasta la extravagancia, como se ve en muchas aves actuales, como el pavo real o el ave del paraíso.

Penachos de cola

Los detallados fósiles del pequeño terópodo jurásico *Epidexipteryx* muestran largas plumas, como cintas, extendiéndose desde la cola. Su valor no era práctico: pudieron ser un rasgo de exhibición, como la cola del pavo real macho, usado en el cortejo o para ahuyentar a los rivales en competencia por el territorio.

Plumas delicadas

Las bellas plumas de este papamoscas del paraíso son ornamentales. Los machos las despliegan para competir entre sí, y el ganador –el de plumaje más delicado– se une con la hembra. Cabe suponer que los dinosaurios del Mesozoico también las usaban así; además, tal vez las hembras también tuvieran tan excelente plumaje.

ESPINAS Y GORGUERAS

Algunos dinosaurios tenían unas espinas espectacularmente largas, y muchos ceratopsios, una enorme gorguera que se extendía desde la parte posterior del cráneo. Eran rasgos mucho más elaborados de lo requerido para la defensa, y es posible que, al menos en parte, sirvieran para exhibirse e impresionar a parejas y rivales, aunque también disuadirían a los enemigos.

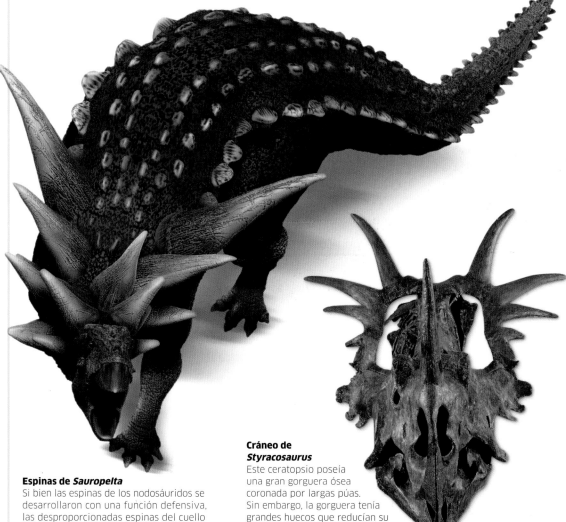

Espinas de *Sauropelta*

Si bien las espinas de los nodosáuridos se desarrollaron con una función defensiva, las desproporcionadas espinas del cuello de *Sauropelta* debían de tener otra función: darle un aspecto más impresionante.

Cráneo de *Styracosaurus*

Este ceratopsio poseía una gran gorguera ósea coronada por largas púas. Sin embargo, la gorguera tenía grandes huecos que reducían su resistencia, lo que indica que sobre todo debía de servir para la exhibición.

ADORNO HINCHABLE

Algunos dinosaurios tuvieron al parecer unas peculiares crestas de un blando tejido carnoso. El hocico de *Muttaburrasaurus* contaba con una estructura ósea que pudo sustentar unos sacos nasales hinchables y vivamente coloreados que servirían para dar resonancia a sus llamadas, como los sacos elásticos de la garganta de las ranas.

Cresta plana

Cresta

La cresta carnosa y hueca del hocico del dinosaurio podía estar conectada a las fosas y conductos nasales y a los pulmones.

Cresta inflada

Cresta inflada

Cerrando las fosas nasales y espirando, se inflaría la cresta –que se haría más visible–, amplificando además el sonido de la llamada.

DENTRO DE UN HUEVO

Algunos huevos fosilizados contienen pequeños dinosaurios que estaban a punto de romper el cascarón cuando murieron. Estos ejemplares quedaron reducidos a una confusión de huesos diminutos, pero los científicos han averiguado el aspecto que tendrían dentro del huevo, como muestra esta ilustración de un saurópodo a punto de nacer. Su comparación con otros huevos de reptiles y aves actuales nos proporciona pistas acerca de varios elementos del huevo.

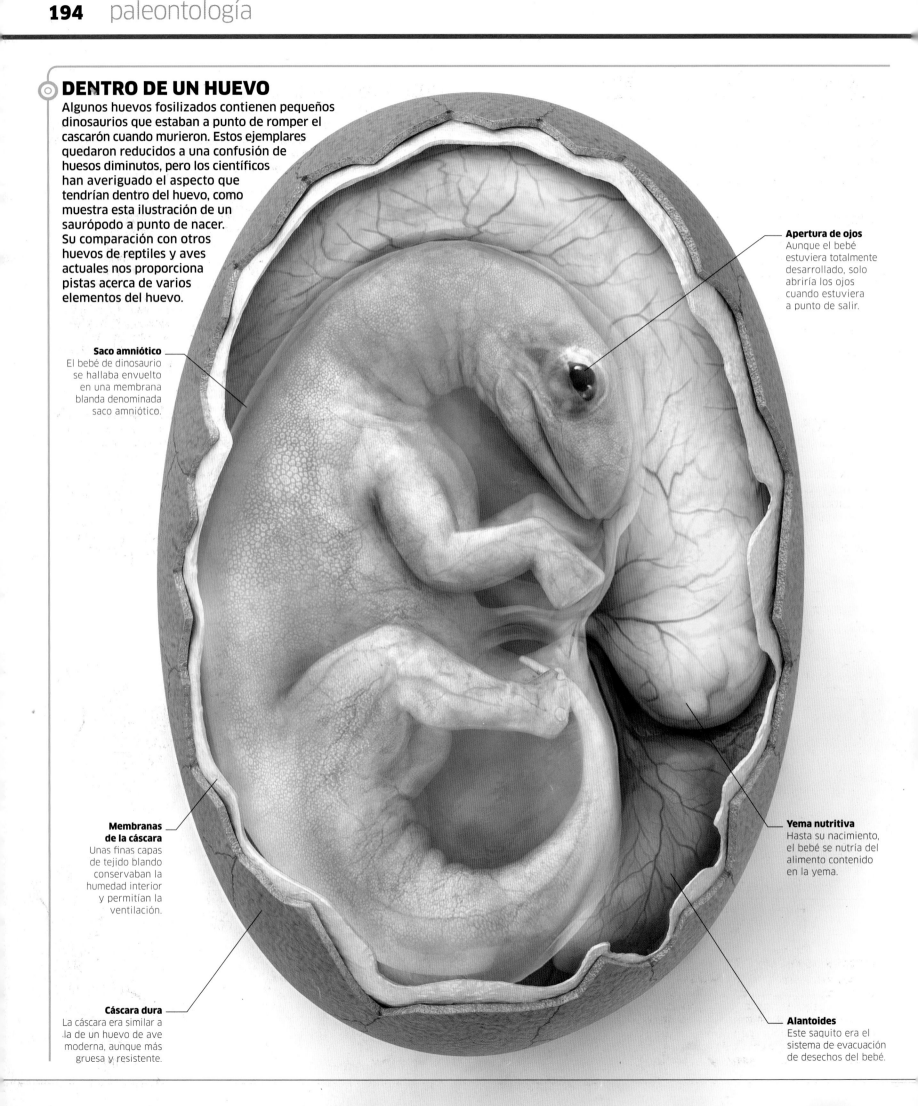

Apertura de ojos
Aunque el bebé estuviera totalmente desarrollado, solo abriría los ojos cuando estuviera a punto de salir.

Saco amniótico
El bebé de dinosaurio se hallaba envuelto en una membrana blanda denominada saco amniótico.

Membranas de la cáscara
Unas finas capas de tejido blando conservaban la humedad interior y permitían la ventilación.

Cáscara dura
La cáscara era similar a la de un huevo de ave moderna, aunque más gruesa y resistente.

Yema nutritiva
Hasta su nacimiento, el bebé se nutría del alimento contenido en la yema.

Alantoides
Este saquito era el sistema de evacuación de desechos del bebé.

Reproducción

Todos los dinosaurios ponían huevos. Realizaban grandes puestas, que enterraban o incubaban como las aves, en nidos construidos en el suelo. Es probable que algunos abandonaran los huevos a su suerte, pero hoy sabemos que otros permanecían con la nidada hasta su eclosión, y luego criaban a su progenie llevándoles alimento. En cualquier caso, el gran número de huevos de una puesta de dinosaurio implicaba que podían reproducirse mucho más deprisa que los grandes mamíferos actuales.

AL PARECER, ALGUNOS DINOSAURIOS,
COMO *MAIASAURA*,
CUIDABAN DE SUS CRÍAS
DURANTE SEMANAS O INCLUSO MESES.

HUEVOS DE DINOSAURIO

Los huevos de dinosaurio tenían una dura cáscara calcárea, similar a la de los huevos de las aves modernas. Algunos tenían una cáscara irregular, otros eran lisos, y puede que muchos tuvieran colores y dibujos. Su forma variaba según el tipo de dinosaurio; algunos eran ovalados y alargados, mientras que otros eran esferas casi perfectas.

**HUEVO DE *OVIRAPTOR*
18 CM**

**HUEVO DE *APATOSAURUS*
30 CM**

**HUEVO DE *PROTOCERATOPS*
16 CM**

**HUEVO DE GALLINA
5,7 CM**

Pequeñas maravillas

Lo más sorprendente de los huevos de dinosaurio es su reducido tamaño. Incluso los más grandes, como los de *Apatosaurus*, apenas eran como un balón de baloncesto: diminutos comparados con un saurópodo adulto. Los recién nacidos serían, lógicamente, aún más pequeños, lo cual significa que los dinosaurios crecían muy deprisa.

NIDOS DE DINOSAURIO

Los grandes dinosaurios cavaban hoyos poco profundos para poner sus huevos, y los cubrían con tierra y hojas que, al pudrirse, generaban calor y ayudaba a incubar los huevos. Muchos de los dinosaurios más pequeños ponían sus huevos en unos nidos que eran como montículos ahuecados, y los incubaban con su calor corporal, como las gallinas.

Nidada

En una sola nidada podía haber 20 huevos o más. Algunos de los dinosaurios plumados más pequeños, como *Citipati* (pp. 114-115), los mantenían calientes extendiendo sobre ellos las largas plumas de sus brazos a fin de evitar la fuga de calor.

Nido de cocodrilo

Los cocodrilos incuban sus huevos del mismo modo que los grandes dinosaurios: entierran los huevos bajo hojas en descomposición. Por otro lado, los cocodrilos custodian sus nidos, algo que acaso también hacían los dinosaurios del Mesozoico.

CRECIMIENTO

Algunos bebés de dinosaurio dejaban el nido tras salir del huevo, pero sabemos que otros eran alimentados por sus padres. Crecían muy deprisa, cambiando tanto de forma como de tamaño. Los fósiles de unos pocos, como *Protoceratops*, registran todas las etapas de su crecimiento.

Gorguera diminuta

CRÍA

Cráneo en crecimiento

JUVENIL

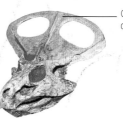

Gorguera en desarrollo

INMADURO

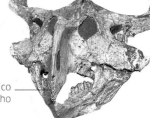

Pico estrecho

SUBADULTO

Gorguera poderosa

Cuernos malares

ADULTO

La gran extinción

Hace algo menos de 66 millones de años, la era mesozoica terminó con una extinción masiva que destruyó a todos los dinosaurios gigantes, los pterosaurios, casi todos los reptiles marinos y muchos otros animales que hoy tan solo conocemos por sus restos fósiles. Entre los pocos supervivientes hubo lagartos, cocodrilos, aves y mamíferos. La causa más probable de dicha extinción fue un inmenso asteroide que impactó violentamente sobre la Tierra. Pero en esa época también había enormes volcanes en erupción en la actual India, lo que pudo agravar el caos climático global causado por el desastre.

IMPACTO

Sabemos que la extinción masiva fue precedida por el impacto de un gran asteroide sobre lo que hoy es la península del Yucatán, en México. Con más de 10 km de diámetro, el asteroide fue vaporizado al instante en una catastrófica explosión, dos millones de veces más potente que la mayor bomba atómica jamás detonada.

CAOS GLOBAL

Los desastrosos sucesos de hace 66 m.a. tuvieron un impacto dramático sobre todas las formas de vida. Algunos grupos de animales fueron barridos por completo, y los supervivientes debieron de quedar reducidos a unos pocos individuos, que se aferrarían a la vida en un mundo destrozado y caótico.

CATÁSTROFE

Los científicos aún desconocen si la extinción fue causada por el impacto del asteroide o por la devastadora erupción de ingentes masas de lava y gases tóxicos de supervolcanes gigantescos. Cualquiera de los dos fenómenos pudo cambiar el clima global de forma radical, y resultar finalmente en la destrucción de la gran mayoría de la vida del planeta.

Supervolcanes
La mitad de la actual India quedó cubierta por vastas cantidades de gas y lava fundida que, al enfriarse, formaron capas de roca basáltica de 2 km de grosor, hoy llamadas las Traps del Decán.

Residuos de la explosión
El polvo mezclado con la nube química pudo bloquear la luz solar durante al menos un año.

EL CRÁTER DEJADO POR EL IMPACTO DEL ASTEROIDE EN LA COSTA DEL ACTUAL MÉXICO ES UNO DE LOS MAYORES DE LA TIERRA, PERO ESTÁ **ENTERRADO** A GRAN PROFUNDIDAD.

Impacto del asteroide
La explosión tras el impacto del asteroide formó un cráter de más de 180 km de diámetro, hoy enterrado a gran profundidad. Los residuos del impacto pudieron saturar la atmósfera.

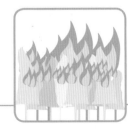

Incendios globales
La abrasadora roca fundida arrojada por el gran impacto pudo desencadenar inmensos incendios por todo el mundo.

Víctimas

Las víctimas más famosas de la extinción fueron los dinosaurios gigantes; por entonces vivían algunos de los más colosales y conocidos, como *Tyrannosaurus* y *Triceratops*. Pero la catástrofe también exterminó a los pterosaurios, a casi todos los reptiles marinos y a muchos otros animales del océano. Sucumbió al menos el 75% de las especies animales y vegetales de la Tierra.

Supervivientes

Mientras que algunos tipos de animales desaparecieron, otros sobrevivieron de algún modo tanto a la catástrofe inicial como a los años siguientes, cuando las plantas luchaban por crecer y el alimento escaseaba. Entre ellos había diversos peces, reptiles, mamíferos e invertebrados, así como aves.

Tiburones
Junto con otros peces, sobrevivieron en los océanos, y evolucionaron hasta convertirse en los sofisticados cazadores que conocemos.

Ranas
Los animales de agua dulce quedaron al parecer a salvo de los peores efectos de la catástrofe, y muchas ranas sobrevivieron.

Crocodilianos
A pesar de ser arcosaurios, muy próximos a los dinosaurios y los pterosaurios, algunos cocodrilos y caimanes lograron sobrevivir.

Tortugas
Sorprendentemente, más del 80% de las especies vivas en el Cretácico siguieron existiendo tras la extinción masiva.

Serpientes
Muchos lagartos y serpientes consiguieron superar la crisis, y fueron los antecesores de todos los que conocemos hoy.

Mamíferos
Todos los grupos principales de mamíferos de la época sobrevivieron, y más tarde prosperarían durante la era cenozoica.

Insectos y arañas
Los pequeños invertebrados terrestres se vieron muy afectados, pero muchos grupos escaparon a la extinción y prosperaron.

Moluscos
Los erizos de mar y otros muchos tipos de invertebrados marinos sobrevivieron; pero otros, como los amonites, desaparecieron.

Nube volcánica
Inmensas nubes de gas y ceniza volcánica cubrieron la totalidad del planeta.

Lluvia ácida
Los productos químicos de la nube volcánica se mezclaron con agua y provocaron una mortífera lluvia ácida.

Explosión y onda expansiva
La onda del cataclismo arrasó toda vida cercana a la zona de impacto.

Megatsunamis
Existen pruebas de que inmensos tsunamis barrieron las costas del Caribe y el Atlántico.

Crisis climática
Ya fuera por la erupción de colosales volcanes, por el impacto de un enorme asteroide o por una combinación de ambos fenómenos, el efecto fue un cambio climático catastrófico que enfrió la Tierra y arruinó el ecosistema global. El mundo tardó millones de años en recuperarse.

Aves: dinosaurios supervivientes

Hoy sabemos que las aves son dinosaurios terópodos, cuyos ancestros estaban estrechamente emparentados con los de algunos ligeros depredadores plumados como *Velociraptor* (pp. 108-109). Es evidente que las aves tienen muchos rasgos especiales, pero la mayoría de ellos evolucionaron hace mucho tiempo: para el final del Mesozoico, ya resonaban en el aire los reclamos de pájaros muy similares a los que viven hoy a nuestro alrededor. Lo enigmático es por qué sobrevivieron cuando todos los demás dinosaurios se extinguieron.

EVOLUCIÓN

Los primeros dinosaurios voladores, como es el caso de *Archaeopteryx*, eran muy parecidos a los terópodos no voladores, con los que compartían antepasados. En el Cretácico inferior ya había surgido un grupo –los enantiornites– que, aparte de algunos raros detalles, se asimilaba bastante a las aves de hoy en día. Las primeras aves verdaderas surgieron al inicio del Cretácico superior, hace más de 90 m.a.

Velociraptor
Los ancestros de este cazador plumado pero no volador estaban emparentados con los de los primeros dinosaurios voladores; por eso se parecen tanto.

DINOSAURIOS

DINOSAURIOS VOLADORES

Los esqueletos de las aves más antiguas eran muy parecidos a los de muchos dinosaurios no voladores, excepto por tener los huesos de los brazos más largos. También compartían las plumas y unos pulmones sumamente eficientes. Al evolucionar, las aves desarrollaron una serie de modificaciones que aumentaban la potencia de las alas sin añadir peso; estas adaptaciones aparecieron durante el Mesozoico, y fueron heredadas por aves modernas como las palomas.

LAS PRIMERAS AVES VERDADERAS SURGIERON MUCHO ANTES QUE **DINOSAURIOS FAMOSOS** COMO *TYRANNOSAURUS REX.*

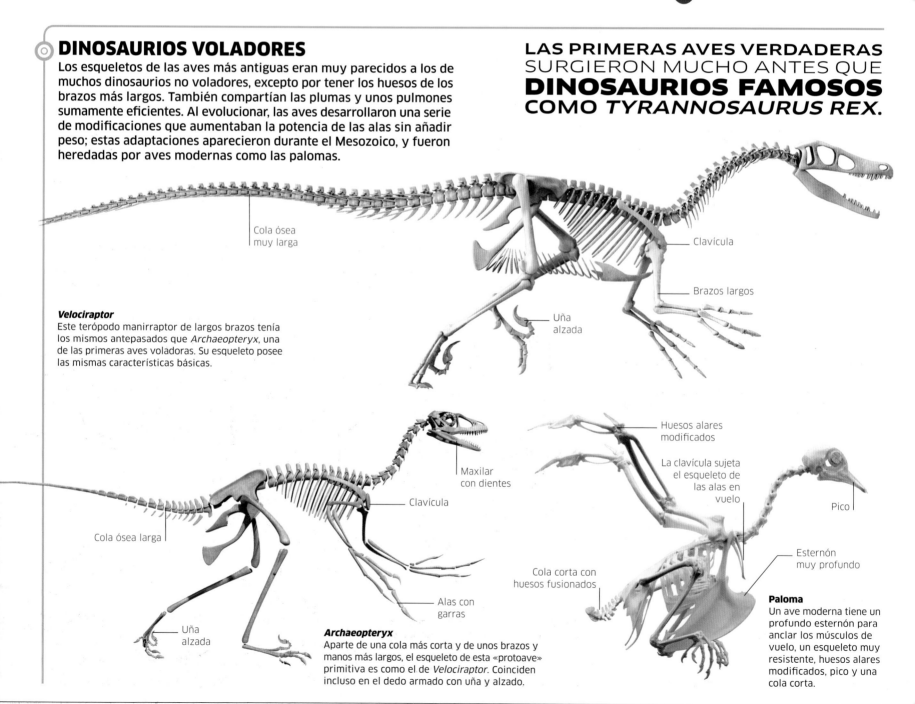

Cola ósea muy larga

Clavícula

Brazos largos

Uña alzada

Velociraptor
Este terópodo manirraptor de largos brazos tenía los mismos antepasados que *Archaeopteryx*, una de las primeras aves voladoras. Su esqueleto posee las mismas características básicas.

Maxilar con dientes

Clavícula

Huesos alares modificados

La clavícula sujeta el esqueleto de las alas en vuelo

Pico

Cola corta con huesos fusionados

Esternón muy profundo

Cola ósea larga

Alas con garras

Uña alzada

Archaeopteryx
Aparte de una cola más corta y de unos brazos y manos más largos, el esqueleto de esta «protoave» primitiva es como el de *Velociraptor*. Coinciden incluso en el dedo armado con uña y alzado.

Paloma
Un ave moderna tiene un profundo esternón para anclar los músculos de vuelo, un esqueleto muy resistente, huesos alares modificados, pico y una cola corta.

Archaeopteryx
Llamados «avianos», pues no eran aves verdaderas, los primeros dinosaurios voladores tenían una larga cola ósea y no estaban bien adaptados para el vuelo.

Confuciusornis
Los avianos posteriores tenían una cola corta con huesos fusionados, garras en las alas y carecían de un esternón profundo para anclar grandes músculos de vuelo.

Iberomesornis
Los enantiornites ya poseían un gran esternón y fuertes músculos de vuelo. Pero algunos todavía tenían dientes, y unos pocos, garras en las alas.

Aves modernas
Las aves verdaderas tienen un pico sin dientes y otros rasgos avanzados... la mayoría de los cuales ya habían evolucionado en el Mesozoico.

ANALOGÍA

Hoy sabemos que las aves son dinosaurios vivientes, y el estudio de su vida nos puede decir mucho sobre cómo vivían los dinosaurios del Mesozoico. Obviamente, las aves son muy distintas de sus extintos ancestros, y su mundo también lo es; pero ciertos aspectos de su biología son los mismos, y algunas de sus conductas podrían ser similares.

Cazador hambriento
El pigargo utiliza sus garras para capturar a su presa y sujetarla mientras la desgarra. Los pequeños cazadores mesozoicos de uñas afiladas las pudieron usar del mismo modo.

Colonia de cría
Los fósiles indican que muchos dinosaurios mesozoicos anidaban en colonias. Las aves marinas, como estos frailecillos, también lo hacen, y su vida social podría ser similar.

Cuidado parental
Algunas crías de dinosaurio se buscarían su propio alimento nada más romper el cascarón; pero los adultos las custodiarían, al igual que esta atenta mamá gallina.

RESURGIR NATURAL

Algunas aves actuales no voladoras, como el avestruz, recuerdan a ciertos dinosaurios como *Struthiomimus*; y su anatomía tiene rasgos heredados de antecesores voladores. Esto significa que la evolución ha completado su ciclo, produciendo equivalentes modernos de los rápidos y ligeros terópodos del Mesozoico superior.

Velocista
Tal vez este ñandú puede parecer un superviviente mesozoico, pero en realidad es un ejemplo de «reinvención» evolutiva de un tipo de animal satisfactorio.

DIVERSIDAD FASCINANTE

Hoy existen más de 10.000 especies de aves, por lo que está claro que, lejos de haberse extinguido, los dinosaurios lograron prosperar en todos los rincones del planeta. Se han diversificado en una increíble variedad de criaturas, como búhos, albatros, colibríes, pingüinos o águilas; e incluyen algunos de los animales más bellos, inteligentes, rápidos y musicales del planeta. Todos ellos son dinosaurios.

Esplendor emplumado
El deslumbrante plumaje del pavo real macho es solamente un ejemplo de las asombrosas adaptaciones desarrolladas por las aves. La historia de los dinosaurios no ha terminado: aún sigue alumbrando algunos de los animales más sensacionales de la Tierra.

Glosario

AISLAMIENTO
En los animales, todo elemento que contribuya a evitar la pérdida de calor corporal, como grasa, pelaje o plumas.

ALETA
Cada uno de los apéndices de los vertebrados acuáticos, con los que se impulsan y dirigen su movimiento.

ÁMBAR
Resina que ha rezumado de un árbol y se ha endurecido a lo largo de millones de años.

AMONITES
Molusco prehistórico con concha en espiral y tentáculos similares a los del pulpo, que fue común en el Mesozoico.

ANATOMÍA
Estructura del cuerpo de un animal.

ANFIBIO
Animal vertebrado que suele nacer en el agua como renacuajo, pero en su etapa adulta respira aire, como las ranas, que viven parcialmente en tierra.

ANILLO ESCLERÓTICO
Anillo de huesos que sujeta el globo ocular en su cuenca.

ANQUILOSÁURIDO
Tipo de anquilosaurio con una maza ósea defensiva en la cola.

ANQUILOSAURIO
Uno de los principales tipos de dinosaurios ornitisquios, con el cuerpo cubierto por un blindaje óseo.

ARCOSAURIO
Miembro del grupo de animales que incluye a los dinosaurios, los pterosaurios, las aves y los cocodrilos.

ARENISCA
Roca compuesta por granos de arena que se han cementado juntos.

ÁRIDO
Término que describe un clima o lugar muy seco.

ASTEROIDE
Gran objeto rocoso en órbita alrededor del Sol, más grande que un meteoro pero menor que un planeta.

AZDÁRQUIDO
Pterosaurio gigante que vivió durante el Cretácico superior.

BARBA
En un ave, filamentos muy finos que rodean el raquis o ástil de las plumas, y que a su vez están formados por otros más pequeños aún, conocidos como bárbulas; facilitan el vuelo y proporcionan aislamiento.

BELEMNITES
Molusco extinto con una estructura interna de refuerzo que a menudo ha formado fósiles con una característica forma de bala.

BÍPEDO
Animal que se sostiene y camina sobre dos patas.

CALIZA
Roca compuesta por carbonato de cal (calcita), procedente a menudo de los esqueletos de organismos marinos microscópicos.

CÁMBRICO
Periodo de la era paleozoica que se extendió de 541 a 485 millones de años atrás.

CAMUFLAJE
Coloración del cuerpo de un animal que dificulta su detección visual.

CANÍBAL
Animal que se come a otros ejemplares de su misma especie.

CANINOS
Colmillos, dientes largos y puntiagudos de los mamíferos carnívoros, que se hallan también presentes en algunos dinosaurios.

CARBONÍFERO
Periodo de la era paleozoica que se extendió de 359 a 298 millones de años atrás.

CARNÍVORO
Animal que se alimenta de carne.

CARNOSAURIO
Tipo de dinosaurio terópodo carnívoro, grande y muy poderoso, que apareció en el Jurásico.

CARROÑERO
Animal que se alimenta de los restos de animales muertos y otras sobras.

CAUDAL
Perteneciente o relativo a la cola de un animal. Por ejemplo, maza caudal.

CÉLULA
Unidad más pequeña capaz de reproducción independiente en un organismo vivo. Animales y plantas tienen muchas células, pero otros seres vivos microscópicos como las bacterias se componen de una única célula.

CENOZOICO
Literalmente, «nueva vida animal»: se trata de la era siguiente a la época de los dinosaurios, que se extiende desde hace 66 millones de años hasta el presente.

CERATOPSIO
Tipo de dinosaurio con cuernos en el rostro y una gorguera ósea sobre el cuello.

CERDA
Estructura flexible similar a un pelo pero más gruesa.

CÍCADA
Planta tropical que lleva las semillas en grandes conos pero tiene una corona de follaje, como un helecho o una palmera.

CINODONTO
Uno de los vertebrados extintos que fueron antecesores directos de los mamíferos.

COLUMNA VERTEBRAL
Eje del esqueleto de los animales vertebrados, situado a lo largo de la espalda o el lomo, y formado por una serie de huesos dispuestos en fila y articulados, llamados vértebras.

CONÍFERA
Planta que lleva sus semillas en conos escamosos (piñas); normalmente son árboles altos, como pinos y abetos.

CONTINENTE
Gran extensión de tierra formada por rocas distintas de las que componen el suelo oceánico.

COPROLITO
Excremento fósil de un animal, que con frecuencia contiene fragmentos de su comida.

CORTEJO
Conducta de los animales orientada a la reproducción, y que a menudo implica exhibiciones físicas o llamadas muy sonoras.

CRETÁCICO
Tercer periodo de la era mesozoica (la época de los dinosaurios), que se extendió de 145 a 66 millones de años atrás.

CRÍA, ZONA DE
Lugar de reunión donde machos y hembras se aparean y producen descendencia.

CROCODILIANO
Reptil que está o estuvo estrechamente emparentado con los cocodrilos y los caimanes actuales.

CUADRÚPEDO
Animal que se sostiene y camina sobre cuatro patas.

CUATERNARIO
Tercer periodo de la era cenozoica, que se extiende desde hace 2 millones de años hasta el presente.

DEPREDADOR
Animal que mata a otros animales para alimentarse.

DEVÓNICO
Periodo de la era paleozoica que se extendió de 419 a 358 millones de años atrás.

DICINODONTO
Grupo de vertebrados extintos con dos grandes colmillos y emparentados con los antepasados de los mamíferos.

DIETA
Tipo de comida con que se alimenta un animal.

DIGESTIÓN
Descomposición de la comida en diversas sustancias más simples que pueden ser absorbidas y usadas por el organismo de un animal.

DORSAL
Perteneciente o relativo a la espalda o lomo de un animal. Por ejemplo, cresta dorsal.

DROMEOSÁURIDO
Tipo de dinosaurio terópodo de brazos largos con garras y una «uña asesina» en cada pie, como *Velociraptor*.

ECOSISTEMA
Comunidad de seres vivos que habitan en un lugar concreto y dependen unos de otros de algún modo.

ECUADOR
Línea imaginaria que circunda la Tierra, equidistante de los polos Norte y Sur.

ÉPOCA
Espacio de tiempo geológico que forma parte de un periodo; por ejemplo, el Jurásico medio. En general, espacio de tiempo determinado.

EQUISETO
Tipo de planta primitiva que produce esporas en vez de semillas, y con hojas similares a cintas que crecen desde el tallo en anillos o espirales.

ERA
Espacio de tiempo geológico que define una fase de la historia de la vida, como el Paleozoico o el Mesozoico.

ESMALTE
Material duro que protege los dientes.

ESNÓRQUEL
Tubo de respiración empleado para tomar aire sobre la superficie del agua mientras la cabeza está sumergida.

ESPECIE
Tipo particular de ser vivo que puede reproducirse con otros del mismo tipo.

ESTATUS
Importancia de un individuo ante otros individuos de la misma especie.

ESTEGOSAURIO
Grupo de dinosaurios blindados con grandes placas y espinas sobre el lomo.

ESTERNÓN
Hueso situado en el centro del pecho, y que en las aves es muy amplio.

ESTRATIGRAFÍA
Parte de la geología que estudia la edad relativa de las rocas y de los fósiles que contienen a partir de una secuencia de capas, o estratos, de roca.

EVOLUCIÓN
Proceso por el cual los seres vivos cambian a lo largo del tiempo.

EXCAVACIÓN
Extracción de algo enterrado, como los fósiles, con métodos científicos.

EXHIBICIÓN
En animales, demostración de fuerza, destreza o aspecto físico, destinada a intimidar a un rival u obtener pareja.

EXTINCIÓN MASIVA
Desaparición de muchos tipos de seres vivos a consecuencia, por ejemplo, de un desastre natural.

EXTINTO / EXTINGUIDO
Que ha desaparecido por completo. Una especie extinta ya no tiene individuos vivos y se ha perdido para siempre.

FITOSAURIO
Grupo de reptiles hoy extintos que recordaba a los cocodrilos y vivió hasta el final del periodo triásico.

FOLIFORME
Objeto con forma de hoja. Se aplica en particular a los dientes con este perfil y con los bordes irregulares.

FOLÍVORO
Animal herbívoro que únicamente se alimenta de hojas.

FÓSIL
Restos de cualquier ser vivo que han logrado sobrevivir al proceso natural de descomposición, y que a menudo se han conservado convertidos en piedra.

FOSILIZACIÓN
Proceso por el cual los restos de los seres vivos se convierten en fósiles.

GASTROLITOS
Piedras tragadas por algunos animales para triturar la comida en el estómago.

GEOLOGÍA
Ciencia que estudia la naturaleza de los materiales del globo terrestre, como las rocas, así como su formación y sus cambios a lo largo del tiempo.

GINKGO
Grupo de plantas sin flor que crece en forma de árbol con hojas más o menos triangulares. Hay una sola especie viva, pero muchas extintas.

HADROSAURIO
Tipo avanzado de dinosaurio ornitópodo con un pico parecido al de un pato y baterías de molares.

HELECHO
Tipo primitivo de planta sin flor con frondes (hojas) abundantes que crece en lugares húmedos y se reproduce por esporas.

HERBÍVORO
Animal que solo se alimenta de hojas o de hierba.

HETERODONTO
Animal que tiene varios tipos distintos de dientes con funciones diferentes, como cortar y masticar.

HOCICO
Morro, parte más o menos alargada del rostro de algunos animales, donde se encuentran la nariz y la boca.

ICNOFÓSIL
Traza o huella dejada en el sedimento por un organismo y conservada como roca, como, por ejemplo, las huellas de pisadas, los coprolitos o los nidos. También recibe el nombre de icnita o traza fósil.

ICTIOSAURIO
Grupo de reptiles marinos parecidos a delfines que eran muy comunes al principio de la era mesozoica.

INCISIVOS
Dientes delanteros con forma de cincel, especialmente adaptados para morder o cortar la comida.

INCUBAR
En ciertos animales, mantener el calor de los huevos hasta el nacimiento de las crías mediante el calor corporal.

INMADURO
Que todavía no es adulto, y por tanto es incapaz de procrear.

INVERTEBRADO
Tipo de animal que carece de columna vertebral.

JURÁSICO
Segundo periodo de la era mesozoica, que se extendió de 201 a 145 millones de años atrás.

LAVA
Roca fundida expulsada en forma líquida por la erupción de un volcán.

LECHO DE HUESOS
Gran depósito de huesos fósiles.

LICOPODIO
Planta primitiva compuesta por hojas similares a escamas y esporas en lugar de semillas.

LIGAMENTO
Estructura orgánica fuerte, ligeramente elástica y similar a un cordón, que une los huesos entre sí.

LLANURA ALUVIAL
Zona de tierra plana a lo largo de un río, creada por diversos sedimentos blandos depositados por el agua en las inundaciones estacionales.

LÓBULOS ÓPTICOS
Partes del encéfalo que procesan los datos visuales.

MADURO
Adulto, con edad suficiente para tener descendencia.

MALAR
Perteneciente o relativo a la mejilla de un animal.

MAMÍFERO
Grupo de animales vertebrados homeotermos (de sangre caliente), a menudo con pelo, que alimentan a sus crías con leche producida por la madre.

MANIRRAPTOR
Literalmente, «manos de ladrón»: tipo avanzado de dinosaurio terópodo con fuertes garras, que dio origen a las aves.

MARGINOCÉFALO
Grupo de dinosaurios que incluía a los paquicefalosaurios de grueso cráneo y a los cornudos ceratopsios.

MARSUPIAL
Mamífero que, como el canguro, pare crías muy pequeñas y las cría en una bolsa ventral (marsupio).

MEDIOAMBIENTE
Entorno donde habita un ser vivo.

MEGAHERBÍVORO
Mamífero herbívoro de gran tamaño.

MEMBRANA
Capa de material fino, flexible y con frecuencia elástico, como la piel.

MESOZOICO
Literalmente, «vida animal intermedia»: se trata de la era conocida como edad de los dinosaurios, que se extendió de 252 a 66 millones de años atrás.

MICROFÓSIL
Fósil demasiado pequeño para ser estudiado sin microscopio. Puede ser el fósil de un ser vivo microscópico o de parte de un ser vivo mayor.

MICROSCÓPICO
Algo demasiado pequeño para ser visto sin la ayuda de un microscopio.

MINERALES
Elementos químicos naturales que se encuentran en las rocas y el suelo.

MOLARES
Piezas dentales especializadas en la masticación y situadas en la parte posterior de la mandíbula.

MOLUSCO
Vasto grupo de animales invertebrados que incluye a caracoles, almejas, pulpos, calamares y otros similares.

MONOTREMA
Pequeño grupo de mamíferos que ponen huevos, como el ornitorrinco.

MUSGO
Tipo primitivo de planta sin flor que crece en formaciones similares a cojines en lugares húmedos.

NATURALISTA
Científico especializado en el estudio del mundo natural.

NÉCTAR
Fluido dulce producido por las flores con la finalidad de atraer a insectos y otros animales.

NEÓGENO
Segundo periodo de la era cenozoica, que se extendió de 23 a 2 millones de años atrás.

NODOSÁURIDO
Miembro perteneciente a una familia de anquilosaurios con el cuerpo recubierto de espinas y que carecía de maza ósea en el extremo de la cola.

NOTOCORDIO
Cordón macizo aunque flexible que forma parte de la columna vertebral de algunos animales vertebrados (cordados).

NOTOSAURIO
Tipo de reptil marino que vivió en el periodo triásico.

NUTRIENTES
Sustancias necesarias para la formación de tejidos en los seres vivos.

NUTRITIVO
Que tiene un alto valor alimenticio.

OMNÍVORO
Animal que come una amplia variedad de alimentos vegetales y animales, si bien acostumbra a ser muy selectivo.

ORDOVÍCICO
Periodo de la era paleozoica que se extendió de 485 a 443 millones de años atrás.

ORGANISMO
Conjunto de órganos de un ser vivo y, por extensión, el propio ser vivo.

ORNITISQUIO
Dinosaurio con cadera de ave. Junto a los saurisquios, se trata de una de las dos divisiones principales de los dinosaurios.

ORNITOMIMOSAURIO
Dinosaurio terópodo con aspecto de ave que vivió durante el Cretácico y cuyo aspecto recordaba a un avestruz.

ORNITÓPODO
Grupo de dinosaurios herbívoros que se desplazaban principalmente sobre las patas traseras y no estaban blindados.

OSTEODERMO
Placa ósea que se forma en el interior de la piel y suele constituir la base de una armadura defensiva. También se llama hueso dérmico.

OVIRRAPTÓRIDO
Familia de dinosaurios terópodos con plumas en los brazos y pico; su nombre procede de *Oviraptor*.

PALEÓGENO
Primer periodo de la era cenozoica, que se extendió de 66 a 23 millones de años atrás.

PALEONTOLOGÍA
Ciencia que estudia seres orgánicos a partir de sus restos fósiles.

PALEOZOICO
Literalmente, «vida animal antigua»: era que precedió al Mesozoico (la edad de los dinosaurios) y que se extendió de 541 a 252 millones de años atrás.

PAQUICEFALOSAURIO
Dinosaurio ornitisquio caracterizado por su grueso cráneo.

PÉLVICO
Perteneciente o relativo a la pelvis, región del esqueleto donde los huesos de las extremidades inferiores se unen a la cadera.

PENACHO
Conjunto de plumas exuberantes y largas, por lo general decorativas.

PERCEPCIÓN
Recepción, mediante los sentidos, de las imágenes, las impresiones o las sensaciones del entorno.

PERIODO
Espacio de tiempo geológico que forma parte de una era; el periodo jurásico, por ejemplo, pertenece a la era mesozoica.

PÉRMICO
Periodo de la era paleozoica que se extendió de 298 a 252 millones de años atrás.

PLACA ÓSEA
Placa resistente, a menudo protectora, incrustada en la piel, recubierta por queratina escamosa y con una base de hueso. También se llama osteodermo.

PLACENTARIO
Mamífero que nace tras un prolongado periodo de desarrollo en el útero de la madre.

PLEISTOCENO
Época de la era cenozoica que se extiende de 2,6 millones de años a 12.000 años atrás y durante la cual se produjo una serie de glaciaciones.

PLESIOSAURIO
Tipo de reptil marino con cuatro largas aletas laterales, y en muchos casos con el cuello largo.

PLIOSAURIO
Tipo de plesiosaurio de cuello corto, cabeza y mandíbulas grandes, y un estilo de vida depredador.

POLÍGAMO
Que cuenta con más de una pareja reproductiva.

POLINIZACIÓN
Proceso por el cual el grano de polen alcanza el estigma de una flor, ya sea mediante el viento o algún insecto.

PRADERA
Herbazal, amplia extensión de tierra cubierta de hierbas, en ocasiones con árboles y arbustos dispersos.

PRECÁMBRICO
Gran espacio de tiempo geológico que precedió a la era paleozoica.

PREMOLARES
En los mamíferos, dientes masticadores situados delante de los molares.

PRESA
Animal que es atrapado y devorado por otro.

PROSAURÓPODO
Grupo temprano de dinosaurios herbívoros de cuello largo, que vivió en el periodo triásico antes que los saurópodos.

PROTEÍNA
Sustancia compleja producida por un ser vivo a partir de nutrientes más simples y utilizada en la formación de tejidos.

PTEROSAURIO
Uno de los reptiles voladores que vivieron durante la era mesozoica, con alas de piel extendida sostenidas por los huesos de un único dedo muy prolongado.

PULGAR OPONIBLE
Dedo pulgar colocado en oposición a los demás, que puede emplearse para agarrar objetos con fuerza.

QUERATINA
Proteína estructural resistente que se encuentra en pelo, plumas, escamas, uñas y cuernos.

RAMONEAR
Pacer las hojas y ramillas de árboles o arbustos.

RAQUIS
Ástil, eje central de una pluma.

RAUISUQUIO
Grupo de reptiles arcosaurios, emparentados con los crocodilianos, que se extinguieron hacia el final del periodo triásico.

REPTIL
Grupo de animales entre los que se incluyen tortugas, lagartos, cocodrilos, serpientes, pterosaurios y dinosaurios.

REPTIL MARINO
Reptil que vive en el mar; el término también se emplea para referirse a plesiosaurios, ictiosaurios y grupos similares de animales extinguidos al final de la era mesozoica.

RESONANCIA
Amplificación del volumen y prolongación de un sonido.

RIADA
Inundación repentina que forma torrentes poderosos, producida por un rápido aumento del agua tras una tormenta. También se llama aluvión.

RITUAL
En los animales, acción realizada en una exhibición reconocible por otros animales, y con frecuencia utilizada en sustitución de la lucha.

ROCA SEDIMENTARIA
Roca formada a partir de sedimentos endurecidos.

SAURISQUIO
Dinosaurio con cadera de lagarto. Se trata, junto a los ornitisquios, de una de las dos divisiones principales de los dinosaurios.

SAURÓPODO
Grupo de dinosaurios herbívoros de cuello largo que evolucionaron a partir de los prosaurópodos.

SAUROPODOMORFO
Nombre general aplicado a todos los dinosaurios saurisquios herbívoros de cuello largo.

SEDIMENTO
Materia sólida, como la arena o el barro, que se ha asentado en capas.

SEQUÍA
Extenso periodo de ausencia de lluvia.

SERRADO
Con el borde en forma de sierra.

SILÚRICO
Periodo de la era paleozoica que se extendió de 443 a 419 millones de años atrás.

SINÁPSIDO
Grupo de animales vertebrados que incluye tanto a los mamíferos como a sus antecesores.

SISTEMA DIGESTIVO
Conjunto del estómago y los intestinos de un animal.

SUBFÓSIL
Resto de cualquier ser vivo que ha sobrevivido al proceso normal de descomposición, pero no se ha visto alterado de forma importante.

SUPERCONTINENTE
Enorme masa de tierra formada por varios continentes unidos.

SUPERVOLCÁN
Volcán gigantesco capaz de expulsar cantidades colosales de lava, ceniza y gases. Sus catastróficas erupciones tienen siempre un gran impacto sobre el clima global.

TENDÓN
Estructura de tejido fibroso con forma de cordón, resistente y ligeramente elástico, que une los músculos al hueso.

TERÓPODO
Grupo de dinosaurios saurisquios, mayoritariamente carnívoros.

TERRITORIO
Parte del hábitat de un animal que este defiende frente a otros rivales, normalmente de su misma especie.

TETRÁPODO
Vertebrado con cuatro extremidades, o cualquier vertebrado con ancestros de cuatro extremidades. Excepto los peces, todos los vertebrados son tetrápodos.

TIRANOSÁURIDO
Grupo de dinosaurios que incluye a *Tyrannosaurus*, así como a otras clases estrechamente emparentadas.

TIREÓFORO
Grupo de dinosaurios que incluye tanto a los estegosaurios como a los anquilosaurios.

TITANOSAURIO
Grupo de saurópodos, por lo general de enormes dimensiones, que evolucionó durante el periodo cretácico.

TÓXICO
Venenoso.

TRIÁSICO
Primer periodo de la era mesozoica, que se extendió de 252 a 201 millones de años atrás.

TROODÓNTIDO
Grupo de dinosaurios terópodos pequeños y muy ágiles que incluye a *Troodon* y a otros estrechamente emparentados.

TROPICAL
Perteneciente o relativo a la parte del planeta más cercana al ecuador, caracterizada por su calidez.

TSUNAMI
Inmensa ola –o serie de olas– oceánica originada como consecuencia de algún fenómeno tal como un terremoto en el suelo marino (maremoto), la explosión de una isla volcánica o el impacto de un asteroide.

VEGETACIÓN
Materia vegetal. Conjunto de plantas de un lugar.

VENTRAL
Perteneciente o relativo al vientre de un animal. Por ejemplo, aleta ventral.

VÉRTEBRA
Cada uno de los huesos que componen la columna vertebral de animales tales como los dinosaurios, las aves o los mamíferos.

VERTEBRADO
Animal que posee esqueleto interno y columna vertebral.

VISIÓN BINOCULAR
Tipo de visión en que ambos ojos se emplean conjuntamente, lo cual permite apreciar la profundidad y ver en tres dimensiones.

Índice

Agradecimientos

El editor desea expresar su agradecimiento a las siguientes personas por su ayuda en la realización de esta obra: Carron Brown por la elaboración del índice; Victoria Pyke por la revisión; Simon Mumford por su ayuda en la preparación de los mapas; Esha Banerjee y Ciara Heneghan por la asistencia editorial; Daniela Boraschi, Jim Green y Tanvi Sahu por su ayuda en el diseño; John Searcy por la americanización; Jagtar Singh por su trabajo con el color; A. Badham por su ayuda con las texturas, y Adam Benton por su asistencia durante el proceso de renderización; Steve Crozier, de Butterfly Creative Services por el retoque en Photoshop.

Revisión técnica de la Smithsonian Institution: Dr. Michael Brett-Surman, experto en museografía de fósiles de dinosaurios, reptiles, anfibios y peces, Departamento de Paleobiología, Museo Nacional de Historia Natural.

El editor desea agradecer a las siguientes personas e instituciones el permiso para reproducir sus ilustraciones y fotografías:

(Clave: a-arriba; b-abajo; c-centro; e-extremo; i-izquierda; d-derecha; s-superior)

2 Dorling Kindersley: Andrew Kerr (cia). **3 Dorling Kindersley:** Andrew Kerr (bi). **4 Dorling Kindersley:** Peter Minister y Andrew Kerr (cia). **6 Dreamstime.com:** Csaba Vanyi (cd). **Getty Images:** Arthur Dorety / Stocktrek Images (ci). **8 Dorling Kindersley:** Jon Hughes (ci); Andrew Kerr (sc, cda, cd). **8-9 Dorling Kindersley:** Andrew Kerr (b). **9 Dorling Kindersley:** Jon Hughes (sc, ca/Lepidodendron aculeatum); Andrew Kerr (sd, cd); Jon Hughes / Bedrock Studios (ca). **10 Dorling Kindersley:** Andrew Kerr (sd, ca/*Rolfosteus*, cda, cda/*Carcharodontosaurus*); Consejo de Administración de los Museos Nacionales de Escocia (ca). **11 Dorling Kindersley:** Frank Denota (bi); Andrew Kerr (cb/*Argentinosaurus*). **12-13 Dorling Kindersley:** Peter Minister y Andrew Kerr. **15 Dorling Kindersley:** Graham High (cd); Peter Minister (ca); Andrew Kerr (cdb, bd, cb). **16 Dorling Kindersley:** Roby Braun (bd); Jon Hughes (cdb, cdb/Ischyodus). **Dreamstime.com:** Csaba Vanyi (c). **17 Dorling Kindersley:** Jon Hughes (sc, sd, esd). **Getty Images:** Arthur Dorety / Stocktrek Images (c); Ed Reschke / Stockbyte (si). **Science Photo Library:** Mark Garlick (cdb). **18-19 Dorling Kindersley:** Museo Senckenberg Gesellschaft für Naturforschung (c). **20-21 Mapas paleogeográfico y de placas tectónicas elaborados por C. R. Scotese, © 2014, PALEOMAP Project (www.scotese.com)**. **20 123RF.com:** Kmitu (bc). **Dorling Kindersley:** Jon Hughes (bd). **21 Dorling Kindersley:** Jon Hughes y Russell Gooday (cd); Natural History Museum, Londres (bc); Andrew Kerr (cdb); Peter Minister (bd). **22-23 Dorling Kindersley:** Peter Minister. **23 Dreamstime.com:** Ekays (bd). **E. Ray Garton, comisario, Prehistoric Planet:** (bc). **24 Alamy Images:** AlphaAndOmega (sc). **26 Corbis:** Louie Psihoyos (si). **27 Corbis:** Louie Psihoyos (cd). **Dorling Kindersley:** Instituto Fundación Miguel Lillo, Argentina (bc). **Getty Images:** João Carlos Ebone / www.ebone.com.br (cdb). **28 Dreamstime.com:** Hotshotsworldwide (bi). **SuperStock:** Fred Hirschmann / Science Faction (cia). **30-31 Getty Images:** Keiichi Hiki / E+ (Imagen de fondo). **32 Dorling Kindersley:** Natural History Museum, Londres (cb). **34 Corbis:** Jonathan Blair (cia). **Dorling Kindersley:** Natural History Museum, Londres (bd). **36 Getty Images:** Patrick Aventurier / Gamma-Rapho (sc). **37 Corbis:** Jon Sparks (bd/Imagen de fondo). **38 Corbis:** Jim Brandenburg / Minden Pictures (cdb). **Cortesía del WitmerLab (Universidad de Ohio) / Lawrence M. Witmer, PhD:** (ca). **39 Corbis:** Louie Psihoyos (cia). **Dorling Kindersley:** Staatliches Museum für Naturkunde, Stuttgart (bi). **42-43 Mapas paleogeográfico y de placas tectónicas elaborados por C. R. Scotese, © 2014, PALEOMAP Project (www.scotese.com)**. **42 Dorling Kindersley:** Rough Guides (bd). **Dreamstime.com:** Robyn Mackenzie (bc). **43 Dorling Kindersley:** Jon Hughes y Russell Gooday (bd); Andrew Kerr (cda, cdb). **45 Corbis:** David Watts / Visuals Unlimited (cd). **46 Dorling Kindersley:** Royal Tyrrell Museum of Palaeontology, Alberta, Canadá (bc). **47 Dorling Kindersley:** Royal Tyrrell Museum of Palaeontology, Alberta, Canadá (cda). **Getty Images:** Stanley Kaisa Breeden / Oxford Scientific (cdb). **48 Dorling Kindersley:** Peter Minister (i). **49 Dorling Kindersley:** Peter Minister (ci); Natural History Museum, Londres (cd). **50-51 Dorling Kindersley:** Andrew Kerr. **50 Dorling Kindersley:** Andrew Kerr. **51 Alamy Images:** Photoshot Holdings Ltd. (si). **Dorling Kindersley:** Robert L. Braun (cd). **Getty Images:** Veronique Durruty / Gamma-Rapho (bd). **52 Science Photo Library:** Natural History Museum, Londres (bc); Sinclair Stammers (cb). **53 Alamy Images:** Corbin17 (cb). **54-55 Dorling Kindersley:** Andrew Kerr (c). **54 Alamy Images:** Shaun Cunningham (cdb). **55 Dorling Kindersley:** Andrew Kerr (c, sc). **56 Science Photo Library:** Natural History Museum, Londres (sd). **57 Dorling Kindersley:** Natural History Museum, Londres (bi). **58 Corbis:** Imaginechina (ci). **Dreamstime.com:** Konstanttin (bi). **59 Corbis:** Joe McDonald (cdb). **Dr. Maria McNamara / Prof. Mike Benton, University of Bristol:** (bd). **62 Corbis:** Jonathan Blair (cda); Tom Vezo / Minden Pictures (ci). **Prof. Dr. Eberhard «Dino» Frey:** Volker Griener, Staatliches Museum für Naturkunde Karlsruhe (bc). **64-65 Dorling Kindersley:** Andrew Kerr. **65 Museum für Naturkunde, Berlin:** (bc). **66 Dorling Kindersley:** Museo Senckenberg Gesellschaft für Naturforschung (bi). **67 Dorling Kindersley:** Museo Senckenberg Gesellschaft für Naturforschung (cd). **68 Corbis:** Naturfoto Honal (si). **69 Corbis:** Naturfoto Honal (bc). **Dreamstime.com:** Rck953 (cdb). **70 Dorling Kindersley:** Museo Senckenberg Gesellschaft für Naturforschung (si). **72 123RF.com:** Dave Willman (bd). **Dorling Kindersley:** Natural History Museum, Londres (ci). **74 Corbis:** Sandy Felsenthal (ci). **Dreamstime.com:** Amy Harris (bd). **Reuters:** Reinhard Krause (cda). **76 Corbis:** Louie Psihoyos (bc). **78 Dorling Kindersley:** Rough Guides (c/Imagen de fondo). **Getty Images:** P. Jaccod / De Agostini (ci/Imagen de fondo). **80-81 Mapas paleogeográfico y de placas tectónicas elaborados por C. R. Scotese, © 2014, PALEOMAP Project (www.scotese.com)**. **80 Corbis:** Darrell Gulin (bc). **Getty Images:** Christian Ricci / De Agostini (bd). **81 Dorling Kindersley:** Jon Hughes y Russell Gooday (bd); Andrew Kerr (cd, cdb). **Getty Images:** era prehistórica / The Bridgeman Art Library (cda). **82 Dorling Kindersley:** Natural History Museum, Londres (bi, si). **83 Science Photo Library:** Paul D. Stewart (c). **84 National Geographic Stock:** (bd). **85 Dreamstime.com:** Veronika Druk (bd). **TopFoto.co.uk:** National Pictures (cd). **87 Dreamstime.com:** Callan Chesser (bi). **John P Adamek / Fossilmall.com. TopFoto.co.uk:** (bd). **88 Dorling Kindersley:** Natural History Museum, Londres (bd). **89 Corbis:** Gerry Ellis / Minden Pictures (cd). **Science Photo Library:** Natural History Museum, Londres (ca). **90 Alamy Images:** Dallas & John Heaton / Travel Pictures (bi). **91 Dreamstime.com:** Dule964 (cd). **Getty Images:** Mcb Bank Bhalwal / Flickr Open (si); O. Louis Mazzatenta / National Geographic (bd). **93 Dorling Kindersley:** Museo Senckenberg Gesellschaft für Naturforschung (bc, bd). **94-95 Dorling Kindersley:** Andrew Kerr. **94 Getty Images:** Morales / Age Fotostock (sc). **95 Dorling Kindersley:** Naturhistoriska riksmuseet, Estocolmo (Suecia) (cda). **Science Photo Library:** Peter Menzel (bc). **97 Jürgen Christian Harf/http://www.pterosaurier.de/:** (ca). **Corbis:** Danny Ellinger / Foto Natura / Minden Pictures (cdb). **Dreamstime.com:** Jocrebbin (cd). **98 Dorling Kindersley:** Natural History Museum, Londres (sd). **Getty Images:** Arthur Dorety / Stocktrek Images (si). **99 Corbis:** Mitsuaki Iwagō / Minden Pictures (sc). **100-101 Getty Images:** P. Jaccod / De Agostini (Imagen de fondo). **102 Corbis:** Franck Robichon / Epa (bi). **Dorling Kindersley:** Andrew Kerr (bc). **104-105 Dorling Kindersley:** Andrew Kerr. **104 Dorling Kindersley:** Museo Paleontológico Egidio Feruglio (bc). **105 Corbis:** Oliver Berg / Epa (bi). **Photoshot:** Picture Alliance (cda). **107 Corbis:** Ken Lucas / Visuals Unlimited (sc, cia). **108 Photoshot:** (si). **109 Corbis:** Walter Geiersperger (bi); Louie Psihoyos (cd). **111 Dorling Kindersley:** Natural History Museum, Londres (bi). **Imagen cedida por cortesía de la Biodiversity Heritage Library. http://www.biodiversitylibrary.org:** *The life of a fossil hunter*, escrito por Charles H. Sternberg; prólogo de Henry Fairfield Osborn (sc). **112 Dreamstime.com:** Igor Stramyk (bc). **David Hone:** (c). **www.taylormadefossils.com:** (sd). **113 Dorling Kindersley:** Royal Tyrrell Museum of Palaeontology, Alberta, Canadá (bi). **115 Corbis:** Louie Psihoyos (bd). **Dreamstime.com:** Boaz Yunior Wibowo (sc). **116 Dr. Octávio Mateus**. **117 Dreamstime.com:** Liumangtiger (bd). **Getty Images:** O. Louis Mazzatenta / National Geographic (cd). **118 Photoshot:** NHPA (si). **118-119 Dorling Kindersley:** Andrew Kerr. **119 Dorling Kindersley:** Andrew Kerr (b). **The Natural History Museum, Londres:** (si). **120-103 Dorling Kindersley:** Andrew Kerr. **122-123 Dorling Kindersley:** Andrew Kerr. **124 Dorling Kindersley:** Museo Senckenberg Gesellschaft für Naturforschung (sc). **125 Dorling Kindersley:** Museo Senckenberg Gesellschaft für Naturforschung (cd). **127 Alamy Images:** Corbin17 (ca). **128 Corbis:** Louie Psihoyos (cd). **E. Ray Garton, comisario, Prehistoric Planet:** (bi). **Getty Images:** Tim Boyle / Getty Images News (bd). **130 Photoshot:** (bi). **131 Alamy Images:** Kevin Schafer (sd). **The Bridgeman Art Library:** Escuela Francesa, (s. XVIII) / Bibliothèque Nationale, París, Francia / Archives Charmet (bi). **132 Dorling Kindersley:** Oxford University Museum of Natural History (sd, bi). **Mary Evans Picture Library:** Natural History Museum (cia). **135 Corbis:** Darrell Gulin (bc); Layne Kennedy (bd). **Dorling Kindersley:** Oxford University Museum of Natural History (si, cb). **138 Dreamstime.com:** Corey A. Ford (bd). **139 Dorling Kindersley:** Natural History Museum, Londres (bc). **140 Dorling Kindersley:** Museo Senckenberg Gesellschaft für Naturforschung. **141 Dorling Kindersley:** Museo Senckenberg Gesellschaft für Naturforschung (si). **US Geological Survey:** (sd). **144-145 Mapas paleogeográfico y de placas tectónicas elaborados por C. R. Scotese, © 2014, PALEOMAP Project (www.scotese.com)**. **144 Dreamstime.com:** Michal Bednarek (bc). **Getty Images:** Kim G. Skytte / Flickr (bd). **145 Dorling Kindersley:** Jon Hughes y Russell Gooday (cd); Oxford University Museum of Natural History (bd); Andrew Kerr (cda). **147 Getty Images:** Danita Delimont / Gallo Images (si). **148 Dreamstime.com:** Isselee (si). **149 Dreamstime.com:** Mikelane45 (bd). **Richtr Jan:** (cdb). **152-153 Dorling Kindersley:** Andrew Kerr. **152 Dorling Kindersley:** Jon Hughes (cib); Andrew Kerr (bi). **153 Alamy Images:** Paul John Fearn (cda). **156-157 Alamy Images:** Jack Goldfarb / Vibe Images (Imagen de fondo). **158 Corbis:** Bettmann (bc). **Getty Images:** Life On White / Photodisc (bc/jabalí). **159 The Natural History Museum, Londres:** (cda). **161 Corbis:** DLILLC (bc). **162 Alamy Images:** Natural History Museum, Londres (bi). **Dorling Kindersley:** Natural History Museum, Londres (c). **165 Corbis:** Ted Soqui (bd). **Dorling Kindersley:** Natural History Museum, Londres (cib). **166-167 Dorling Kindersley:** Andrew Kerr. **166 Corbis:** Aristide Economopoulos / Star Ledger (cib). **Dorling Kindersley:** Natural History Museum, Londres (sc). **168 Getty Images:** Roderick Chen / All Canada Photos (ci). **Science Photo Library:** Mark Garlick (cd). **171 Corbis:** James L. Amos (sd); Tom Bean (esd). **Dorling Kindersley:** Natural History Museum, Londres (si). **172 Corbis:** Bettmann (bd). **Dorling Kindersley:** Natural History Museum, Londres (ci, bi, bc). **Dreamstime.com:** Georgios Kollidas (sd). **Getty Images:** Escuela Inglesa / The Bridgeman Art Library (cd). **173 Alamy Images:** World History Archive / Image Asset Management Ltd. (si); Natural History Museum, Londres (sd). **Corbis:** Louie Psihoyos (c). **Science Photo Library:** Paul D. Stewart (sc/William Buckland, Gideon Mantell). **176-177 Corbis:** Louie Psihoyos. **176 Alamy Images:** Rosanne Tackaberry (bi). **Dorling Kindersley:** Rough Guides (bc). **177 Dorling Kindersley:** Natural History Museum, Londres (bi). **Getty Images:** Ken Lucas / Visuals Unlimited (bd). **Science Photo Library:** Natural History Museum, Londres (cd). **178 Getty Images:** Roderick Chen / All Canada Photos (sd). **Science Photo Library:** Paul D. Stewart (bi). **178-179 Corbis:** Louie Psihoyos (b). **179 Getty Images:** STR / AFP (si); Patrick Aventurier / Gamma-Rapho (sc/cobertura de yeso); Jean-Marc Giboux / Hulton Archive (sd). **iStockphoto.com:** drduey (sc). **180 Alamy Images:** Chris Mattison (bc). **Dorling Kindersley:** Natural History Museum, Londres (cda). **Dreamstime.com:** Gazzah1 (cib). **Getty Images:** Ralph Lee Hopkins / National Geographic (cd). **181 BigDino:** (b). **Corbis:** Brian Cahn / ZUMA Press (cd). **Press Association Images:** AP (cda). **Science Photo Library:** Pascal Goetgheluck (cia); Instituto Smithsonian (ci). **182-183 Getty Images:** Leonello Calvetti / Stocktrek Images. **182 Dorling Kindersley:** Robert L. Braun (bi). **183 Getty Images:** Visuals Unlimited, Inc. / Dr. Wolf Fahrenbach (sd). **184 Dorling Kindersley:** Natural History Museum, Londres (ci); Staatliches Museum für Naturkunde Stuttgart (bi); Museo Senckenberg Gesellschaft für Naturforschung Museum (bd). **185 Alamy Images:** Natural History, Londres (cb). **Dorling Kindersley:** Roby Braun-modelista (cda); Royal Tyrrell Museum of Palaeontology, Alberta, Canadá (bc). **186 Dorling Kindersley:** Andrew Kerr (bd). **187 Dorling Kindersley:** Jon Hughes y Russell Gooday (ci). **188 Alamy Images:** Eric Nathan (b/fondo). **Corbis:** Nick Rains (cda). **Dorling Kindersley:** Andrew Kerr (bd); Peter Minister (b). **189 Corbis:** Louie Psihoyos (sd). **Getty Images:** Stephen J Krasemann / All Canada Photos (ca). **Photoshot:** Andrea Ferrari / NHPA (bi). **190-191 Dorling Kindersley:** Museo Senckenberg Gesellshaft für Naturforschung (c). **190 Corbis:** Sergey Krasovskiy / Stocktrek Images (bd). **Dorling Kindersley:** Andrew Kerr (sc). **191 Corbis:** Radius Images (bd/fondo); Kevin Schafer (bd). **Dorling Kindersley:** Jon Hughes y Russell Gooday (bi). **192 Corbis:** Nobumichi Tamura / Stocktrek Images (ca). **Sergey Krasovskiy:** (sc). **193 Dorling Kindersley:** American Museum of Natural History (bc); Peter Minister (ci). **Getty Images:** Mcb Bank Bhalwal / Flickr Open (sd). **195 Corbis:** Louie Psihoyos (cra). **Dorling Kindersley:** Cortesía del American Museum of Natural History / Lynton Gardiner (bd); Natural History Museum, Londres (cb). **Getty Images:** Bob Elsdale / The Image Bank (cda/nido de cocodrilos). **196-197 Corbis:** Mark Garlick / Science Photo Library. **196 Alamy Images:** Ss Images (cb). **Science Photo Library:** Mark Garlick (ci); D. Van Ravenswaay (bc). **197 Getty Images:** G Brad Lewis / Science Faction (bd). **198 Dorling Kindersley:** Francisco Gasco (sd). **Turbo Squid:** leo3Dmodels (bi). **199 Dorling Kindersley:** National Birds of Prey Centre, Gloucestershire (cia). Dreamstime.com: Elena Elisseeva (ca); Omidiii (cda). Fotolia: Anekoho (bd).

Las demás imágenes © Dorling Kindersley

Para más información, consulte:
www.dkimages.com